Peter Brückner
Zur Sozialpsychologie des Kapitalisr

Veröffentlichungen des
Psychologischen Seminars der TU Hannover

Herausgegeben im Auftrag des Seminarrates
von Peter Brückner, Alfred Krovoza und Thomas Leithäuser

Peter Brückner

Zur Sozialpsychologie des Kapitalismus

Sozialpsychologie der antiautoritären Bewegung I

Europäische Verlagsanstalt

6. unveränderte Auflage 1978

Frankfurt am Main – Köln
Druck: Georg Wagner, Nördlingen
ISBN 3 434 00140 9
Printed in Germany

Inhalt

Vorwort der Herausgeber

Die mit diesem Buch vorgelegte historisch orientierte Sozialpsychologie nähert sich ihrem Gegenstand nicht mit der Neutralität und dem Disengagement des Naturwissenschaftlers. Als »Objektivität« getarnte Standpunktlosigkeit ist eliminiert zugunsten eines reflektierten Engagements, das politische und soziale Tatbestände erzwingen, will man ihrer Wahrheit auf die Spur kommen. Die inwendigen sozialpsychologischen Probleme emanzipativer Geschichtstendenzen und Klassenkämpfe kann wohl nur der entschlüsseln, der auf die reale Möglichkeit der Emanzipation von Menschen setzt. Hier wird an Erfahrungsdimensionen reflektiert angeknüpft, die sich die Studentenbewegung – Schüler- und Lehrlingsgruppen darin einbezogen – auf ihrem Höhepunkt aneignen konnte. Tragende Kategorien dieser kritischen Untersuchung wie: Gewalt, Gewaltförmigkeit gesellschaftlicher Verhältnisse, institutionalisierter Haß, unversöhnlicher Friede, Familie als unsittliches Verhältnis, Sexualität haben Kampf- und Emanzipationserfahrungen in sich aufgesogen und konstituieren die wissenschaftliche Perspektive, unter der sich das widersprüchliche und bruchhafte historische Material gliedert. Von der Angst und Bänglichkeit, die die Wahl vieler »wissenschaftlicher« Kategorien begleitet, vom Korsett als dem Modell der Verwendung von Kategorien, das so viele Sozialwissenschaftler davon entlastet, mit politischen Ereignissen handgemein zu werden, ist in diesem Buch nichts zu spüren. Materialistische historische Dialektik, die – wie immer bruchstückhaft – Psychoanalyse, auch phänomenologische Betrachtungsweise aufgenommen hat, getragen von den Erfahrungen der Studentenbewegung, weist jene Pathologie, soziale und psychische Zerfallserscheinungen auf, die sich gesamtgesellschaftlich verallgemeinert haben.

Anders als die gängige Psychologie und auch Psychoanalyse, die Psychisches als Material in scheinhaft wertneutralen Kategorien klassifizieren, bzw. die allgemeine Pathologie nur individual-psychologisch erklären können, werden in der vorliegenden Analyse die Gewaltverhältnisse – so wie sie sind bis in die tiefsten psychischen Innervationen hinein – in ihrer Genese freigelegt. Wie Frantz Fanon und Aimé Césaire lenkt sie den Blick auf die Tendenz, kolonialistische Unterdrückungsmethoden in den hochindustrialisierten »Mutterländern« selber anzuwenden. Was den Kolonisierten schon immer geschah, geschieht heute zunehmend den Populationen dieser Länder in nicht geringerem Maße als der radikalen Kritik ihrer Systeme. Die Ereignisse von Hamburg, München und Attica unterscheiden sich nur in der Anzahl der Toten. Der Faschismus, nach Aimé Césaire wesentlich zu verstehen als Reimport kolonialistischer Unterdrückung und Folter in die Mutterländer, schafft sein come back unter formaldemokratischen Bedingungen. Faschistoide Verhaltenssyndrome werden unter dem Vorwand, sie zu bekämpfen, gegen die radikale Kritik mobilisiert. Die Gesellschaft wird brutaler und gewalttätiger, aber wer brutalisiert sie gegen wen? Unter der Perspektive der vom Autor explizierten Kategorien und Emanzipationsansprüche entlarven sich die gegenwärtig herrschenden Tendenzen der Vergesellschaftung als Faschisierung neuer Art.
Die Kategorien der vorliegenden Untersuchung wurden in der kultur- und verhaltensrevolutionären Bewegung der jungen Arbeiter, Schüler und Studenten aktualisiert und spielten im Selbstverständnis dieser Bewegung eine hervorragende Rolle: Produkt einer gesteigerten Sensibilität gegen Unterdrückung und Verstümmelung. Der Autor vermeidet, die von ihm dargestellten Verhältnisse als eindimensional, tendenziell widerspruchsfrei und unausweichlich – letztlich ohne Alternative und unpraktisch – zu begreifen, was bisher noch stets für Kapitalismusanalysen galt, die sich an sozialpsychologischen Kategorien orientierten. Einmal als Formen des Selbstverständnisses und der politischen Motivation einer – wie immer auch begrenzten – Emanzipationsbewegung wirksam gewesen, erlaubten jene Kategorien einen neuen Zugriff. Es erschließt sich gerade die Widersprüchlichkeit der Ebene, die zwischen der widerspruchsvollen Organisation der Ökonomie und ihrer bewußten, handlungsmotivierenden Repräsentanz, der parteilichen Ein-

sicht in den Vergesellschaftungsprozeß als Klassenbewußtsein liegt, d. h. der Ebene der unbewußten und dressierten Verhaltensleistungen, der Steuerung und Integration der epochalen Konfliktpotentiale. Erscheint den Theoretikern der Eindimensionalität der Bereich der Sozialpsychologie als jener der geschichtlichen Entmachtung der nach wie vor in der Ökonomie herrschenden Widersprüche, scheint es in der vorliegenden Untersuchung gerade zu gelingen, die Widersprüche der kapitalistischen Ökonomie als Widersprüche im Gegenstandsbereich der Psychologie und Sozialpsychologie nachzuweisen. Die Psychologie der Unterdrückung ist selber widersprüchlich und produziert Widersprüche; keinesfalls ist sie eine List der kapitalistischen Vernunft, eine »invisible hand«, die strukturelle Fehler ihrer Gesellschaftsformation kompensiert. Die Eindimensionalität sozialpsychologisch orientierter Analysen der bürgerlichen Gesellschaft liegt in den statifizierenden, affirmativen und individualisierenden Kategorien ihrer Bezugs- und Ursprungswissenschaften begründet.
Dieser eher erkenntnispsychologischen, jedenfalls aber kategorien*genetischen* Erklärung für eine neue Zulänglichkeit sozialpsychologischer und psychoanalytischer Kategorien wird im Gedankengang des Buches selber bekräftigt durch den Nachweis der Möglichkeit einer erweiterten *Geltung* der psychoanalytischen Theorie. Diesem Nachweis gilt insbesondere das 1. Kapitel.[1] Diese Erweiterung beruht auf dem sich verändernden gesellschaftlichen Funktionszusammenhang auf dem Wege der bürgerlichen Gesellschaft vom Hoch- zum Spätkapitalismus. Im als unversöhnlicher Friede charakterisierten Gesellschaftszustand werden neue Bereiche theorie- und analysefähig. Daß der historische Materialismus selber keine entfaltete Psychologie hatte, muß noch materialistisch begriffen werden. Daß der historische Materialismus die Anweisung auf eine wissenschaftliche Psychologie enthält, läßt sich angesichts solcher Begriffe wie Entfremdung, Mystifikation, Charaktermaske nicht leugnen.
Im übrigen ist die hiermit vorgelegte Analyse der Ausschnitt eines Diskussionszusammenhangs, der nicht nur die Mitglieder

1 Vgl. dazu ferner einen Beitrag des Autors zu dem in Kürze in der Fischer-Bücherei erscheinenden 2. Bd. von »Marxismus, Psychoanalyse, Sexpol« mit dem Titel »Marx, Freud«.

des Seminars einbezieht, in dessen Namen diese Buchreihe publiziert wird, und nicht mit den Grenzen akademischer Immanenz identisch ist.

Hannover, im September 1971

Alfred Krovoza
Thomas Leithäuser

Zur Einleitung

Ich hatte die Absicht, einige der hauptsächlichen und erregenden Leistungen der ›antiautoritären Revolte‹ und damit der *Studentenbewegung* aus dem Blickwinkel des Sozialpsychologen zu erörtern: Ihre Revolte gegen Leistungszwänge, an denen sie die Erbschaft des 19. Jahrhunderts durchschaut hat – die Funktion, jene emanzipatorischen Tendenzen erneut zu binden und der Kapitalverwertung zu subsumieren, die sich aus dem Absterben von ›Untertanen‹-Gesinnung und obrigkeitsstaatlichem Denken in unserem Sprachraum hätten entfalten können; ihr antikapitalistischer Protest, der sich am Fortbestehen imperialistisch-kolonialistischer Ausbeutung in den Ländern der ›Dritten Welt‹ entzündete, und sich namentlich in den Vietnam-Kampagnen artikuliert hat[1]; ihre Demonstrationen, die sich gegen die Tendenz zur Remilitarisierung der deutschen Gesellschaft in der Notstandsgesetzgebung richteten; ihr Eintreten für Kriegsdienst-Verweigerer; ihre Kritik am Prinzip der bürgerlichen Familie, an Sitte, Spielregel, ›Anstand‹ – auch sie als Abkömmlinge von Gewalt erkannt, in ihrer Instrumentalisierung für die Stabilisierung des Gesellschaftssystems durchschaut; ihre *kommunikative Gewalt*, ihr provokativer Stil, mit dem sie Bewußtsein umwerfen wollte: gerichtet gegen Denk- und Gefühlsgewohnheiten, Ideologien und Affektlagen, die allemal gegen physische Gewalt gefeit sind, oft auch gegen die materielle Gewalt der politischen Revolution; ihr Protest gegen den Springer-Konzern, der sie alsbald in polemische Distanz zum Geist liberaler Rationalität brachte, der ihr empfahl, im Raum des ›denkenden Aufstands‹ zu verharren; ihre theoretische und – ansatzweise – praktische Kritik am Ordnungsden-

1 Bis zum Konflikt mit der Mäßigung einiger Staaten des Warschauer Pakts – etwa anläßlich der Weltjugendspiele in Sofia 1968.

ken einiger europäischer Arbeiterparteien. Die *Marx-Rezeption* unter Schülern und Studierenden hat allein durch die Studentenbewegung ein qualitativ neues Stadium erreicht.
Allein, diese und andere Momente an der antiautoritären Revolte[2] lassen sich, das wurde mir bei Vorarbeiten deutlich, nur interpretieren, wenn man zugleich den Zustand unserer Gesellschaft unter den für die Studentenbewegung relevanten Gesichtspunkten analysiert (und sie dort, wo es zur Analyse nicht ausreicht, wenigstens beschreibt). Man kann nicht umhin, erst einmal die *Gewaltförmigkeit* dieser Gesellschaft nachzuzeichnen, die sich noch im Gewaltvorwurf gegenüber der Studentenrevolte nicht unwirksam verschleiert. Nicht einmal Wohlmeinende und Kluge haben verstanden, daß angesichts der geschichtlichen Lage und der Entstellung oder Verkehrung unserer zwischenmenschlichen Beziehungen der Friede nur als *unversöhnlicher* über uns kommen kann, daß er den Frieden der Unterdrückung als Kirchhofsruhe unfriedlich aufkündigen muß.
Von der Gewaltförmigkeit vieler Prozesse in der gegenwärtigen Gesellschaft ist in dem hier vorgelegten 1. Teil meiner Untersuchung die Rede. Mir schwebt vor, eine solche Vergegenwärtigung könne zumindest die Teilnehmer an der Studentenrevolte an wichtige Bestandteile ihrer eigenen Tradition erinnern, von der sie sich auf merkwürdige Weise zu lösen beginnen.
Was ich vorlege, soll als *sozialpsychologische* Untersuchung gelten, und wird vielen durchaus nicht als eine solche erscheinen. Sie werden es dem 2. Teile, von dem einige wenige Vor-Veröffentlichungen schon zugänglich sind, eher zugestehen, daß darin ›psychologisch‹ argumentiert werde. Aber der Psychologe lernt, wenn er sich mit dem sozialen Leben und der langsamen, von vielen nicht bemerkten, ja idyllisch verschleierten Selbstzerstörung seiner Kultur beschäftigt, daß von ihm neue, jedenfalls andere, von der an den meisten Universitäten vertretenen Psychologie nicht mehr oder noch nicht übernommene Erklärungsversuche gefordert werden. Ihre Basis entzieht sich gelegentlich der überlieferten Fächerteilung, ist *sozialwissenschaftlich,* ehe sie ›psychologisch‹ wird.

Hannover, im Juni 1971

---

2 Ein schlechter Name, aber keiner der gängigen ist besser.

I Sozialstrukturelle Gewalt der bürgerlichen Gesellschaft – die Arbeiterklasse im Kapitalismus

Die Entfaltung des Kapitalismus hat Landbewohner verstädtert, Bauern und Handwerker proletarisiert, lokale, ständische, religiöse Gehäuse, bornierte Bezugssysteme und Gemeinwesen mit geschichtlich stabilen und verbindlichen Orientierungsmustern aufgelöst; sie hat den Arbeiter zum ›freien‹ Arbeiter gemacht und eine neue Mittelschicht: Angestellte, technische Intelligenz produziert. Die Entfaltung der kapitalistischen Produktionsweise zersetzte auch konsistente und praktikable Normen, Werte, Moralen usw. der Kleinbürger und bereichsweise der Bourgeoisie. Auch für die expandierenden Mittelschichten mußten sich relativ beständige Strukturen des zwischenmenschlichen Verkehrs aus einer Fülle von Wechselbeziehungen unter den einzelnen Elementen, Subsystemen, Klassen, Schichten der Gesellschaft erst ausbilden. Mit der Produktion großer Bevölkerungsmassen stellte sich der bürgerlichen Gesellschaft ein in dieser Größenordnung historisch neues Problem: deren *soziale Integration;* freilich unter Erhaltung jenes Gliederungsprinzips, das Disreali mit der Formel von den *two nations* bezeichnete. Ältere Verhaltens-Erwartungen, standards, Werte, Denk- und Gefühlsgewohnheiten wurden dysfunktional, soweit sie sich nicht an Ungleichzeitiges anlagern konnten. (Soweit dies der Fall war, können sie bis in unsere Gegenwart hineinreichen.) Im deutschen Sprachraum zog sich der Prozeß der Homogenisierung wachsender Populationen rückständiger gesellschaftlicher Verhältnisse wegen in die Länge[1].

---

1 Die Metternichsche Reaktion schlug ein für die Integrationsarbeit (und für die Arbeitsamkeit) bedeutendes Thema schon um 1830 an: die Sanktionierung der *Sexualität.* Die Censur traf ›Wally, die Zweiflerin‹ (Gutzkow) so hart, daß es dem Verleger Ausweisung und ersten Berufsverlust einbrachte; wegen der ›Sittlichkeit‹. Metternich hätte bekanntlich am liebsten Goethes ›Wahlverwandtschaften‹ verboten.

Die gleiche Entwicklung, die Menschenmassen, ihre Verhaltenstraditionen zersetzend, unter die Bedingungen der Lohnarbeit zwang, erzeugte – nach einer Phase der Zerstörung proletarischer Familien durch die industrielle Exploitation der Kinder- und Frauenarbeit – »Kindheit«, auch »Jugend« als relativ separate Teil-Populationen, als Subsysteme, mit eigenen Verhaltens-Zumutungen, Umgangsstilen, Rechtsverhältnissen usw., die aus dem Lebensverhältnis der Erwachsenen weitgehend ausgegliedert werden. Die Mechanisierung der Produktion hatte einerseits Arbeitskräfte freigesetzt: das betraf die Frauen und kam vor allem den Kindern zugute; andererseits entstand ein dringlicher Bedarf nach qualifizierten *hands*, wobei die Basis-Qualifikationen vor dem Eintritt in die Erwerbssphäre erworben werden mußten. (Von da an bleibt die Freisetzung der Kinder, z. T. der Jugend von der Produktion die Voraussetzung dafür, ihre Entwicklung und Sozialisation dem Interesse der Kapitalverwertung zu subsumieren.) Innerhalb der *Bourgeoisie* hatte sich die relative Exterritorialität von Kindheit, auch Jugend zeitiger herausgebildet; in den neuen *Mittelschichten* (vor allem seit Mitte des 19. Jahrhunderts) traten Kindheit, Jugend ganz in Strategien der äußersten Abgrenzung ›nach unten‹ und des sozialen Aufstiegs ein. Wie defensiv es zuging, erkennt man schon daran, daß die Lektüre klassischer deutscher Dichtung aus dem Lehrplan der Ausbildungsstätten für Volksschullehrer, den ›Seminaren‹, ausgeschlossen blieb – reserviert für die Kinder der Bourgeoisie.[2]

Andere, für die geschichtliche Entstehung der Subkultur ›Kindheit‹ (und ›Jugend‹) relevante, durchaus auch die Bourgeoisie betreffende Bedingungen waren die fortschreitende Trennung von Arbeitsort und Behausung, die den Vater aus der Familie für viele Stunden regelmäßig herauslöste, die Kinder ihm gegenüber verselbständigte und seine Arbeit aus dem Erlebnis-Umfeld der Kinder schwinden ließ (also ihr Spiel, ihre Erfahrung gegenüber Werkzeugen usw. isolierte); die Tatsache, daß sie von nun an für ihre Familien eine ökonomische Belastung waren – und nicht mehr, wie früher, nützliche Arbeitskräfte, was eine Regelung ihrer sozialen Position begünstigen mußte, die Ähnlichkeiten mit den Indianer-Reservaten der

---

2 Zu Schul- und Erziehungsproblemen, die ich freilich nur streifen kann, vgl. später S. 45 f.

USA hat; ferner die depravierenden Folgen der Kinderarbeit im Frühkapitalismus, die ihre Schonung erzwang. Seither ist das erste sozialpsychologische Problem der kapitalistischen Gesellschaft: das der Integration, d. h. der Normierung, Strukturierung, Abstimmung einer aus bornierten Verhältnissen gewaltsam freigesetzten Population unter den Bedingungen des Klassenkonflikts, unlösbar mit ihrem zweiten Problem verflochten: dem der *Sozialisation,* Erziehung der reservat-artig und subkulturell verselbständigten und gegen die Produktion isolierten Kinder (und einer Minderheit von Jugendlichen). Von vornherein stellt der Rhythmus der Produktion den der Sozialisation ein. Der Reservatcharakter gerade der Kindheit erschwert jedoch, ja verunmöglicht bereichsweise ihre volle Assimilation an die gesellschaftlichen Bedingungen der Produktion, des ganzen Verkehrs der ›Erwachsenen‹. Die – oft bruchartig sich vollziehende – Subsumption der Heranwachsenden unter die klassenspezifischen Formen sozialer Integration fällt daher – schlagwortartig verkürzt – mit ihrem ersten Lohnempfang zusammen.

Es ist leicht zu sehen, daß *die geschichtliche Erzeugung von Klassen* (in der entwickelten Klassengesellschaft des Kapitalismus) *und die relative subkulturelle Verselbständigung der Kindheit (und z. T. der Jugend)* noch eine weitere Differenzierung und Verselbständigung bei sich führt: Die Aufspaltung der Lebenszeit in *Arbeitszeit* und *Freizeit,* wobei freilich letztere nur ›frei von Arbeit‹ meint, die Verselbständigung einer Privatsphäre, im wesentlichen der *Familie,* von der ›Erwerbssphäre‹, der industriellen Produktion[3]. Diese Hälftung des individuellen Daseins in Arbeit und Freizeit, Betrieb und Familie, die sich in der Art des Drehtür- oder Wetterhäuschen-Prinzips gegeneinander isolieren, kann selbst als soziales Strategem begriffen werden: Die regulativen Prinzipien der Familie (und Freizeit oder Privatsphäre) sind nur der Erscheinung nach von denen der Produktion verschieden; doch daß der Verwertungszusammenhang des Kapitals Familie, Privatsphäre längst unter sich gerissen hat, wird für viele unerkennbar.

Diese Trennung menschlichen Daseins in Arbeit, Freizeit reproduziert sich, vermittelt über Spekulation und Profit-Interesse, in der *Urbanisierung* und wird dort als Entmischung von

3 Und der für Distribution, Zirkulation, Konsumtion erforderlichen Wirtschafts-, Verwaltungs-, Dienstleistungsbetriebe.

Wohn- und Wirtschaftszonen usw. beklagt: »Es zerfiel dabei auch das gewachsene Geflecht zwischenmenschlicher Beziehungen.«[4]

(1) SOZIALE INTEGRATION Man kann die im Zuge der Auflösung partikularer Orientierungen und Verhaltensmuster sich herausbildenden neuen und komplexen Systeme sozialer Integration: der relativen Standardisierung und ›Orientierung‹ ganzer von psychophysischer Verelendung und steigenden Suicidraten bedrohter Bevölkerungsmassen und ihre Affirmation an die Verkehrsformen einer auf Ausbeutung und Warenproduktion fundierten Gesellschaft, auf verschiedenen Ebenen analysieren. Der von Marx skizzierte Sozialcharakter des 19. Jahrhunderts: der asketische, produzierende Knecht, war ein Resultat der industriellen Disziplinierung der Bevölkerungsmassen und ihrer Armut; ergänzt durch obrigkeitsstaatliche, durch ›Untertanen‹-Gesinnung. Letztere integrierte in anderem Kontext auch die in den Verwertungsprozeß des Kapitals gerissenen Kleinbürger und selbst die Bourgeoisie, soweit sie nicht schon zur ›Machtspitze‹ rechnete; jedenfalls in Deutschland. Namentlich in der Verbindung mit Aufstiegs-Impulsen entfaltete die Untertanen-Gesinnung ihre stabilisierende Kraft. Die Militärdienstpflicht war ein weiteres Instrument sozialer Integration; namentlich der ›unteren Klassen‹. In Deutschland überlebten nicht nur Residuen des Feudalismus länger als anderswo, sogar die – viel spätere – Refeudalisierung durch den Monopolkapitalismus konnte noch an Traditionen anknüpfen, die durch Sozialisations-Agenturen wie die *Schule* bereichsweise konserviert worden waren.

Nach der Jahrhundertwende schufen die Erfordernisse der Kapitalverwertung und darin einbeschlossen die der Konsumtion neue Sozialcharaktere, die jene überlieferten und doch z. T. gerade erst erlernten (›bürgerlichen‹) Tugenden, Werte, Gesinnungen erneut labilisieren mußten. Der Kunsthistoriker W. Hausenstein registrierte das kühl im Jahre 1912.[5]. Inzwischen hatte sich innerhalb der Angestellten und der Intelligenz

4 So der Spiegel, Nr. 24 vom 7. Juni 1971, S. 57.

5 »Bürgerliche Kultur ist . . . nicht konsumptiv gestimmt«, so seine schon rückblickende, gegenwartskritische Diagnose. »Der bürgerliche Mensch arbeitet und spart, der Grundsatz seines Lebensprinzips ist der größtmögliche Rein-

die Internalisierung von Normen, Werten, standards (›Über-Ich‹) durch vielerlei Einflüsse, zuletzt durch die Prüderie des Viktorianischen Zeitalters, so verfestigt, daß die vom Profitstreben des Kapitals, vom *Markt* erzwungene Labilisierung bürgerlicher Tugenden (Sparsamkeit, Verzicht um des Aufstiegs willen, obrigkeitsstaatliches Denken, Unselbständigkeit u. a.) und die zögernde Emanzipation der wissenschaftlich gebildeteren, von ›Proletarisierung‹ bedrohten Mittelschichten von feudalen, nationalen, religiösen Bindungen nur noch um den Preis von psychischen und sozialen Konflikten zu erzielen war. Sie erwarben sich dabei jene neurotische Idiosynkrasierung von Aggressivität, die emanzipativ-politische Willensbildungen im Ansatz lähmte, weil der Staatsbürger von nun an am Problem der *Gewalt* neurotisch scheitert – nur um zugleich zwischenmenschliche Beziehungen unter das Prinzip konformierender *social control,* des Vorurteils, der abrufbaren Aggression zu stellen, mächtige Instanz der sozialen Integration.

Es ist sicher, daß das Zusammenspiel von *sozialer Kontrolle* und *Internalisierung von Normen* wesentliches zur Homogenisierung der wachsenden Populationen, zu ihrer sozialen Integration, Orientierung und Abstimmung (aufeinander) beträgt.[6] Allgemein betrachtet, wird ›social control‹ beispielsweise auf dem Wege über die nachbarschaftliche, öffentliche usw. Kontrolle der Kinder und ihres anschaulichen Verhaltens steuernd auf deren Eltern wirksam, d. h. erhöht deren ›Sozialisationsdruck‹, der, indem er an die Kinder weitergegeben wird, die normativen Regulationen der Eltern verfestigt (und die je betroffenen Eltern, als Nachbarschaft, Öffentlichkeit usw., kontrollieren wiederum verstärkt die Kinder fremder Familien).[7] Je stärker Sozialisationsstile und erzieherisches Verhalten am äußeren Erscheinungsbild kindlicher Lebenstätigkeit, Erscheinung usw. orientiert sind (je geringer die Interpretation des anschaulichen Verhaltens auf Motive, subjektive Beweg-

---

ertrag.« Am vorläufigen Ende dieser Entwicklung, die nur ein Zyniker auf die Formel des *si le grain ne meurt . . .* bringen könnte, steht F. W. Haugs ironisches »consumo, ergo sum« als neueste Seinsgewißheit.

6 Soziale Kontrolle: »Die Furcht vor allem Auffallenden und Abweichenden ist enorm groß, und ein stärkerer Hüter des bestehenden Zustands als alle Polizei, von der man gar nichts bemerkt« (J. Burckhardt am 24. 4. 1865). Internalisierung: Robespierre wünschte sich ein ›Meisterstück der Gesellschaft‹, einen Instinkt zu schaffen, der *ohne Beistand des Denkens* die Menschen das Gute tun und das Böse meiden läßt.

7 Vgl. später S. 48 ff. und 85 f.

gründe), desto lückenloser verschränken sich innere Normen und ›soziale Kontrolle‹ – also außerhalb der Mittelschichten (und der Oberklasse).

Ohne Internalisierungsvorgänge hätte soziale Kontrolle wenig Ansatzpunkte zur Steuerung der einzelnen, weil Ächtung, Ausstoßung nicht mehr die brutale Sanktionierung wie etwa im Mittelalter zur Folge haben. Andererseits stabilisiert soziale Kontrolle alle Internalisierungs-Resultate: Nachverdrängungen werden erzwungen, der Weg zu Ersatzbefriedigung und Symptombildung erleichtert, wenn und solange selbst minimale Ansätze zur Selbstfreigabe in einzelnen auf die Sanktionen der Mitwelt stoßen und daran scheitern.

Soziale Kontrolle und Internalisierung *ergänzen* sich schließlich in dem Sinne, daß dort, wo internalisierte Moral zur Stabilisierung von Verhalten (im Sinne der Funktionalität, Ordnung, Homogenität ...) nicht ausreicht, *sie* größere Anteile der sozialen Integration übernimmt. (Erinnert sei an die Beobachtung, daß Lehrlinge gelegentlich sozial dekompensieren, wenn sie mit Studierenden in einer ›gewährenden‹, von sozialer Kontrolle freieren Situation leben.)

Die *soziale Kontrolle* vermittelt allererst den bekannten ›dämpfenden Effekt‹ bürgerlich-strafrechtlich sanktionierter Vergehen, Verbrechen usw. auf die Gesamt-Population. Sie ist ohne die Angst, dem Verband, der den einzelnen umgibt, nicht mehr anzugehören (vgl. S. 147), also ohne das Zugleich von Partikularisierung und allseitiger Abhängigkeit kaum denkbar und regelt insofern vorzüglich das Verhalten in der lohnabhängigen Bevölkerung. Der Abstraktionsvorgang von der unmittelbaren Autorität aus den Jahrhunderten vor der Durchsetzung der kapitalistischen Produktionsweise wird hierin insofern erleichtert, als *jeder* ein Stück unmittelbare Herrschaft (und Autorität) gegenüber sozial Gleichen übernimmt. Die Rigidität der Kontrollnormen bestätigt sich z. B. in der ›Diversifikation‹ des Arbeiterbewußtseins, in der Form der Abgrenzung gegen Gastarbeiter, arbeitende Frauen, Lehrlinge, evtl. Jungarbeiter und in ähnlichen Disparitäten. Soziale Kontrolle und Ordnung der Produktion (wie Konsumtion) erscheinen so aneinander gebunden, daß Versuche zur Suspendierung der ersteren als ›anarchoid‹ abgewehrt und Formen der revolutionären Umwälzung der Eigentumsverhältnisse als Optimierung und Generalisierung sozialer Kontrolle aufgefaßt werden können.

Es *erscheinen* also nicht alle gesellschaftlichen Mächte, »welche die Individuen bestimmen, subordinieren und in der Vorstellung als heilige Mächte erscheinen« (K. Marx) überhaupt noch als Macht, als Nicht-Ich: das Individuum ist ihnen nicht nur subsumiert, es hat sie internalisiert. Die Vorgeschichte: Luther, Calvin, Kant.[8] »Daß alle, die man Herren heißet, an der Eltern statt sind und von daher Kraft und Macht zum Regieren nehmen müssen« (M. Luther): er, Luther, hat den Menschen von der äußeren Religiosität befreit, weil er die Religiosität zum ›inneren Menschen‹ gemacht hat (K. Marx). Die Zentralisierung der Moralität (und Erlösungs-Hoffnung) auf den ehrfürchtigen Gehorsam gegenüber der ›Pflicht‹ und der von ihren individuellen Trägern losgelösten Autorität hat eben jene gesellschaftliche Funktion, die I. Kant als politische ›Nutzung‹ der moralischen Anlage des Menschen ›mittels des Gewissens und der Religion‹ dem Gesetzgeber empfiehlt. Hierin wird ein religiöses, moralisches, sittliches Fundament gelegt, das psychodynamisch wie sozial sich verfilzt mit den Disziplinierungen des künftigen Lohnarbeiters in den Jahrhunderten der Vorbereitung und Etablierung der kapitalistischen Produktionsweise. Wo der Fürst als ›Vater‹ bezeichnet, seine Autorität an ›Gott-Vater‹ festgemacht und der faktische Vater mit ›Sie‹, ›Ihr‹ angesprochen und *geehrt* werden soll, wird zugleich wiederum der Abstraktionsvorgang von den unmittelbaren Autoritäten in die Ordnung der bürgerlichen Gesellschaft erleichtert. Auch das Calvinsche Erbe: daß im Leben der (berufliche, ökonomische) *Erfolg* die ratio cognoscendi der ›Erwähltheit‹ des Individuums sei, die ratio essendi dieser Erwähltheit aber – dem Menschen ewig verschlossen – bei Gott liege, mag über die Schichten des Bildungs-Bürgertums, der Pfaffen, Lehrer usw. hinaus noch die Alltäglichkeit des Proletariers mit strukturieren.[9]

Die »Verinnerlichung des äußeren Pfaffen«, die Genese des Über-Ichs muß starken klassenspezifischen Differenzierungen unterliegen; zu erinnern wäre an Sprachstile (B. Bernstein u. a.), aber auch an die Bedeutung von Haltungen, wie: Selbständigkeit, Übernahme von Herrschafts-Funktionen für Mit-

---

8 Vgl. H. Marcuse, Studie über Autorität und Familie, zit. nach: Ders., Ideen zu einer kritischen Theorie der Gesellschaft, Frankfurt 1969², S. 55 ff.

9 Tradiert über Schule, schichtspezifische Massenmedien, lokale Traditionen, Religion. Vgl. aber S. 34 f.

telschichten und direkte Abhängigkeit, »Kontemplation« für die Arbeiterklasse je nach ihrem Ort im System der materiellen Produktion und Reproduktion. Nicht eigentlich überichstrukturierte Gewohnheitsbildungen (›Dressate‹), Assimilationsdruck, soziale Kontrolle und die stete Gegenwärtigkeit von Sanktionen führten innerhalb der Arbeiterschaft zu Integrations- und Sozialisationssystemen, die von den in der entfalteten Psychoanalyse beschriebenen abweichen. Über aufsteigende Schichten nach den ›Gründerjahren‹ vermittelt, dehnten sich die mit Internalisierung von Werten, mit ›Über-Ich‹-Konflikten verbundenen, zu paranoiden Projektionen neigenden psychischen Strukturen allerdings allmählich in Richtung auf die Masse der lohnabhängigen Bevölkerung aus.[10] Der Fetisch der *Reputation,* von S. Freud in frühen Falldarstellungen analysiert, blockierte neben Tendenzen zur Desintegration (=Produkt der tendenziellen Anomie der bürgerlichen Gesellschaft) auch die Ansätze zur Emanzipation (= Produkt der geschichtlichen Entwicklung der Arbeiterbewegung und des aufgeklärten bürgerlichen Intellektuellen).[11]

Die Übernahme bürgerlich-kleinbürgerlicher Reputation, d. h. zunächst von Formalien, in Schichten der arbeitenden Bevölkerung erinnert an die Übernahme äußerer Merkmale der ›Herrenkultur‹ durch ein Kolonialvolk[12]. Noch die Beschäftigung mancher Arbeiterbildungsvereine mit Goethe oder Schiller, während ihnen die Bourgeoisie das Fell über die Ohren zog, hat etwas von der Absurdität des Schlipses, den der ausgeplünderte Eingeborene sich umhängt. Hierin wurzelt letztlich die Bedeutung, die Statussymbole für breite Bevölkerungsmassen gewonnen haben.

»Schiller war doch unser«, erklärt H. Lange in seinen Erinnerungen an den Leipziger Fortbildungsverein für Arbeiter unter'm Bismarck'schen Sozialistengesetz, obwohl es ein hoher Rat nicht gestattete, daß Abgeordnete dieses Vereins einen Kranz im Schillerhäuschen zu Gohlis niederlegen durften, wozu sie doch entschlossen waren.

Die Übernahme kleinbürgerlicher Reputation, d. h. zunächst von Formalien und äußerlichen Umgangsstilen der Bourgeoisie

10 In Folge der erzwungenen Affirmation an die tendenzielle Anomie der Gesellschaft ist dort in aller Regel der Ausgang anders, Schizophrenie.

11 S. Freud, als Jude selbst auf Reputation (und Arbeitsmoral) angewiesen, ist ein prägnantes Beispiel dafür.

12 Vgl. später, Kap. IV.

in einen Bestand an Sollwerten der arbeitenden Bevölkerung (»Verbürgerlichung«) mit ihren psychischen Konsequenzen wurde von ihren Assoziationen: Arbeiter- und Arbeiterbildungsvereinen, Bünden, Gewerkschaften, Parteien als Grundlage für die Veränderung der sozialen Situation der lohnabhängigen Bevölkerung angestrebt. Während innerhalb der Bourgeoisie derjenige ein ›guter Mann‹ ist, d. h. ein Mann, mit dem man reden, dem man Vertrauen entgegenbringen kann, der ein zahlbarer Mann ist, den Kredit in Bürgerrechte einsetzt,[13] lebt die mißtrauische, immer nur partielle Kreditierung des vermögenslosen Arbeiters als ›gutem Manne‹ ausschließlich von der Reputation, d. h. der Assimilation. Doch sprachen, wie sich noch zeigen soll, für den Enkulturationsdruck, der von Arbeiter-Organisationen ausgeübt wurde, auch andere, praktische Gründe.[14]

Die ›Reputation‹, das reputierliche Benehmen werden zum äußeren Sinnbild einer partiellen Assimilation. Insofern läge es nahe, in der sozialen Integration der Lohnabhängigen (»untereinander«) als homogenisierendes Moment Verbürgerlichung zu entdecken; indessen quittiert diese assimilative Tendenz (wie fast jede, die wir noch antreffen) nur den Umstand, daß die proletarische Situation gerade unentrinnbar wird. Sie muß vor'm Ärgsten geschützt werden: Während in der zweiten Hälfte des 19. Jahrhunderts das Massenelend des Frühkapitalismus langsam schwand, wuchs ja zugleich die Präsenz bestimmter Randgruppen: Obdachlose, Asylbewohner, Verwahrloste, Trinker usw., der ›drop out's‹; von Personen, die dem unbarmherzigen Leistungs- und Arbeitsniveau des Kapitalismus nicht mehr gewachsen sein konnten und, infolge der latenten Freisetzung von Arbeitskraft durch Produktivitätssteigerung via Mechanisierung und Automatisierung, nicht einmal mehr als *industrielle Reservearmee* fungierten. Außerdem hatte sich längst an die Stelle privater und vielfältiger Hilfe für Arme, wie beschränkt und unzureichend auch immer, staatliche Wohlfahrt gesetzt, deren bürokratische Prozedur neuartige Momente so-

---

13 K. Marx: Aus den Exzerptheften (Geld, Kredit und Menschlichkeit), zit. nach Marx/Engels, Studienausgabe II: Politische Ökonomie, Frankfurt 1966, S. 250 f.

14 Die Eindämmung der Trunksucht des Elends, das Anhalten zur Sparsamkeit bei ersten Einkommens-Verbesserungen, das Zurückdrängen maschinenstürmerisch-antikapitalistischer Tendenzen, u. a. m.

zialer Ächtung des Elends enthielt, die früherer kirchlicher und privater Wohlfahrt nicht im gleichen Maße immanent war. Das bedeutete: *Nicht* arm, nicht Objekt solcher scherbengerichtsartigen Fürsorge zu werden, nicht in die Randgruppen der ›drop out's‹ zu stürzen, wurde zur permanenten Sorge breiter Bevölkerungsschichten. Wer nichts als seine Arbeitskraft anzubieten hat, wessen Verdienstchance von konjunkturellen Zyklen abhängt, auf die er überhaupt keinen Einfluß nehmen kann; wer bloß passiv erfährt, daß sein Klein-Eigentum durch Krieg, Inflation, Massenarbeitslosigkeit und wieder Krieg permanent reduziert wurde, kann dieser ›Sorge‹ nie ganz entrinnen. Sie motiviert zur zäh festhaltenden Affirmation an Stile reputierlichen Verhaltens, zur äußeren Assimilation an Merkmale der ›Herrenschicht‹ – und nicht nur, weil Reputation die Abwesenheit jenes Randgruppen-Elends ausdrückt oder Arbeiter gegen das ›Lumpenproletariat‹ abgrenzt.

Eine weitere wichtige Bedingung für die Übernahme bürgerlich-kleinbürgerlicher Verhaltensforme(l)n und von Stilen im Sinne der »Verbürgerlichung« (und damit eben auch für die soziale Integration, die Homogenisierung, Abstimmung, Steuerung großer Populationen) war – und ist noch – die Tatsache, daß *Herrschafts*träger (Vorgesetzte; ›die da oben‹ ...) assimilative Mängel sanktionieren und für Assimilation Gratifikationen geben.[15] Äußere Erscheinung und Wohlverhalten werden symbolisch interpretiert: als Merkmale oder Ausdrucksformen von Loyalität, Betriebstreue, Fleiß, Sorgfalt im Umgang mit Arbeitsmitteln, und diese symbolischen Interpretationen können von größerem Einfluß auf die Lohnhöhe oder Leistungszulagen des einzelnen Arbeiters sein als seine Arbeitskraft und berufliche Qualifikation. Insofern war es ebensowohl realistisch als erzwungen, sich im Sinne von ›Reputation‹ zu assimilieren.

Noch die *bürgerliche Kultur* muß als Instrument sozialer Integration betrachtet werden, wenn sie auch gewiß mehr ist als dies. Unter dem Aspekt der unter ihr befaßten Normen, Handlungsanweisungen, Denk- und Gefühlsgewohnheiten oder Sitten, Verklärung von bürgerlicher Reputation, wurde sie – jedenfalls in der Gestalt, in der wir sie aus der zweiten Hälfte des 19. Jhdts. kennen – gerade obsolet, als die Arbeiter-Organisationen eindrucksvolle Leistungen der Affirmation an sie voll-

15 Neuerdings ziehen sogar Turnclubs langhaarigen Mitgliedern Punkte in der Leistungsbewertung ab.

brachten: Im *Bericht über die Verhandlungen des ersten Vereinstages der deutschen Arbeitervereine* Frankfurt/Main 1863 heißt es, der Arbeiter ›unserer Tage‹ stehe unter dem Druck der Unwissenheit, der Ungeschicklichkeit und Unbeweglichkeit. »Dazu kommt noch der Mangel an größerer Strebsamkeit und Sparsamkeit, wie ferner der Mangel an Sinn für die höheren Werte des Lebens, für Sitteneinfachheit und Sittenreinheit, für Benehmen und Charakter.« Die Arbeiter würden nur siegen, wenn sie mit ›Biederkeit, Rechtlichkeit und Treue‹ zu Werke gehen. Die Vereine sollten deshalb »Anstand, Sitte und gesellschaftliches Leben pflegen«. Und kein Geringerer als August Bebel schrieb in einer Werbeschrift der Freien Volksbühne für das Jahr 1913/1914 (Berlin) über seine Tätigkeit im ›Gewerblichen Bildungsverein‹ 1861: »Ich sah streng darauf, daß der erste Teil des Abends den ernsten Vorträgen, der zweite den humoristischen gewidmet war. Obszönitäten und Zweideutigkeiten waren streng verpönt«. Oder: Der »Social-Demokrat« Berlin, 5. Jg. Nr. 20 vom 11. 2. 1869 berichtet über eine ›Abendunterhaltung‹ des Allgemeinen deutschen Gewerkschaftsbundes mit Schillers ›Schwur auf dem Rütli‹ und fügt hinzu: lobend sei zu erwähnen, »daß trotz der enormen Menschenmengen nicht die leiseste Störung vorkam und die Ordnung stets aufrechterhalten blieb«.[16]

Bildung wurde von *Politik*, ja von politischer Bildung abgetrennt: Auf den – bereits zitierten – Arbeitervereinstagen 1863 (und 1864) wurde allerdings eingeräumt, politische Fragen ließen sich nicht *ganz* vermeiden; aber aus einem Arbeiterbildungsverein müßten wenigstens praktische Politik und Agitation gewissenhaft ausgeschieden werden.[17] Es ging eben, im Sinne unserer Assimilationsthese, zunächst und auf lange Zeit darum, ›durch maßvolle Leitung und Haltung‹ sich einen höheren moralischen Boden in der bürgerlichen Gesellschaft zu erwerben. Ein Pastor *Göhre* konnte 1891 erklären, die Arbeiter strebten eine Revolution nicht an, sie seien nun schon zu gebildet dazu.[18] Die Bourgeoisie entwickelte in ihren sozialreformerischen Bemühungen Stile, Institutionen, Vermittlungen,

---

16 Quelle: Frühes Deutsches Arbeiter Theater 1847–1918. Eine Dokumentation von Fr. Knilli und U. Münchow, München 1970.

17 Vgl. Hildegard Feidel-Mertz, Zur Ideologie der Arbeiterbildung, Frankfurt 1964, S. 38 f., Anm. 28.

18 P. Göhre, Drei Monate Fabrikarbeiter und Handwerksbursche, Leipzig 1891.

die den Arbeiter zum ›Verhandlungspartner‹ erziehen sollten. »Der Sinn, der sich dahinter versteckt, und der in dem Wunsch besteht, die Lebensdauer der bürgerlichen Gesellschaft um jeden Preis zu verlängern«, blieb lange verborgen.[19]
Diese assimilative Haltung, aus dem disparaten Zustand der verelendeten und in direkter Abhängigkeit gehaltenen Arbeiter und dem pädagogischen Auftrag der Vereine, Gewerkschaften usw. begründbar, hat wiederum, indem sie assimilative Formen sozialer Integration beförderte, über die familiale Sozialisation auf die nachfolgende Generation eingewirkt. Indem sie Formen der Verwahrlosung der Armen (Trunksucht usw.) und die Neigung zum maschinenstürmerischen Aufstand ohne organisierte Machtbasis abbaute, hat sie die Arbeiterschaft diszipliniert. Allein, wenn nun einmal nach dem Benjamin'schen Diktum jedes Kunstwerk zugleich eines der Barbarei ist und Kultur die Beute, die der Sieger im Triumphzuge mit sich führt, so liegt in diesen affirmativen und assimilativen Bemühungen doch etwas von Hohn, in dem Herrschaft der Lohnabhängigen spottet. Blicken wir auf bürgerliche Kultur unter dem Aspekt von Kunst, Literatur, Musik, ›höherer Bildung‹ schlechthin, so vollbrachten auch da viele Arbeiter-Organisationen des 19. (und 20.) Jahrhunderts eindrucksvolle Leistungen der Aneignung. »Eine tiefe Sehnsucht nach der Kunst«, so ein Genosse 1908 (Volksbühne, 1. Jg., Nr. 3, Berlin), »lebt unausrottbar in dem klassenbewußten Proletariat, das alles große Vermögen gesitteter Menschheit für sich zu erobern entschlossen und fähig ist.« (Modernere Autoren stoßen zugleich auf Entrüstung; wegen anarchischer Tendenzen, Sittenlosigkeit, Vulgarität.) Unter den namhaften politischen Führern der Zeit um den 1. Weltkrieg waren es sogar gerade die der Arbeiterbewegung, die – wie R. Luxemburg und K. Liebknecht – ein ungebrochenes Verhältnis zu bürgerlicher Kultur entwickelten. Liebknechts Briefe aus dem Felde an seine Familie zeigen, wie unmittelbar dies in die Sozialisation und Erziehung der Kinder eingeht: kaum eine Zitierung Dantes, Shakespeares oder Beethovens, die nicht mit einer Mahnung zur ordentlichen Erledigung von Schulaufgaben verknüpft wird oder in einer kritischen Bemerkung zur Moderne in der Musik ihre Ergänzung findet. In seinen politisierten und organisierten Anteilen affir-

19 E. Jünger, Der Arbeiter. Herrschaft und Gestalt, Hamburg 1932², S. 21.

miert die Arbeiterklasse in ihren Führern die Kultur des Bürgertums im Sinne einer konservativen Überholung – just, als sie, im Stadium teils der Zersetzung, teils der revolutionären Kritik angelangt, die Bourgeoisie nicht mehr bildete, von ihr bloß konsumiert, vielfach sogar abgestoßen wurde.[20]

Gegenwärtig kann von Kultur des Bürgertums als integrierende und sozialisierende nur noch zögernd und selten gesprochen werden. Was an ihre Stelle trat: die geplante, ›schichtenspezifische‹ Produktion von Druckerzeugnissen für Lohnabhängige u. dgl. integriert gewiß auch. Der Protest Offenbacher Arbeiter gegen den Torverkauf der Bildzeitung (1969) ist wirklich ein kulturelles Ereignis gewesen. Ebenso bedeuten Straßentheater in und nach der Studentenrevolte und verschiedene Experimentierbühnen eine Rekonstruktion von Kultur, die zum *Widerstand* anleitet (und ›sozialisiert‹) – soziale Integration und Sozialisation treten in solchen Ansätzen endlich wieder auseinander.

Bemerkenswert erscheint auch, daß in der viel späteren Phase repressiver Entsublimierung, vor allem nach 1948 in der BRD, innerhalb breiter Mittelschichten Anzeichen zu einer schlechten Anarchisierung konsumptiv begriffener Sexualität auftreten, die – historisch betrachtet – in gewissen Aspekten hinter die Sozialisierung der Arbeitersexualität zurückfallen. Das bekannte »Loch ist Loch!«[21] der Unterschicht reproduziert sich unter Erwachsenen der Mittelschichten, während sich im Proletariat teils ›solide‹ eheliche Verhältnisse halten, teils aber – in der Arbeiterjugend – Entwicklungen zu differenzierteren Formen von Sexualität empirisch faßbar werden.

Die Wechselbeziehungen zwischen den einzelnen Elementen und Subsystemen der Gesellschaft, aus denen sich – in Anlehnung an überlieferte Institutionen und gestützt auf Ungleichzeitigkeiten der industriellen, kulturellen, religiösen Entwicklung – relativ beständige Strukturen des Verkehrs, der Interaktion und Kommunikation entwickeln, müssen, so viel haben wir erörtert, als Klassenkonflikt begriffen werden. Die bürgerliche Gesellschaft benötigt den ›freien‹, industriell verwertbaren Arbeiter, dessen Klassenschicksal unentrinnbar sein soll – sie muß Integrationssysteme produzieren, in denen der Emanzipationsanspruch der Arbeiterklasse unterdrückt oder zersetzt wird, soweit es ihr

---

20 »Die Bildung, statt ein geistiges Medium zu sein«, so J. Burckhardt 1865, »ist bei der großen mittleren Leuteschicht ein Vehikel des Fortkommens und mehr nicht«, was sich auf die reiferen Zustände in Frankreich bezog.

21 Vgl. R. Reiche, Sexualität und Klassenkampf, Frankfurt 1970.

nicht gelingt, die Konstituierung einer politischen Identität der Klasse *als* Klasse von vornherein zu verhindern; sie muß die neuen Mittelschichten: alle die *clerks, commis,* Bureau-Vorsteher und später die technische Intelligenz, sozial so organisieren und psychisch so beeinflussen, daß sie an die Interessenlage der Bourgeoisie gebunden bleiben. Die ›freien Arbeiter‹ sind als einzelne wie in ihren Organisationen assimilativen Tendenzen unterworfen, haben sich aber in der Geschichte ihrer Bewegung kämpferisch gegen Ausbeutung und Diversifikation gewendet. Die Institutionalisierung von Normen, d. h. von Zweck-Mittel-Systemen zur Regulierung menschlichen Verhaltens, vollzieht sich teils über Internalisierungen, teils über permanente soziale Kontrolle als dem dominierenden Typus rudimentärer Nachbarschaftsbeziehungen und über ein differenziertes System von Sanktionen und Gratifikationen. Genauer betrachtet, handelt es sich dabei z. T. um eine erzwungene (auch: ›gewaltlos‹ erzwungene), z. T. um eine intendierte, d. h. in eigene Regie genommene partielle Assimilation an die tendenzielle Anomie kapitalistischer Gesellschaften[22]. Zum wirkenden Prinzip der sozialen Integration wie der Sozialisation wird daher gesamtgesellschaftlich ein Regelungssystem, daß zwar mit Erfolg auf ›Funktionalität‹, ›Effektivität‹ und ›Ordnung‹ ausgeht, aber zugleich Identitätsbrüche, Dissozialität bestimmter psychischer Gehalte bzw. Impulse und Orientierungsverluste impliziert. *Ein* verhaltenssteuerndes Moment von größter Bedeutung wäre hervorzuheben. Die kapitalistische Produktionsweise führt mit sich nicht nur die Partikularisierung der Menschen, deren ›Unabhängigkeit‹ sich nach einem Marxschen Verdikt als Gleichgültigkeit, Indifferenz herausstellt (die *Trennung* des Menschen vom Menschen ist nun sein wahres Dasein), sondern zugleich eine Maximierung der Abhängigkeit der einzelnen (denen namentlich als ›freie Arbeiter‹ alle Ressourcen genommen sind und die vereinzelt auf ihr Schicksal keinen Einfluß nehmen können). In der Folge dieser unentrinnbaren Gleichzeitigkeit von Abhängigkeit und Vereinzelung verbreitet sich *Angst* im größten Stile – eine Angst, die freilich selten als solche auch erlebt wird; sie wird zum psychischen Fundament sowohl der sozialen Integration der lohnabhängigen Massen, soweit sie gelang, als auch der Sozialisation der Subkultur ›Kindheit‹ (›Jugend‹).

22 Dies gilt ebenso für die neuen Mittelschichten.

Wenn wir nun heute vom ›autoritären Leistungsstaat‹ der Gegenwart reden, so bezeichnet dieser Begriff gegenüber dem 19. Jahrhundert (und den Anfängen des 20. Jhdts.) deutlich veränderte Systeme sozialer Integration. Zwar trifft die Disziplinierung via Arbeitsprozeß nach wie vor die Masse der Lohnabhängigen uneingeschränkt, aber auf neuem Vergesellschaftungs-Niveau. In der Produktion werden alle Einzel-Vollzüge in einem von der *technischen Anlage* vorgegebenen Sinne aufeinander bezogen, was neuestens auch Bereiche der Bürotätigkeit und Verwaltung erfaßt. Die Kooperation der Arbeitenden wird mehr und mehr ›versachlicht‹, erfolgt auf dem Wege über die Technologie des Arbeitsprozesses – überall erzwingt Rationalisierung auch neue Reglementierungen. Die *Kontemplation* (G. Lukács) und der fortgeschrittene Effektuierungsstil industrieller Produktion haben in wachsendem Maße auf andere Lebensbereiche übergegriffen.[23]
Die partiale Assimilation an Verhaltensstile der Mittelschichten (»Reputation«) trägt wesentlich zur Homogenisierung der ärmeren Population bei und bildet nach wie vor, als relativ verbindliches Wertmuster, das Orientierungssystem für die (solidaritäts-hemmende) soziale Kontrolle. Disziplinierung durch besonderes Gewaltverhältnis und obrigkeitsstaatliche Verpflichtungen integriert nur noch die Mehrzahl der Beamten: in den privilegierten Schichten der Arbeiter und der Mittelschicht wird durch *Leistungsmotivation* diszipliniert und damit sozial integriert – auch dies eine Abstimmung großer Kollektive auf gemeinsame Verhaltens-Regelungen, die sich in der Sozialisation der Neugeborenen reproduziert. Im Streben nach (verwertba-

23 Beispielsweise auf den *Sport*. – Im Sport schufen Mitglieder der englischen Oberschicht im 19. Jhdt. Amateurregeln, dafür bestimmt, die gewöhnlichen Leute von ihrem exklusiv-privaten Vergnügen fernzuhalten. Um konkurrenzfähig zu werden, hätten die Angehörigen der unteren Schichten finanzielle Gegenleistungen für ihre athletischen Leistungen benötigt. Das Verbot von Bezahlung via Amateurregel schloß die auf Bezahlung Angewiesenen aus dem sportlichen Wettbewerb aus – Einübung, Training, sportlicher Erfolg waren (und sind) mit normaler Erwerbstätigkeit nicht zu vereinbaren. Noch der sog. Staats-Amateurismus heute, aber auch die soziale Struktur etwa der Olympia-Mannschaft der BRD – mit wenigen Ausnahmen Kinder der Mittelschicht und Oberschicht – zeigen die nachwirkenden Konsequenzen solcher verdeckten organisatorischen Lösungen des Klassenproblems im Sinne der herrschenden Klasse.
Inzwischen haben sich längst Prinzipien industrieller Effektivität und tayloristischer Rationalisierung des Sports bemächtigt. Vgl. G. Vinnai, Fußballsport als Ideologie, Frankfurt 1970.

rer) Leistung werden Konkurrenz, Rivalität *einheit*stiftend. Soziale Integration vollzieht sich jetzt unter dauernder Stützung durch ein System von Statussymbolen, die zu erwerben den einzelnen stärker bewegt als etwa die Idee, seinen Status zu verändern. Lohn- und Gehaltsregelungen, Prämiensysteme in der Industrie, für die einzelnen undurchsichtig, vom ›anatomischen‹ Kontext der Kapitalverwertung phänomenal gänzlich losgerissen, tragen dazu bei. Fortwährend stützt den Integrationsprozeß auch die Fetischisierung des Konsums (als Entnahme von Waren und Inanspruchnahme von Dienstleistungen).

Noch im Konsumbereich signalisiert der Übergang zur Selbstbedienung und zum Supermarkt, wie entbehrlich Vorüberlegung, individueller Plan (Einkaufszettel!) und selbständige Orientierungsleistung geworden sind. Nicht nur entbehrlich, sondern auch störend. Die Supermärkte teilen Waren so auf, daß Orientierung, Lernen, Erfahrungsbildung möglichst erschwert werden; Lernen wäre dysfunktional.

Zugleich setzt sich in den Dienstleistungen (Reisebüro usw.) und in einer Vielzahl technokratischer Regelungen, Verwaltungen, Versicherungen etc. die institutionelle Umklammerung des je einzelnen Daseins weiter fort.

Hierin wird die *Bürokratisierung* des Daseins einheitstiftend wirksam – von der konformen, privaten Verteilung der Lohn- und Gehaltssumme bis zu den Wegen, Schritten, Handgriffen, die etwa bei Krankheiten oder Urlaubsreisen zurückgelegt werden müssen, konstituiert sich für Millionen von Menschen ein je identisches Lebensgelände. Schließlich werden mit der technischen Reife neuartiger Medien der Massenkommunikation (Radio, TV) und mit den sich wandelnden Beziehungen zwischen Leserschaft und Druckerzeugnis auch umfassende Strategien der Lenkung, Leitung, Homogenisierung von Populationen entwickelt.[24] Auch diese *Sozialtechniken* und *-technologien,* noch in ihren weniger bekannten Quellen und Organen (Sozialpädagogik, Betriebspädagogik), antworten nicht nur auf einen sozialen Zustand, in dem trotz zeitweilig zurückgenommener

24 Ein Beispiel: Lange Zeit hindurch galten den Zeitungswissenschaften Leserschaften als ›dispers‹, inkonstant in der Zusammensetzung; starke, überdauernde Bindungen der Leser an *ein* Blatt (Bild, ›Grüne Presse‹ usw.) steigerten den steuernd-integrierenden Effekt des Mediums stark. Erst auf der Folie dieser Leser-Blatt-Bindung können *Leserbriefe* verhaltenssteuernd wirksam werden. Vgl. P. Brückner, Springer-Presse und Volksverhetzung, in: Kritische Justiz, H. 4/1969, S. 339 ff.

Disziplinierung durch außerökonomische Zwangsgewalt breite Bevölkerungsmassen vereinheitlicht, integriert werden müssen, sondern auf die Entwicklung der Arbeiterbewegung, die Organisation des Proletariats. Auf dessen Solidarisierungstendenz (»Proletarier aller Länder vereinigt Euch!«) – so sie sich gegen die Integrationstechniken durchsetzt – reagiert die Gesellschaft des organisierten Kapitalismus im 20. Jhdt. dreifach: mit der Produktion von ›horizontalen Disparitäten‹, von Diskriminierungen und Privilegierungen innerhalb der Arbeiterschaft (wozu u. a. auch die Pflege des ›Angestellten‹-Mythos rechnet), und zwar intendiert, d. h. die hier erzielte Diversifikation des Arbeiterbewußtseins und die Reduktion von Solidarität und Gruppen-Egoismen stellt sich nicht hinter dem Rücken industrieller Entfaltungen selbsttätig her, sondern wird in den Unternehmen bewußt produziert – freilich gestützt auf organisatorische und technologische Veränderungen der Arbeitsverhältnisse, die ihrerseits vom Profitinteresse des Kapitalisten nicht abgetrennt werden dürfen. Psychologisch betrachtet: Im Horizont schlechthinniger Abhängigkeit und Ungewißheit über die eigene wirtschaftliche Zukunft konstituiert sich eine durch Konkurrenz gespaltene Arbeiterschaft; das strukturelle Elend des Arbeiters: die Entfremdung als Folge des Verkaufs seiner Arbeitskraft, der eigentliche Skandal der Lohnarbeit selbst tritt gegenüber Abhängigkeit, Unsicherheit und Konkurrenz fast unerkennbar zurück.[25] Die zweite Antwort auf das »Proletarier aller Länder – vereinigt Euch!« wäre in Wellen der Emotionalisierung längs nationalstaatlicher Vorurteilssysteme zu sehen, in denen ›rechte‹ Agitation an Frustrationen und Aggressionsbereitschaften von Bevölkerungsmehrheiten anknüpfen, denen Einsicht in die wirklichen Gründe ihrer Lage entzogen bleibt[26]; auch dies wieder sozial-integrativ und sozialisationsprägend angelegt in der 2. Hälfte des 19. Jahrhunderts. In dem bereits zitierten Bericht über den 1. Vereinstag der deutschen Arbeitervereine 1863 heißt es:

»Aus dem Ganzen heraus aber tritt als mächtige Blüte: die Liebe zur Freiheit und zum Vaterland, die beide ihren Ausdruck finden in einem

25 Dies muß nicht so sein; es erhebt sich die Frage nach den Interpretationsleistungen der Gewerkschaften und der SPD.

26 Wie ja überhaupt das Privateigentum an Produktionsmitteln *das* Hemmnis für Volksbildung darstellt (und nicht nur im Falle Springer).

freien allgemeinen deutschen Staatsbürgertum, in einem einigen und freien deutschen Vaterland!« (Lebhafter Beifall.)[27]

Die »Erziehung zur allgemeinen Wehrhaftigkeit« findet sich, als politisch-pädagogische Forderung der Arbeiterklasse, im *Erfurter Programm* von 1891[28].
Schließlich wäre zu nennen die Etablierung von staatlich kontrollierten oder rechtlich stabilisierten Einrichtungen, die für einen sogenannten geregelten Austrag gesellschaftlicher Konflikte in der Weise zu sorgen haben, daß die gesellschaftliche Substanz der Konflikte in Affirmation an die Ideologie des Sozialstaats schwindet.[29] Auf die Funktion der Presse, die in großen Bereichen nun die Bürger im Auftrage der herrschenden Klassen kontrolliert, die Grundrechte zu einer faktischen *Umkehr* der alten, bürgerlich-liberalen Kontrollfunktion der Presse nutzend, wurde weiter oben schon hingewiesen.
In diesem gesellschaftlichen Bezugsrahmen verändert sich der Stellenwert von *Spontaneität* unter Arbeitern: das Verhältnis, in das wilde Streiks und Proteste zu den Organisationen der Arbeiterschaft eintreten, nimmt die Form der Entlarvung an – Spontaneität treibt, wo immer sie vorkommt, reaktiv den Ordnungsauftrag der Gewerkschaften und Arbeiterparteien prägnant hervor. In der geregelten Organisierung von den Apparaten her soll Spontaneität erneut den Strategien sozialer Integration unterstellt werden; soziale Integration, die in der für den organisierten Kapitalismus typischen öffentlichen Form des »Sozialen Friedens«[30] alle revolutionär-emanzipativen Tendenzen abweist, ja tendenziell vernichtet. Was das Proletariat

27 Frühes Deutsches Arbeiter Theater, vgl. S. 23, Fußnote 16.

28 Vgl. hierzu (und zum Thema des I. Kapitels) auch: Hildegard Feidel-Mertz, Zur Ideologie der Arbeiterbildung, Frankfurt 1964; speziell: S. 21.

29 Solange Auseinandersetzungen der Tarifpartner vertraglich geregelt und systemimmanent einander als ›legitimierte Interessen‹ bestätigen, enthält auch die härteste Auseinandersetzung noch Momente der Affirmation; der Klassenkampf wird mit wachsender Härte nur umso stärker demontiert, bis schließlich – im Falle des Streiks und der Aussperrung – die Situation umschlagen könnte; nur, Aussperrungen sind weitgehend illegitim. [Ich hoffe, daß der Leser aus dieser Anmerkung nicht entnimmt, ich plädierte für ein *Mehr* an Aussperrungen. Denn mit der Restitution des Klassenkampfs stellt sich zugleich die Machtfrage. Die aber muß gestellt werden, indem Arbeiter-Organisationen ihren Spielraum ausnützen und überschreiten, aber die Arbeitgeber-Organisationen nach Möglichkeit an ihre legalen Mittel binden.]

30 J. Agnoli, in: Agnoli/Brückner, Die Transformation der Demokratie, Frankfurt 1968.

zum Menschen machen, d. h. den Klassencharakter kapitalistischer Gesellschaften aufheben und jedes einzelne Individuum zum Gattungswesen erheben wollte, nimmt die Transformation der Klasse in Mitglieder eines Interessenverbandes pluralistischer Einfärbung in die eigene Regie. Die Ablösung der Führungsspitzen in Gewerkschaften und Parteien von ihrer Basis, ihre bürokratische Verselbständigung und Umwandlung in eine ordnungsgewährende Kraft markiert einen Prozeß der *Entfremdung* – wohlbemerkt: des Proletariats, denn *seine* Bedürfnisse, Zustimmungen, Handlungen treten ihm entfremdet gegenüber. Zugleich bestehen soziale und politische Beziehungen zwischen Organisation hier, der Arbeiterschaft dort weiter – schon aus Gründen der Zweckmäßigkeit, der Tradition, der Unentbehrlichkeit (und der Gewohnheit). Hierin liegt ein sozialpsychologisch relevantes Moment für die resignative Stimmung vieler Arbeiter, aber auch für Tendenzen, ihr Verhältnis zur Arbeit zu instrumentalisieren, es unter dem Aspekt von konsumfähigem Einkommen und Prestige zu sehen. Noch ihre Versuche, sich als Klasse zu organisieren und zu emanzipieren, historisch von revolutionärer Intelligenz angeleitet, werden ihr unter den Bedingungen des organisierten, sozialstaatlichen Kapitalismus entrissen, in systemstabilisierende Mächte transformiert; und doch bleibt das, was ihr Eigenes ihnen entreißt und entfremdet, in ihrem ökonomischen und auch sozialen Interesse positiv tätig. Es ist gewiß überzufällig, daß gerade die Septemberstreiks 1969 Formen der Studentenrevolte übernahmen, die auf Entfremdung, Verdinglichung antworten.[31] Die Bedeutung der ›wilden Streiks‹ liegt in ihrer Lehre: sie zeigen, daß die sozial-integrativ wirkenden Gewerkschaften, selbst Produkte eines stillgestellten Klassenkampfs, Spontaneität bereichsweise nur noch unzulänglich binden,[32] und daß sich die gesellschaftliche Substanz der Arbeitskonflikte restituiert. Da die Regelung der Arbeitskonflikte durch ›Tarifpartner‹ die Gewerkschaften auch zu einem Instrument der Disziplinierung von Teilen der Bourgeoisie macht, und zwar im Auftrage der Bourgeoisie, wird auf die Spontaneität der Arbeiter eine verschärfte Unter-

---

31 Vgl. Bd. II, Einleitung.

32 In der Auseinandersetzung der Tarifpartner begegnet man sich bestenfalls als Freund und Feind, nicht als Herr und Knecht, d. h. als aufbegehrender Knecht, der den Herren entmachten will, sondern als formell gleichgestellter Gegner, der dem anderen Punkte entreißt.

drückungsstrategie einzelner Unternehmen antworten. Ich werde bei dem Problem der Rückkehr roher Gewaltförmigkeit in die Politik der herrschenden Klassen auf sozial-psychologische Aspekte dieser Entwicklung zurückkommen[33] und will nur daran erinnern, daß Drohung, Restriktion, Härte auf der Seite der herrschenden Klassen nach wie vor wichtige Instrumente der sozialen Integration sind. Dabei gilt, daß mit der Zunahme offenen Drucks in der Arbeitssphäre zumindest eine Zeit lang auch die Anzahl solcher Situationen ansteigt, in der Druck an Schwächere weitergegeben wird, d. h. in die Sozialisationssphäre (Kinder, evtl. Ehefrau) spürbar einschlägt.

Namentlich in der Rekonstruktionsperiode des Kapitalismus nach dem 2. Weltkrieg in der BRD – Konformismus; das Herausbilden schweigender Mehrheiten und damit die Verbreitung vorurteilsgesteuerten Verhaltens; politisches Desengagement; Fetischisierung des Sports; Konsumzwänge; Wellen bornierten Nationalstolzes – konnte der Eindruck entstehen, als seien die Arbeiter verbürgerlicht und die Bürger, von Proletarisierungsängsten, vom aufsteigenden Unbehagen an ihrer geschichtlichen Lage beunruhigt, an Kleineigentum fixiert. Dieser Eindruck traf für die Mittelschichten zu. Es war jedoch schon *vor* der Rezession 1966/67 und dem Anschwellen neuer Klassenkonflikte unzulässig, von der Annahme auszugehen, an der Stelle vorkapitalistischer, partikularer, bornierter Orientierungsmuster habe sich – über industrielle Disziplinierung und Internalisierung von Normen, standards – schließlich eine allseits konforme Weise sozialer Integration herausgebildet, in der auch die Masse der Lohnabhängigen, bei steigenden Reallöhnen, verbürgerlicht sei. Die *formierte Gesellschaft* der CDU/CSU markiert zwar ideologisch eine neue Phase in der Abwehr der Emanzipationsbedürfnisse der Arbeiterschaft und der Verfestigung der Kapital-Interessen, inzwischen in der Konzentration und multinationalen Organisation fortgeschritten, sie hypostasierte jedoch nur den Schein von ›sozialem Frieden‹. Dieser Schein entstand, grob gesprochen, dadurch, daß substantielle gesellschaftliche Konflikte in den Zirkulationsnetzen der Massenkommunikation nicht mehr repräsentiert, ja: nicht mehr repräsentier*bar* waren.[34] Bei näherer Analyse ergibt sich der folgende

33 S. 126 ff.

34 Die Demonstrationen und Aktionen der Studentenrevolte stellen einen Versuch dar, diese Repräsentierbarkeit in neuen ›Medien‹ wieder herzustellen.

Umstand, in höchstem Maße dazu geeignet, soziale Integration herzustellen und zugleich ihr Maß ideologisch zu übertreiben: In den hochindustrialisierten Gesellschaften des (sozialstaatlich stabilisierten) Kapitalismus hatte sich ein Lebensrahmen entfaltet, in dem den Individuen, Kollektiven, Teil-Populationen ein Stück Orientierung an internalisierbaren oder symbolisch repräsentierten Werten, Normen, Codices und sogar ein Stück Disziplinierung gleichsam erspart oder abgenommen wurde – Lebensrahmen, die in großem Umfange äußerlich, organisatorisch, technisch Formen des übereinstimmenden Verhaltens so vorgeben, daß es auch ohne irgendein Zutun der Staatsbürger konform, geregelt, affirmativ zugeht. Ich habe schon auf den Effekt der Bürokratisierung und der Entwicklung von Dienstleistungsbetrieben (Versicherungen u. dgl.) hingewiesen,[35] aber die institutionelle Umklammerung des je einzelnen Daseins ist nur ein Aspekt der Regulation sozialen Verhaltens. Die Rationalisierung der Produktion, die sich erfolgreich auch im Bereich der sozialen Beziehungen im Betrieb durchsetzte; die fortschreitende Spezifizierung von ›Berufsbildern‹ und der entsprechenden Ausbildungs- oder Anlernprozeduren; die Bürokratisierung immer neuer Lebensbereiche; die Technifizierung des Alltags und des Verkehrs; die ›Effektuierung‹ des gesamten Lebensbetriebs, die dazu nötigte, war man einmal von ihm ergriffen, jeweils nur ganz bestimmte, vorgegebene Wege zu benutzen; der wachsende Einfluß technischer Mittel wie des Telefons auf zwischenmenschliche Kommunikation; die Verbreitung des Fernsehens, die noch den Wasser- und Stromverbrauch reguliert und Millionen von Menschen zu gleichen Zeiten gleichen Informationen konfrontiert – all dies bildet doch ein System, das die einzelnen Schritte und Bewegungen menschlicher Lebenstätigkeit vielfach kanalisiert.[36] Das funktionierende Gesellschaftssystem ist sehr weit verregelt und steckt voller Abhängigkeit seiner Subsysteme. Die erweiterte Reproduktion der Lohnarbeit und die Bedürfnisse der Kapitalverwertung schlagen sich darin organisierend, technisch, ingenieurmäßig nieder. Das Bewußtsein wird als bloßes Durchgangsmoment in die Schaltung verselbständigter Apparate eingespannt; Bewußt-

35 S. 28.

36 Die alte Leninsche Anekdote: in Deutschland würden die Revolutionäre erst Bahnsteigkarten lösen, wenn sie den Bahnhof besetzen wollten, könnte unter diesen Bedingungen einen Kern von Nötigung enthalten (wenn auch nicht gerade für das von Lenin gewählte Beispiel).

sein, Orientierung der Menschen werden ein Stück weit entbehrlich und machen sich nur zu oft als ›Sand im Getriebe‹ bemerkbar. Die ›soziale Integration‹ ging in alledem über die Köpfe der Menschen auf neue Weise hinweg und konnte daher auch in der Sozialisation der Heranwachsenden keinen identitätstiftenden oder internalisierbaren Niederschlag finden. Es erwies sich aber gerade an empfindlichen Orten: Produktion und Verkehr (zum Arbeitsort), daß Integration, daß die Homogenisierung ganzer Bevölkerungsmassen der Verankerung in phänomenal faßbaren, durch soziale Kontrolle exekutierten Normensystemen bedarf. Arbeitszufriedenheit und ›Kreativität‹ verringerten sich, aber auch andere Dysfunktionen machten sich störend bemerkbar (s. u.). Gleitende Arbeitszeiten können als entsprechende Rücknahme gewisser Überregelungen verstanden werden. Sogar im Produktionsprozeß stieß die Rationalisierung bereichsweise an Grenzen und man begann, nach Möglichkeiten des ›job enlargement‹ oder ›job enrichement‹ zu suchen. Wo Verhalten gewaltlos zwangsgeregelt wird, verringern sich Stör- und Konfliktzonen in der Weise, daß Affektbeträge, Stimmungslagen, Bedürfnisse nicht mehr zureichend in sozialem Handeln, in Interaktion und Kommunikation entäußert werden. Sie können, einmal von der Entäußerung ein Stück weit ausgeschlossen, nicht mehr ›sozial reifen‹, bleiben oder werden roh. Diese partielle Dissozialisierung der Affekte, Bedürfnisse usw., namentlich angesichts der allgemein verringerten Nötigung, sich selbsttätig oder in Kommunikation mit anderen zu orientieren, konstituiert ›mit einem Male‹ unterhalb der Koordination und Regelung des Lebensflusses eine wachsend *nicht*-sozialisierte und a-soziale Psyche. Dann aber reproduziert sich die schlechte Vermittlung von menschlichem Bewußtsein und ›Verregelung‹ in Dysfunktionen – der Zunahme von Verkehrsunfällen, im Ansteigen des Drogen- und Tablettenmißbrauchs, im Anwachsen von Roheitsdelikten, aber natürlich auch in der Zunahme psychosomatischer Erkrankungen, von Frühinvalidität, in der Abnahme von Leistungsmotivation u. a. mehr. Eine Bedingung für diese ›Dysfunktionalitäten‹ ist, daß sich die Triebrestriktion, wie sie S. Freud analysierte und W. Reich zur Entschlüsselung sozialer Phänomene noch aufgreifen konnte, gelockert hat – in den Mittelschichten und angrenzenden Regionen der Unterschicht – oder historisch noch nicht die psychisch deformierende Gewalt annehmen konnte, weil Teil-Populationen in kulturellem Rückstand blieben, wie Teile der unterprivilegierten Lohnabhängigen. Da nimmt dann im Bereich der *rocker* und *gangs* mit dem öffentlichen Freisetzen von Sexualität die Anzahl der Vergewaltigungen zu, obwohl das Finden von Sexualpartnern ja kaum noch ein Problem darstellt. Offensichtlich reicht, was als Sozialisation in der frühen Kindheit beschrieben worden ist, nur dann lebensgeschichtlich als einmal erworbene Hemmung aus, wenn die je situativen und aktuellen gesellschaftlichen Bedingungen solche erworbenen Hemmungen verstärken oder wenigstens gleichsinnig stützen. Im Einflußbereich dieser Verzahnungsmängel zwischen erworbenen Einstellungen einerseits, situativen Bedingungen des sozialen Feldes andererseits (in unserem Falle: der repressiven Entsublimierung oder des Konsumtionszwangs), die einzutragen sind in einen geschichtlichen Zustand der Integration, wie er oben beschrieben wurde: einer zu weitgehenden bewußtseinsfernen ›technokratischen‹ Organisation des sozialen Lebens. In diesem komplexen Einflußbereich bewegen sich größere Populationen auch der Arbeiterschaft. Aber nun läßt sich unter ihnen, wenn ein Anstoß wie Rezession, Verschärfung des Arbeitskampfes u. dgl. den Klassencharakter der Gesellschaft erneut manifestiert, das Nicht-Sozialisierte der Psyche nach vernünftigen Prinzipien solidarisch organisieren und wird dann ansatzweise zu *revolutionärer* Energie. Die psychischen Systeme werden ›heiß‹, um ein Bild aus der Physik zu gebrauchen. Nach dieser Auffassung *müssen* im Umfeld solcher Veränderungen zugleich anarchoide Erscheinungen sich häufen, die gegenkulturell sich aus der Gesellschaft entmischen: Hippies, Gammler, Subkulturen des Hasch. Noch schleppt das Gesellschaftssystem des Spätkapitalismus eine Fracht des Elends durch seine Geschichte, die vielfach nur im Elend der parzellierten Subkulturen oder in der Privatheit vieler einzelner aufbrechen kann.

Gleichsam im Vorlauf vor solcher Entwicklung kehrte, als ultima ratio, Gewaltförmigkeit in die Steuerung der Populationen, in die Politik herrschender Klassen zurück. (Ich werde in Kapitel 5 darüber berichten.) Aber auch ohne Rücksicht auf die Regression mancher kapitalistischer Staaten und ihrer Verbündeten auf vorbürgerliche Brutalität kann die partielle Rekonstruktion von Klassenbewußtsein, kann die Politisierung und Mobilisierung des Arbeiterbewußtseins in wilden Streiks, im von der Basis ausgehenden Druck auf Gewerkschaften, kurz: kann die Verschärfung des ›Klassenkampfes‹ *weniger* bedeuten, als wünschenswert wäre. Gewiß: wo immer in einer Gesellschaft insuffizienter sozialer Integration der Prozeß der Kapitalverwertung ins Stocken kommt oder / und die Staatsgewalt mit ihren Interventionen an die Grenze der Funktionsstabilität dieses Systems gelangt, schwindet, zerreißt auch der Schleier von Konformität, von Affirmation, und die wirkliche Lage der zwischenmenschlichen Beziehungen, die Klassenstruktur der Gesellschaft und ihr Ausbeutungs- wie Gewaltverhältnis zeichnen sich wieder deutlich ab. Doch gerade dieses Klassenverhältnis muß ja nicht nur wieder bewußt angeeignet werden, falls eine revolutionäre Bewegung sich soll ausbilden können; noch als bewußt angeeignetes ist es vielfach nicht mehr darin eingeübt, sich in den Betroffenen der Komplexität ihres kollektiven Daseins zu vermitteln. Immer befaßt ›Klassenbewußtsein‹ weniger unter sich, als der Klassenlage wirklich zugehört. Seit einigen Jahren stellt sich daher in der Bundesrepublik die Frage nach den Interpreten und Organisatoren solcher Rekonstruktion politischer Identität. Unter sozialistischen Studierenden schien ab und an Rekonstruktion von Klassenbewußtsein mit Anweisungsstrukturen für soziales Handeln verknüpft zu werden, die tendenziell archaisierend waren – es zeigte sich der institutionellen Umklammerung des Daseins und der Rationalität wie Komplexität vieler gesellschaftlicher Prozesse gegenüber wie hilflos, imaginierte eine vorkapitalistische Lebenswelt voller Einfachheit und Transparenz, von der niemand zu sagen wüßte, wie sie den aufgelockerten aber hochkomplizierten Verhältnissen abzuzwingen wäre. Ansätze zur Rekonstruktion können jedoch allerorten selbst unter den bestimmenden Einfluß jener Organisations-, Regelungs- und Integrationsstrukturen geraten, in denen der Spätkapitalismus den emanzipativen Anspruch der Arbeiterklasse abwies (technokratische, redogmatisierte, ›stalinistische‹ Ansätze in der Gegenwart). Oder die Ansätze setzen sich in Organisationen um, in denen die mit abstrakter Arbeit verbundene Entfremdung und Disziplinierung mitsamt der Affirmation an Normen bürgerlicher Reputation und ihres ›Bildungserbes‹ erneut zum Prinzip der Integration wird – konservativ, in der Perspektive auf ein Stück ›linker‹ heiler Welt reduziert.

Es gibt hier jedoch einige *›andererseits‹*. Gerade wenn unsere Annahme einer tendenziellen Anomie der Gesellschaft zutrifft, und wenn, woran nicht zu zweifeln ist, es auch innerhalb der Klassen Disparitäten, Polarisierungen, schichtenartige Differenzen nach Arbeitslage, Einkommen und sozialem Ansehen gibt, schließlich auch angesichts mancher Ungleichzeitigkeiten in der Entwicklung dürfen wir nicht erwarten, daß *ein* Erklärungsversuch mehr decken könnte als Teilaspekte gesellschaftlicher Probleme (oder der Probleme von Teil-Populationen). So wäre folgendes anzumerken: Wo die oben geschilderte ›technische‹ Organisierbarkeit des individuellen Daseins an Klassendivergenzen stieß, konnte sie zwar den Fundus konformer, integrativer Biografie des zeitgenössischen Menschen ein wenig verbreitern und ihr Funktionieren ein Stück weit gewaltlos erzwingen. Das Maß wurde jedoch ideologisch übertrieben; der Eindruck einer ›formierten Gesellschaft‹ entstand durch ein zusätzliches Steuerungs-Instrument: die Massenkommunikation. Nur was in ihren Medien präsent war, konnte in das Bewußtsein der Leser (und Hörer) eingehen, aber die Subsumption gerade der Massenpresse unter Marktgesetze, die Transformation der Nachricht zur Ware, zog dieser Repräsentation enge Grenzen.[37] Die Struktur dieser ›Nachrichten‹ machte sie weitgehend zum Widersacher der Wahrheit. Auch konnten zum Beispiel Konflikte in Unternehmen, oft nur lokal, stumm bleiben, und wenn schon einmal über politisch-ökonomisch relevante Tatbestände berichtet wurde, dann oft so, daß der Leser nicht verstand.[38] Es spricht einiges dafür, daß die Modifikation des Bewußtseins der Leser auf Bereiche beschränkt blieb, in denen Vorurteile aktualisiert, gesteigert und gegen einen präsentierten Feind gerichtet wurden,[39] viele Leser sonst aber ihre Bezugsrahmen und Orientierungsmuster wieder verstärkt in Abhängigkeit von lokalen und regionalen Verhältnissen ausbildeten. Darüber lagen keine Informationen vor, das Phänomen existierte sozusagen nicht, es blieb gegenüber den herrschenden Integrations-Bedingungen noch weitgehend stumm, wirkungsschwach. Die strategische Idee der Studentenrevolte, gerade an lokalen und subregionalen Konfliktstellen agitatorisch anzuknüpfen, hat in ihren Aus-

37 Absprachen konnten, wie im Falle der Studentenrevolte, hinzutreten.

38 Ein blendendes Beispiel aus jüngster Zeit war die Berichterstattung über die Aufhebung der festen Dollar-Wechselkurse: umfassend und unverständlich. Rundfunkanstalten der DDR erwarben sich das Verdienst, wirklich zu informieren.

39 Ich erinnere an Antikommunismus, Gammler-Ressentiments und die Lage der ›linken‹ Studierenden (namentlich 1967/68).

wirkungen immerhin Belege dafür erbracht, daß in der Tat die Epoche allseitiger, weltumspannender Interdependenzen, der Gehlenschen ›Superstrukturen‹, bereichsweise eine neue Zentrierung der einzelnen auf Lokales und Regionales erbracht hat. In Subregionen und Gemeinden liegen Zonen möglicher Aktivität, die von den überregional oder gar national gegliederten Organisationen, Verwaltungen usw. nur schwer in Kontrolle genommen werden können. Im Bereich ihrer primären Erfahrung: Betrieb, Wohnviertel organisiert sich auch die Spontaneität der streitbaren Lohnabhängigen. Der Weg zur Rekonstruktion von Klassenbewußtsein, zur Konstituierung einer neuen politischen Identität des Proletariats wird, soweit ich sehe, über eine solche Lokalisierung von Emanzipation gehen müssen, wenn die auf S. 36 skizzierten Fehlwege vermieden werden sollen.[40]

Es gilt auch für die Mittelschichten, daß Orientierungs- und Identitätsprobleme in einer zugleich antagonistischen *und* (sekundär) harmonisierten, zugleich tendenziell anomischen *und* funktional geregelten Lebenswelt und die damit verbundenen Probleme des geschichtlichen Bewußtseins, der Vergegenwärtigung der eigenen Lage *ohne radikale Umwälzung der Gesellschaft* nicht zu lösen, nicht aufzuheben sind. Aber weil die partikulare, formale Gleichheit der Rechtssubjekte, die partikulare Rationalität der technischen Verfügung über Mensch und Natur und die technische Regelung des zwischenmenschlichen Verkehrs »die bestehende Gesellschaft als im Prinzip vernünftig organisiert erscheinen lassen«[41], nimmt für Mehrheiten der gebildeteren Population der Versuch, Leben gleichwohl unter Vernunftprinzipien zu stellen, gerade den Charakter der Irrationalität an.

Überhaupt geht, wie jedes Ding, auch das Ding ›Konformität‹, ›technische soziale Integration‹ (im vorhin definierten Sinne) mit seinem Gegenteile schwanger. Niemals ist, was immer im einzelnen den Schleier eines verbürgerlichten Proletariats, einer ›formierten Gesellschaft‹ durchbrechen mag, menschliche Lebenstätigkeit ganz unter gewaltlosen institutionellen Zwän-

40 Vielleicht interpretieren sich sogar die allzuvielen Partei-Aufbau-Organisationen, die aus der Studentenrevolte hervorgegangen sind, eines Tages als lokale kommunistische *Zirkel* und nicht als Fundament einer Massenpartei mit nationalem Anspruch.

41 O. Negt, Soziologische Phantasie und exemplarisches Lernen. Zur Theorie der Arbeiterbildung, Frankfurt 1968, S. 80.

gen zu regeln, und von einem gewissen Ausmaße der Dysfunktionalität an könnte der unbewußte oder doch ungewußte Respekt vor der Funktionalität und Komplexität des gegenwärtigen kapitalistischen Systems einmal rasch schwinden – nicht überall stehen für diesen Fall sozial-integrative, ordnungsgewährende Kommunistische Parteien hilfreich bereit wie im Frankreich des Jahres 1968. Wenn auch weder narodniki-hafte Identifikationen mit ›dem Proletariat‹ noch überoptimistische Einschätzungen der Klassenkämpfe berechtigt und nützlich sind, so sorgen viele Faktoren dafür, daß an den Systemen sozialer Integration immer wieder gezerrt und gerüttelt wird: Arbeit bleibt für den Lohnabhängigen nach wie vor unlustvoll, mühsam, in sich unbefriedigend, Frustration; Verschuldung und Mehrarbeit prägen nach wie vor die Alltäglichkeit der Arbeiterfamilie. Anders als der Bürger der Mittelschichten konnte die Masse der Lohnabhängigen sich nicht mit Hilfe der Integrations-Ideologie des ›Schöner Wohnen‹ befriedigt aus einer geschichtlichen Lage herausfinden, die vor sehr langer Zeit mit der Trennung von Produktion und Behausung eintrat. Selbst wenn Arbeiter und Lohnabhängige es wollten bzw. ihre Organisationen dahin tendieren: sie *können* letztlich nicht verbürgerlichen; ihre Affirmation bleibt begrenzt.[42] Anders formuliert: Die Integration des Proletariats in die warenerzeugende Gesellschaft im Stile der ›Volksgemeinschaft‹ oder des sozialen Friedens kann nur vorübergehend, bereichsweise äußerlich und vor allem nur in Verhältnissen partiell gelingen, deren ordnungsgemäßes Funktionieren des Bewußtseins der ›Geordneten nicht mehr bedarf.

(2) SOZIALISATION Die soziale Integration, die Produktion umfassender Bezugsrahmen, Bezugs*gerüste* und kalkulierbarer Lebensgelände für die aus tradierten Bindungen gelösten freien Arbeiter ist geschichtlich mit der Sozialisation der Neugeborenen, mit ›Kindheit‹, ›Jugend‹ verflochten (S. 14). Die strikte, ideologisch überbaute und institutionell geregelte Separierung der Kindheitsepochen des Menschen von der Epoche des ›Erwachsenseins‹ und die Entfaltung sehr verschiedenarti-

42 Begrenzt in ihren Auswirkungen bleibt freilich auch die objektive Proletarisierung der Mittelschichten; noch immer befindet sich gerade die BRD auf dem Wege zu einer *Kastengesellschaft*.

ger Verhaltenserwartungen (mitsamt entsprechender gesetzlicher Regelung) für diese Teil-Populationen hat gewiß ihren humanen Kern, verstellt aber doch den Blick sowohl auf die ökonomische und politische Relevanz der Separierung der Kinder von den ›grown-up's‹ als auch auf den eigentlichen Charakter des Erwachsenen: der ist ein Produkt von Repression und Integration, nicht (nur) von *Reife*. Hier bestehen Parallelen zur Trennung von Arbeitszeit und Freizeit in der Weise, wie sie institutionalisiert und erfahren werden; zur Hälftung des Daseins in versachlichte, technisch rationalisierte Beziehungen in der Erwerbssphäre einerseits, die emotionalisierte und idealisierte Kleinstfamilie andererseits, deren intrafamiliale Beziehungen und deren Bewußtsein auf dem Ausschluß der Tatsache gegründet sind, daß auch sie (und die ›Privatsphäre‹) durch die Gesetze der Kapitalverwertung bestimmt werden. Diese emotionalisierte Ehe, als ›Intimbereich‹ stilisiert, täuscht über die Härte im sizilianischen Alltag einer warenproduzierenden Nation ein Stück weit hinweg, reproduziert dessen Inhumanität aber bei näherem Hinsehen in Strategien wechselseitiger Schädigung der Ehepartner (vgl. S. 112). Isolierung, Parzellierung, Aggregierung und Subsumption unter das Kapitalinteresse nehmen im Bereich der Produktion nur andere Formen an als im Bereich des organisierten Verbrauchs, d. h. der Familie und der ›Freizeit‹[43].

Lange Zeit hindurch galt die Kindheit und galt z. T. die Jugend als Kulturschutzpark, als Idyll, als selige Insel – namentlich in der Erinnerung der Erwachsenen von allem Störenden, Kränkenden, Trivialen gereinigt, durchaus lieblich, asexuell, angefüllt mit Spiel, Geborgenheit, Phantasie.[44] Von den Gräueln, Zwängen, Sorgen, Disziplinierungen der Erwachsenenwelt war Kindheit angeblich ebenso frei wie die familiäre Sphäre als frei gelten soll von den Greueln, Zwängen, Disziplinierungen der Erwerbssphäre. Uns beschäftigt hier nicht der Umstand, daß Erwachsene daher Kinder nicht ernst nehmen, für ihre Lebensbedingungen schlecht sorgen[45] und die wirkliche Lage vieler Kinder im Zeichen gesellschaftlicher Armut aus der Meinungs-

---

43 Vgl. Kap. II, S. 96 ff.

44 L. Trotzki hat in seinen Lebenserinnerungen ein realistischeres Bild gezeichnet; man vergleiche das mit den Erinnerungen des früheren Bundeskanzlers Kiesinger, des ›schwäbischen Buben‹, die in ihrer affirmativen Trivialität und Ideologisierung ein Beispiel für Verfälschung von Wirklichkeit geben, das frösteln läßt.

45 Vgl. Kap. II, S. 91.

und Entscheidungsbildung der öffentlichen Sphäre – zum Nutzen der privaten Aneigner des gesellschaftlichen Produkts – ausgeblendet blieb.[46] Es blieb lange unerkannt, und dies beschäftigt uns jetzt, daß die Aufzucht der Kinder in den Familien diese zeitig, unter Triebverzichten, auf den künftigen Erwerbstätigen hin zu reglementieren begann und – später – gerade eine permissivère, gewährende Haltung in Familien der Mittelschichten nicht weniger von den Erfordernissen der Wirtschaft beansprucht ist. Unbeachtet blieb, daß der Rhythmus der Produktion den Rhythmus der Sozialisation einstellt – Abwesenheit und Anwesenheit der Eltern in der Familie: Schichtarbeit usw., und daß die Daseinsweise der einzelnen in der Produktion, ihre Klassenlage, den Stimmungs- und Erwartungshorizont der Sozialisation definiert. Es blieb unbeachtet oder unerkannt, weil die Wissenschaftler: Psychologen, Pädagogen, meist bürgerlicher Herkunft und ohne Einblick in die integrativen und herrschaftskonformen Funktionen ihrer Erfahrungs- und Theoriebildung, Psychologien der Kindheit und Jugend entwikkelten, in denen Verhältnisse der Bourgeoisie und namentlich der relativ neuen Mittelschichten ontologisiert, für das Ganze genommen wurden.[47] Daß es in Arbeiterfamilien zeitig anders herging als im Bürgertum, wurde, wenn schon beachtet, dann nicht angemessen gewürdigt. Gerade in Phasen der Machtentfaltung der Arbeiterbewegung nach dem 1. Weltkrieg, der Zuspitzung der Klassenkämpfe und der ersten Niederlagen entwickelte sich ein defensiv-bürgerliches Bild von Kindheit und Jugend, das so unreflektiert an den Gymnasiasten orientiert war, daß die Entwicklung der Arbeiterjugend nur als modus defiziens gesehen wurde und aus dem Begriffe von Kind, Jugend ausgeschaltet blieb.[48] Denn für ›Jugend‹ und ihren emphatischen Begriff gilt, daß Jugend rar ist; Jugend ist, was junge Leute selten haben: die überwiegende Mehrheit wird nach Abschluß der Volksschule den Zwängen des Erwerbslebens subsu-

46 Hierzu treffend A. Mitscherlich, Die Unwirtlichkeit unserer Städte, Frankfurt 1963.

47 Der rationale Kern in dieser herrschaftskonformen Ontologisierung wurde nie entfaltet: etwa, daß bürgerliche Sprache und Bildung nicht *nur* Privileg einer Klasse sind, sondern daß in ihnen zugleich Momente des Menschlichen, des Gattungswesens erreicht werden, die künftig nicht negiert, sondern verallgemeinert werden müssen.

48 Vgl. Ed. Sprangers ›Psychologie des Jugendalters‹, die seit 1923 achtzehn oder mehr Auflagen erlebt hat.

miert und steht schon früh im Schatten relativer Armut (und, bereichsweise, der Assimilation). Sozialisation in den ›unteren Schichten‹ tendiert dazu, Abhängigkeit und Resignation zu reproduzieren.

Aber so wenig wie die Subsumption auch der Familie und der ›Privatsphäre‹ unter das Kapitalinteresse erkannt, die klassenstrategische Bedeutung der Hälftung der individuellen Existenz in Erwerbssphäre hier, private Kleinfamilie dort durchschaut worden ist, so wenig wurde das Scheinhafte an der Ausgrenzung der Teilpopulation ›Kindheit‹ (und privilegierter Jugend) aus dem ›Ernst des Daseins‹, d. i. der Produktion, der Arbeitsverhältnisse bemerkt. Nur mittels einer als ausgrenzbar gedachten Privatsphäre der Familien konnte sich die große Entdeckung S. Freuds, der Sozialisation der Neugeborenen in der Kindheit, strategisch gegen die Einsicht in die Verklammerung von ›Arbeitssozialisation‹ und ›Familiensozialisation‹ wenden lassen. Die Bedeutung der Lohnarbeit (des ersten Lohnempfangs für die Geburt des Menschen) schied damit aus dem Bezugsrahmen von Psychologie, Psychoanalyse aus. Andererseits stützen gegenwärtig die etablierten Sozialisations-Theorien die Tendenz, dem Schein von ›Privatheit‹ der gegenwärtigen Familie zu unterliegen – einfach durch die Bedeutung, die sie ihr einräumen. Die Freisetzung der Kinder vom vorzeitigen Erwerbszwang (und ihre Separierung von der Lebenswelt der Erwachsenen) schuf überhaupt erst Raum, Möglichkeit und Nötigung dafür, sie, d. h. die Kinder und jungen Leute, dem längerfristigen Interesse des Kapitals, den Bedürfnissen der Industrie (in Fertigung wie Absatz), der Verwaltungen usw. umfassend zu subsumieren. Die Produktion des künftigen Lohnabhängigen und Verbrauchers durch die Vermittlung von Haltungen, Fähigkeiten, Fertigkeiten, Rollenmustern entwickelte zugleich jene psychischen Merkmale, an denen später die ›soziale Kontrolle‹ der Mitwelt und andere Strategien der sozialen Integration würden ansetzen können.[49] Weil in den Sozialisations-Agenturen zugleich die Abweisung der emanzipativen Ansprüche der Arbeiterklasse institutionalisiert werden mußte, entwickelte sich die Undurchlässigkeit, Exemption und Ausgrenzung

49 Beispielsweise die Sanktionierung abweichenden Denkens (›divergent thinking‹) und Verhaltens und die Dressur auf Richtig/Falsch-Strukturen der Problemlösung, ohne die später soziale Kontrolle ohne rechte Ansatzstellen bleiben müßte.

dieser Agenturen – gegenüber öffentlicher Kontrolle und selbst wissenschaftlicher Analyse – zu erstaunlicher Perfektion. Ich erinnere etwa an das besondere Gewaltverhältnis, unter dem *Lehrer* stehen: nach dem Urteil des Disziplinarsenats des OVG für Nordrhein-Westfalen vom 28. 11. 1964 (V 10/64) dient das »Disziplinarrecht in erster Linie der Reinhaltung und Erziehung der Beamtenschaft zu beamtenmäßigem Verhalten«. Hier überlebt der Obrigkeitsstaat alten Stils in einer Pädagogischen Provinz. Von wem oder was soll die Beamtenschaft wohl ›reingehalten‹ werden? Die Lehrerschaft der Volksschulen rekrutiert sich längst aus den Mittelschichten, doch lehrt die Praxis disziplinarer Maßnahmen der Schulen in den letzten Jahren, daß dennoch die Nötigung besteht, sie, die Beamtenschaft, von plebejischen und radikaldemokratischen Einflüssen reinzuhalten. Daß ein Begriff aus der Hygiene benutzt wird, Reinhaltung, intendiert die wahre Natur des Proletariats und seiner Theorie für die Pädagogische Provinz: Schmutz, Ungeziefer. Warum müssen Beamte ›erzogen‹ werden? An die éducation permanente wird hier nicht gedacht. Vielmehr kann der Staatsdiener nie mündig werden, das ist's. Nur in autoritär und hierarchisch gegliederten Institutionen mit eigenem Disziplinarrecht (und Infantilisierung der Funktionsträger, der Lehrer) läßt sich eine Kontrolle über Lehrinhalte und Lehrformen optimieren, wie sie in geschichtlichen Epochen schwankender Klassenverhältnisse und emanzipativer Konflikte für die defensive Stabilisierung des herrschenden Systems benötigt wird.[50] Ich werde auf die Schulen als Sozialisationsagenturen gleich zurückkommen und will nur ergänzen, daß die wirtschaftenden Betriebe, die *Unternehmen*, als der Demokratisierung entzogene, technisch durchrationalisierte, aber der Kontrolle und öffentlichen Diskussion (namentlich ›von unten her‹) nicht zugängliche Institutionen der Integration (und, im Falle der Lehrlinge auch noch der Sozialisation) verharren.[51] Auch die *Familie* (vgl. Kapitel III) bleibt – einerseits wenig rechtlich durchstrukturiert, andererseits wenig öffentlich kontrollierbar –

50 Der Stil in den Schulen des 18. und des beginnenden 19. Jahrhunderts muß in anderem historischen Kontext interpretiert werden. Der entlassene Feldwebel als Lehrer – daraus ist keine Apologie der gegenwärtigen (›milderen‹) Schule zu machen.

51 Wie absurd weit diese Unzugänglichkeit reicht, lehrt folgende Überlegung: Was würde geschehen, wenn ein Arbeiter an seinem Arbeitsplatz fotografiert bzw. filmt, um die Bilder zu Hause vorzuführen?

als ein via Elternrecht besonders abgegrenztes Sozialgebilde eher konservativ. Wie die Erfahrung lehrt, können öffentliche Fürsorge und Jugendamt fast nur in Familien des Proletariats eindringen – und auch dann selten, um etwa die Interessen eines Kindes zu schützen, sondern nur dann, wenn das Kind die Interessen des geregelten bürgerlichen Lebens, namentlich das Privateigentum Dritter, verletzt. Insoweit soziale Kontrolle und Disziplinierung des Proletariats eine Durchlöcherung des Elternrechts und eine Einschränkung der Privatheit unserer Familien erfordern, steht der angemessene Apparat mitsamt der erforderlichen Rechtsgrundlage also bereit.
Die Verselbständigung der Teilpopulation ›Kindheit‹ (und ›Jugend‹) hat, wie ihre Idealisierung in den einzelnen Momenten anzeigt, noch in zwei anderen Hinsichten strategische Relevanz. Gerade weil das Verhalten des Erwachsenen in unserer Kultur ein Ergebnis von *Repression* ist und seine Arbeitsverhältnisse mögliche menschliche Entwicklungen abschneiden (so daß gar ein Abbau verschiedener geistiger Funktionen schon kurz nach dem Eintritt in die Erwerbssphäre zu beobachten ist[52]), verlieren ›kindliche‹ und jugendliche Eigenschaften wie: Spontaneität, Neugier, Innovation das, was sie andeuten: Eigenschaften des Gattungswesens ›Mensch‹ zu sein, und werden zu unverbindlichen Ergötzungen einer Subkultur – sie sollen nur warten, bis der Ernst des Lebens beginnt. Die Gesellschaft erwehrt sich der Einsicht in ihre Misere auch dadurch, daß sie den gelegentlichen Anblick von Glück *infantilisiert.* Von strategischer Relevanz ist hier noch in einem anderen Sinne zu sprechen. Die Lage des proletarischen Kindes, namentlich der nicht-privilegierten Schichten, und des Kindes aus ärmeren Angestellten-Familien verschwindet hinter dem positiv-idyllischen Erwartungssystem, mit dem wir ›Kindheit‹, ›Jugend‹ assoziieren. Es wird sich wiederum, an einer späteren Stelle unserer Erörterung, bestätigen, wie präzise die Konfliktsstrategien der Studentenrevolte (und einiger ihrer Nachfolge-Organisationen) die Schnittpunkte von Verschleierung, Verleugnung und Unterdrückung trafen, als sie die Lage des proletarischen Kindes und Jugendlichen praktisch wie theoretisch aktualisierten – und auch wie deutlich ihnen der fatale Charakter der sogenannten Erwachsenen-Reife geworden war.

---

52 Was die Psychologie naturalisiert – wie könnte es anders sein? Vgl. S. 116.

Perspektiven der Schule. Mit den Schulen, die ein Instrument der Sozialisierung und Ausbildung der proletarischen Jugend sind, verbinden sich neuerdings emanzipative Hoffnungen: Selbst eine unter technokratischen Absichten inaugurierte Schulreform müsse das Ausbildungssystem modernisieren, verbessern, das langfristige Verwertungsinteresse des Kapitals läge gerade darin; aber jede solche Verbesserung des Niveaus böte neue Ansatzstellen für eine Emanzipation der Arbeiterklasse. Auf die Nötigung, in hochindustrialisierten Gesellschaften für Berufsqualifikationen zu sorgen, sollte jedoch nicht zu sehr gebaut werden, und nicht nur, weil mit der technologischen Entwicklung der Produktion zugleich ein zusätzlicher Bedarf an unqualifizierten Arbeitskräften entsteht, der ohne Komplikationen und auf die Dauer nicht durch den Import sog. ›Gastarbeiter‹ und durch Frauenarbeit befriedigt werden kann. (Den ›Zusammenbruchs-Theoretikern‹ wäre grundsätzlich zu entgegnen, daß der Kapitalismus gewiß in langfristiger und revolutionärer Perspektive sein eigener Totengräber ist, daß er aber mittelfristig und in vielen Ländern erst einmal der Totengräber von Sozialisten und Kommunisten war und bleibt.)
Die *allgemeine Schulpflicht* war doch schon immer auch eine der Sozialtechniken der Klassengesellschaft, der Arbeiterklasse die Emanzipation zu erschweren oder zu verweigern. Die Selektionssysteme der Schulen zeigen, daß hier mit der Vermittlung unentbehrlichen Grundwissens (und Haltungen von Arbeitsmoral, Gehorsam, Anpassung) eine Institution geschaffen wurde, die den Aufstieg der über ihre Lage beunruhigten oder nach ihrer Änderung verlangenden Populationen verhindert, und es zuläßt, die Lernfähigen abzuweisen. Weil die Arbeiter, kleinen Angestellten usw. dem kapitalistischen System nicht durch die mittelschichts-typische Verfilzung von Internalisierungsmoral, Konsumprämien, Leistungsmotivation und privilegierter Arbeit voll zu integrieren sind, halten sich in den Grundschulen massenhaft Inhalte und Methoden aus den Epochen des Feudalstaats, der Monarchie, der Religiosität, der ›heilen Welt‹ des Bauern, des Handwerkers usw. § 3 des Niedersächsischen Schulgesetzes z. B. nennt als Fundament für die Volksschulen »Grundlage des Christentums«, »abendländisches Kulturgut« und »deutsches Bildungserbe«; in den Richtlinien für die Volksschulen wird man allerorts die Prävalenz von Termini wie »Gute Ordnung«, »Sitte« antreffen. Für die Niederhaltung und

Disziplinierung der Arbeiterkinder sind Christentum, abendländische Kultur und deutsches Bildungserbe gerade noch gut genug, während doch das gesellschaftliche, politische, nationale, kulturelle usw. Leben eher durch a- und antichristliche Haltungen, durch das Schwinden *jedes* Geschichtsbewußtseins (abendländische Kultur? Bildungserbe?), durch ökonomische (vielleicht besser: monetäre) Rationalität, technologischen Fortschritt und durch Profitmacherei charakterisiert ist. Ich repetiere diesen abgegriffenen Tatbestand, weil ich damit die Frage verbinde: Welche Denk- und Interpretationstechniken, Fähigkeiten, Bezugsrahmen usw. hat die Arbeiterklasse entwikkelt, um diesen Widerspruch, der sie ja längst eingeholt hat, zu bearbeiten? Soll sie das ›Bildungserbe‹ der bürgerlichen Kultur gegen deren Zerfall streitbar setzen?[53] Oder soll sie bildungs*abstinent* bleiben? Was bedeutet Bildungsabstinenz? Doch auch, daß die Masse der Lohnabhängigen sich an Momenten desinteressiert und desengagiert zeigt, die instrumentell ihre Emanzipation als Klasse mit zu verhindern haben.

Was den ›erzwungenen‹Fortschritt in den Bildungs- und Sozialisations-Agenturen des Spätkapitalismus angeht, so wäre hier allein im Hinblick auf die *emanzipative* Bedeutung solcher Reformen Skepsis am Platz. Es muß doch auch beeindrucken, daß die so verschieden motivierten Ansätze zur Bildungsreform und Bildungswerbung nur das geschlechtsspezifische Bildungsprivileg der Knaben in Familien der Mittelschichten weitgehend abgebaut haben, die Verhältnisse also für deren Töchter egalitärer geworden sind, aber kaum für Söhne (oder gar die Töchter) des Proletariats; daß noch die ›Vorschulerziehung‹, von den Initiatoren (auch) als kompensierende gedacht, faktisch die Voraussetzungen der Mittelschicht-Kinder weiter verbessert, nicht aber die der Arbeiterkinder. Weil schließlich infolge der irrationalen Verteilung des gesellschaftlichen Produkts angemessene Investitionen ausbleiben müssen, produziert die Bildungswerbung den numerus clausus und die Bildungsreform die Verschulung der Universität.
Seit die Höheren Schulen nicht mehr so reibungslos als Anlieferer affirmierter Köpfe funktionieren, die Protestbewegung die Schüler erfaßt hat, wächst die Bereitschaft dazu, das Abitur nicht mehr als Berechtigung zum Studium anzuerkennen (sondern Vorprüfungen usw. einzuführen). Ideen, ›private Universitäten‹ zu gründen, Forschung total der Wirtschaft zu überstellen, durch Mediendidaktik die Isolierung der Schüler und Studierenden zu erhöhen, antworteten ›technokratisch‹ auf

53 Vgl. weiter oben: z. T. hat sie dieses ja übernommen, ein ungebrochenes Verhältnis zu ihm entwickelt, was seine affirmativen Schattenseiten haben muß.

den Übergang des studentischen Protests von der jakobinischen Revolte zur plebejischen Organisation.
Die wahre Restitution von Bildung organisiert sich in einer Minderheit, die in offenen Widerspruch zur herrschenden Klasse und zum Bewußtsein von Bevölkerungsmehrheiten tritt; indem sie sich auf die Seite des Proletariats stellt, tritt sie auch zu *ihm* in partiellen Widerspruch. Hier wird also die Bildungs- und Sozialisationstendenz des Bürgertums von Momenten ihrer eigenen, revolutionären Tradition ›links überholt‹, während zugleich – und aus guten Gründen – innerhalb der Arbeiterschaft der ›Arbeiterbildungsverein‹, der Slogan: »Wissen ist Macht« an Bedeutung verloren haben, ja noch die entwickelte Theorie der Revolution, die Theorie des Proletariats den Lohnabhängigen *als* Theorie wie ein Privileg und Statussymbol ihrer ›Herren‹ erscheinen muß.

Die *Grundschule* als extrafamiliale Sozialisations-Agentur lehrt zwar mehr als nur Kenntnisse für die Produktion[54], sie vermittelt seelische Haltungen wie: Fleiß oder die Bereitschaft, sinnlose Arbeit zu leisten, sie hat als konservatives Institut gegenüber der organisierten (Partial-) Rationalität der Erwerbssphäre und den Verhältnissen zeitgenössischer Familien auch einen ›Spielraum‹ – der aber schafft infolge der Methoden und schiefen Inhalte weder Voraussetzungen zur Anpassung noch zum Widerstand, eher zur Ratlosigkeit. Die Wirtschaft fordert von einer revidierten Schule, sie solle nicht nur Fähigkeit und Fertigkeit zum Lösen von Problemen vermitteln, sondern zugleich Hilfen für eine optimale Anpassung; von den Bedürfnissen der kapitalistischen Produktion her wäre ein Stück Ratlosigkeit auf der Seite der (Lehrlinge und) Arbeiter, wie es die Schule hinterläßt, unentbehrlich, denn sie erleichtert die Anpassung. Ratlosigkeit bleibt solange gewahrt, wie nicht die ›Anatomie der bürgerlichen Gesellschaft‹ selbst zum Thema des Unterrichts in Grundschulen gemacht wird, und das ist unter den Bedingungen kapitalistischer Gesellschaften unmöglich.[55] Soweit wir sehen, wird die Schule von den Eltern der Grundschüler generell gestützt, d. h. sie können kaum anders, als die Auslieferung kindlichen Bewußtseins an eine Institution von außen her zu befestigen, die gegenüber dem Klassenverhältnis, – und sei es nur dadurch, daß sie es verschweigt – alles andere als neutral ist.

54 Wozu vieles gehört; auch das Erlernen von Fertigkeiten wie Straßenbahn fahren, zur Post gehen usw.

55 Lehrer, die es dennoch versuchen, haben eine hohe Chance, ihren Job zu verlieren.

Was bedeutet es für den Volksschüler, daß ein Teil seiner Schulnachbarn zu weiterführenden Schulen übergehen? Daß sich nach der 4. Klasse sein Schicksal mehr oder weniger endgültig entscheidet? Spätestens mit 10 Jahren lernt ein Kind der nichtprivilegierten Bevölkerung, daß es von nun an *zurückbleiben* wird; unter Zustimmung der Eltern. In der Erwerbssphäre werden Lehrlinge und Jungarbeiter mehrheitlich Initiationsriten unterworfen, die eine Solidarisierung quer zu den Altersstufen erschwert. Beides: Schulzwang und Arbeitszwang unter disziplinierendem Druck der Eltern lockert die intra*familiären* Beziehungen, was Frühehen ebenso begünstigt wie Delinquenz. Irgendeine Form von Gefängnis erschien lange Zeit hindurch als unentrinnbar. Erst Ansätze zu einer Politisierung der Lehrlinge und Jungarbeiter, synchron mit dem Ansteigen der Klassenkonflikte seit 1966/67, durchbrechen diesen lähmenden Zustand einer ganzen jungen Generation in einigen Bereichen.

(3) INTRAFAMILIALE SOZIALISATION Die Verflechtung von sozialer Integration – als Abstimmung, Normierung, kollektive Orientierung einer geschichtlich zunächst ›freigesetzten‹ und viel später an die tendenzielle Anomie kapitalistischer Gesellschaften affirmierten Population wachsenden Umfangs – mit der Sozialisation der Neugeborenen, die selbst einfachste psychische Systeme erst erwerben müssen, wird aus den weiter oben skizzierten Gründen verkürzt gefaßt, wenn nicht überhaupt vernachlässigt. Insofern nämlich das Verhalten der Erwachsenen wesentlich durch Normensysteme, Wertsetzungen, standards kollektiv reguliert und homogenisiert wird, muß der Reichsche Satz: Die Familie sei eine Strukturfabrik zur Erzeugung der gesellschaftlich erwünschten psychischen Strukturen, auch auf die *Eltern* angewendet werden.[56] Das noch nicht in das geltende System von Verhaltens-Erwartungen eingeübte, zu Zeiten aus Gründen mangelnder Funktionsreife noch nicht einzuübende Kind konstelliert in seinen ungekonnten Aktivitäten und in Bedürfnis-Äußerungen jene alltäglichen Situationen, in denen sich die Normensysteme der Eltern reproduzieren. Der Umgang mit Kindern, insbesondere die Reaktion auf besondere erzieherische Situationen, verfestigt die eingebrachten stand-

56 Vgl. später Kapitel II.

ards (Verhaltensregeln, Erwartungen, Werte ...) *der Erwachsenen.*[57] Dabei gilt: je spontaner Reaktion und Intervention, umso normativer, weil ›Spontaneität‹ in diesen Situationen eine bloße reaktive Aktualisierung von Kontroll-Inhalten und Mechanismen ohne reflektierende Distanz oder rationale Argumentation bedeutet. Dieser Aspekt der integrativen Selbstdressur sozialisierender Erwachsener gewinnt klassenpsychologische Bedeutung insofern, als in den Familien der Unterschicht disziplinierende, d. h. regulative, normierende und repressive Interventionen häufiger sind als diskutierende (›Wert-erschließende‹) sensu Rosenmayr.[58]

Nun muß die Formel von der Reproduktion und Verfestigung elterlicher Normensysteme näher bestimmt werden. (1) Sie kann z. B. nicht widerspruchsfreie Reaktualisierung eines Traditionsfaktors, d. h. ein Rückgriff auf psychische Sedimente der Eltern-Sozialisation sein, denn gegenüber den Sozialisations-Klimata der Eltern ist ein Zustand inzwischen weiter fortgeschritten, in dem sich reproduzierbare Verhaltensnormen der Sozialisation in der tendenziellen Anomie überlieferter Wertsysteme brechen. So sind Erwerbssphäre und Verbrauchssphäre längst unter die Herrschaft divergierender Anweisungsstrukturen getreten – ein Umstand, von dem Mittelschicht-Familien stärker betroffen sein mögen.[59] Es gilt jedoch auch für die Arbeiter, daß die Konsumzwänge und regulativen Prinzipien der Freizeit, Privatsphäre *der Erscheinung nach* von den Leitlinien der Disziplinierung am Arbeitsort verschieden sind. (2) Die Medien der Massenkommunikation bringen einmal eine Normenrelativierung mit sich (»Selbstinformierung der Gesellschaft über sich selbst«),[60] die in diesen Medien angebotenen *standards* der Lebensgestaltung und Illusionsbildung treten in Widerspruch zu traditionellen Lebensregeln, Vorstellungen, Idealen des Arbeiters. »Seine ihm verständliche Klassenkultur (wird) durch die

57 Psychoanalyse und Kritische Theorie haben Erklärungen hierfür bereitgestellt.

58 L. Rosenmayr, Familienbeziehungen und Freizeitverhalten junger Arbeiter, Wien 1963.

59 So soll, wer arbeitet, Produktionsmittel, Arbeitsmaterialien usw. schonen und pflegen, seinen Kleinbesitz jedoch nicht, da der Bestand ein Hindernis für den Warenabsatz darstellt, u. a. m.

60 D. h. die Konfrontation mit ›fremden‹ Sitten, Regeln, Gebräuchen durch die Wiedergabe der Ergebnisse empirischer Sozial- und Meinungsforschung (namentlich zu sexuellem Verhalten).

universalisierte Kulturindustrie aufgelöst.«[61] Zum anderen führt die repressive Entsublimierung – namentlich als Sexualisierung der Konsumsphäre – offensichtlich zu Widersprüchen: mit den implantierten Erwartungen wachsen zugleich die Frustrationen. (3) Die von den Eltern in der Form von wenig thematisierten und nicht reflektierten Anweisungsstrukturen bewahrten Normen sind in sich widersprüchlich: Sie vertreten und aktualisieren für sich Normen, deren Befolgung längst als unzweckmäßig oder nicht durchführbar erkannt wurde, ohne daß sie *als* Normen relativiert werden können – Beispiel: Aufrichtigkeit, ›die Wahrheit sagen‹; sie reproduzieren Normen, welche die Verteilung bestimmter Lustquellen so regeln, daß hier verboten wird, was dort als mehr als nur erlaubt zu gelten hat – Beispiel: Sexualität; schließlich Normen, die im Widerspruch zum objektiven Klasseninteresse stehen – Loyalität, Arbeitsmoral. Es bildet sich hier für Eltern wie Kinder ein Zentralbereich von Unverstehbarkeiten, Undurchschautem, Widersprüchlichem, Ernst-Unernstem heraus, was alles sich der Aneignung, Interpretation entzieht; ein Bereich irrationaler Herrschaft, von dem nicht einmal festzulegen ist, nach welchen Regeln sich Subsumption, Anerkennung, Entzug, Verletzung und Abweichung vollziehen. Sanktionen gibt es sowohl für die loyale Befolgung als für die Regelverletzung – so führen etwa Genauigkeit, Fleiß und Anstrengungsbereitschaft in der Erwerbssphäre zum Konflikt mit den Kollegen oder / und zum Hochschrauben der Anforderungen, die das Unternehmen an die Arbeiter stellt, aber gegenteilige Verhaltensweisen führen gleichwohl zu Sanktionierungen. Oder: Die Differenz in der Einschätzung von Sexualität, bezogen auf die eigene 15jährige Tochter, verglichen mit der 15jährigen Jungarbeiterin (bzw. weiblichem Lehrling) im Betrieb – erstere oft streng behütet, letztere Objekt von Zote und demütigender Nachstellung – verfestigt nicht nur die Affirmation an vorgefundene, ungewußte, niemals thematisierte Strukturen der spätkapitalistischen Gesellschaft – hier: die Verfügbarkeit über Eigentum, die Triebrestriktion in den Familien, die latente Roheit in den zwischenmenschlichen Beziehungen –, sondern wirkt im Sinne einer Entfremdung und tendenzieller Anomie in die Familien zurück; die 15jährige Jungarbeiterin ist ja außerhalb der Erwerbssphäre auch repressiv angeleitete Tochter eines (Arbeiter-) Vaters.

61 O. Negt, a. a. O., S. 53.

Auch wird, was sich in der elterlichen Reaktion in besonderen erzieherischen Situationen an eingebrachten Normen reproduziert und verfestigt, von den Einflüssen extrafamilialer Sozialisations-Agenturen modifiziert – Schule, peer group, soziale Kontrolle (der Nachbarn, der Mitwelt in der Straßenbahn usw.). Diese ›Einflüsse‹ werden teils von den eingebrachten Normen der Eltern nicht gedeckt, in ihnen nicht voll repräsentiert, teils widersprechen sie ihnen,[62] zum Teil aber bringen sie überhaupt erst bestimmte Verhaltenskontrollen und ihre impliziten Normen hervor. Insgesamt artikuliert sich in elterlichen (väterlichen, mütterlichen ...) Interventionen[63] ein System von Normen, Regeln, Quasi-Erfahrungen, die auf kein Lebensverhältnis mehr richtig ›passen‹ und die *doch* zur Basis einer Konstruktion von Identität genommen werden. Auch daß »jede Sphäre einen anderen und entgegengesetzten Maßstab an mich legt, ein anderer die Moral, ein anderer die Nationalökonomie« (K. Marx) wird vielfach ›empirisch‹: In der Produktionssphäre regeln Rollen männlicher Autorität (genitale Protzerei usw.) weitgehend das Verhalten gegenüber Frauen, in der Familie entwickeln sich versteckt Formen von Matriarchat; außer Haus, d. h. in der Öffentlichkeit, werden aus Gründen von Reputation Verhaltensweisen gemieden und bei Kindern sanktioniert, die im Haus geübt und bei den Kindern übersehen werden.

Allerorten eröffnen sich also Kommunikations- und Interaktionsbereiche für Eltern wie Kinder, die widersprüchlich, strukturell unreflektiert, uneinsichtig bleiben und die *doch* mit sozialer Bedeutung angefüllt sind. Es bedarf keiner Mystifizierung, um den historischen Charakter dieser schlechten Verfilzung von sozialer Integration (der Eltern) und der Sozialisation (der Kinder) aufzufinden: Beginnend mit der Kontinuität der Lohnarbeit, dem affirmierenden Zwang, auf ›Reputation‹ zu achten[64] und den via Erziehung, Sozialisation gestifteten Traditionen, Überlieferungen konstituiert sich ein übersituatives Feld von Verhaltenserwartungen und Strukturen der Alltäg-

62 So könnte über Schulen und peer group die mittelschicht-spezifische Lockerung in der Kontrolle von Kleidung und äußerer Sauberkeit in rigidere Unterschicht-Familien gelangen – als nicht assimilierbarer Fremdkörper.

63 Evtl. auch untereinander, nicht nur im Verkehr mit den Kindern.

64 Im 19. Jahrhundert, weil darin ein Stück ›Erziehung‹ geleistet und ein kleiner sozialer Aufstieg approximiert werden sollte, heute, weil nach wie vor der Abstieg in marginale Gruppen, ins Asyl usw. droht. Vgl. S. 21 f.

lichkeit, eine fortwährend reproduzierte *Klassen*-Erfahrung, dem gegenüber einige Veränderungen in der Arbeitsorganisation, dem Einkommen und allgemeinerer gesellschaftlicher Großwetterlagen zwar immer nur Modifikationen darstellen, aber Modifikationen, die dem tradierten ›übersituativen Feld von Verhaltenserwartungen‹, Normen, standards nur schwer rational vermittelt werden können. Was sich deshalb nicht nur geschichtlich durchhält, sondern erweitert reproduziert, sind die weiter oben erörterten Bereiche von Uneinsehbarem, Undurchschautem und dennoch sozial Bedeutsamem – für Erwachsene wie für ihre Kinder. Wenn Eltern der Arbeiterklasse in diesem tendenziell anomen System sozialisieren, d. h. mehr oder weniger spontan reagieren, aktualisieren sie in sich überlieferte Normen, die sozusagen prinzipiell niemals mehr ganz ›passen‹, nicht zur Basis einer Konstruktion sozialer Identität genommen werden können; dabei legen sie erneut ›schiefe‹ Erwartungshorizonte auch für ihr eigenes Verhalten fest und doch tritt der »Erfolg« – soziale Integration – damit zu oft ein. Anfangend mit der Affirmation an bürgerliche Verkehrsformen in der 2. Hälfte des 19. Jahrhunderts bis zur neueren Diversifikation des Arbeiterbewußtseins durch die ›Polarisierung‹ in dequalifizierte und qualifizierte Arbeiter usw., akzentuiert ferner durch die Entfremdung der Institutionen, in denen ›Klassenbewußtsein‹ konstituiert und gegen den Kapitalismus gewendet werden sollte (Gewerkschaften, viele Arbeiterparteien), erstreckt sich eine Leidensgeschichte von Identitätsbruch, Orientierungsverlust und Intransparenz, die freilich hinter dem gewohnheitsmäßigen Vollzug alltäglicher Verrichtungen und dem zwangsgeregelten Gang der Arbeit und Konsumtion weitgehend verborgen bleibt, auch in verschiedenen Formen der Resignation, des Verzichts, der Befriedigung, des ›ökonomischen‹ Kampfs, der Disparitätenkonflikte, der Sportbegeisterung, des Alkoholkonsums, der Fetischisierung des Pkw usw. vergessen, fragmentiert, überlagert und verdrängt (oder verleugnet) wird.

Die Familie ist mithin ein Ort, an dem sich Verhaltens-Erwartungen, Normen, ›Werte‹ der Arbeiter-Eltern verfestigen – ihre Rigidität nimmt zu, festgeglaubte Gewißheiten und Regelungen des alltäglichen Verkehrs bilden sich aus, aber im gleichen konstitutiven Akt, Sozialisation der Kinder, reproduziert sich bewußtlose Affirmation an einen Zustand von tendenzieller Anomie und die Fixierung auf ihn. Diese innere, undurchschaute, ›spontan‹ vermittelte Bindung an Undurchschau[illegible] rational nicht zu Durchdringendes, in dem bewußte, rahmen[illegible]ßte und unbewußte Inhalte, automatisierte Reaktionsbe[illegible]schaften und zögernde Anpassungsversuche sich verfilzen; der Kontrolle und Reflexion entzogene Regelungs- und Affirmationssysteme mit dem impliziten double-bind-Effekt – dies scheint die Rekonstruktion eines Proletariats als *Klasse für sich* zu erschweren, weil dessen Organisierung zugleich die Transzendierung sozialer Integration und Sozialisation zu leisten hätte. Die Kleinstfamilie mit der Fixierung von Kindern an Eltern (und vice versa) bildet mithin auch für die revolutionäre Politisierung der Erwachsenen eine konservative, emanzipationshemmende Kraft.

Weil so vieles an dem skizzierten Zustand unbewußt ist oder wenigstens ungewußt, und weil Aspekte der Lage, die den einzelnen stimmungsartig oder sonst rahmenbewußt gegeben sind, unlösbare Probleme darstellen, auf die sich einzulassen die relative Ökonomie der Lebensgestaltung gefährdete, bleibt die Dramatik der geschilderten Situation auf deren *Schilderung* beschränkt. In einer empirisch abzugreifenden Realität würden sich die Verhältnisse, lediglich in ihren spärlichen Resultaten (und Resultanten) erfaßt, wesentlich schlichter darstellen. Da die strukturellen Konstanten der Situation der Arbeiterklasse Systemeigenschaften des organisierten Kapitalismus sind: Lohnabhängigkeit, Entfremdung, Subsumption unter historische Notlösungen sozialer Integration; Trennung von Erwerbs- und Privat-, d. h. Familiensphäre, von Kindheit und Erwachsenenwelt, kann sie, die Situation, auch innerhalb des kapitalistischen Systems nicht vereinfacht, durchschaubar gemacht und emanzipativ gelöst werden. Insofern einige der beschriebenen Verfilzungen von sozialer Integration und Sozialisation aber geschichtliche Resultate der Industrialisierung, Technisierung, der abstrakten Arbeit sein sollten, bliebe jede Vergesellschaftung, die die ›Entwicklung der Produktivkräfte‹ fetischisiert, in der Gefahr, die Misere der Arbeiterklasse zu reproduzieren.[65]

Die eben wieder erwähnte ›Verfilzung‹ unterwirft möglicher-

---

65 Es sei daran erinnert, daß auch sozialistische Staaten seit geraumer Zeit vor dem Problem der Bildungsbarriere stehen: die Anzahl der Arbeiterkinder in den weiterführenden Schulen sinkt mit der Klassenhöhe und – schließlich – im Anteil an den Personen mit Hochschulabschluß. Er ist gleichwohl wesentlich höher als in der BRD.

weise auch das Arbeitsplatzbewußtsein des Arbeiters der Modifikation durch teils direkt, teils indirekt affirmierende Normenkontrolle. Die Hypothese lautet: Die Stimmungslagen, Affekte und emotionellen Erfahrungen, in denen sich die Lage des Arbeiters im Arbeitsprozeß mit ausdrücken, bringt er (oder, im Falle der Mutter, bringt sie) in die familiäre Situation so ein, daß sie in den ›spontanen‹ Reaktionen auf das Verhalten der Kinder und Heranwachsenden den dabei aktualisierten Sozialisationsnormen vermittelt werden. Wenngleich dies ganz unthematisch abläuft, gewinnt die Konfliktregelung im Sozialisationsprozeß dennoch vom Rande her modifizierenden Einfluß auf die Konfliktregelung auf der Ebene der sozialen Integration. In den sozialen Unterschichten geht es, was hierbei zu bedenken ist, durchschnittlich autoritär-disziplinierend zu, anale Haltungen wie Ordentlichkeit und Reinlichkeit gehören vielfach zur ›Reputation‹ und werden erzwungen. (Dagegen wurde in den Mittelschichten die autoritative Disziplinierung durch Leistungsmotivierung substituiert.) Bei den ›kleinen Leuten‹ läuft Sozialisation objektiv auf Unterordnung, Gehorsam hinaus, was sich in den Extremformen abweichenden Verhaltens ausdrückt: Willkür, Roheit, aber auch Antriebsverlust (Lahmheit usw.). In den Geschlechtsprägungen herrschen in der Unterschicht eher eindeutige Rollen. (In den Mittelschichten zeigen sich Tendenzen zum *unisex*, jedenfalls zu gewissen egalitären Entwicklungen. Das soll freilich nicht überschätzt werden.) Wie immer der Einfluß solcher Sozialisationsnormen auf die Erfahrungen des Arbeiters in der Produktionssphäre im einzelnen auch aussehen mag – sie wirken insgesamt in Richtung auf *konservative* Verhaltensmuster.

Was sich andererseits in den Familien: als Organisation des Verbrauchs und der Sozialisation der Kinder, dem Bewußtsein und Verhalten des Arbeiters mitteilt (Reaktionsbereitschaften, Stimmungslagen, unausgesprochene Wünsche usw.), wird in die Erwerbssphäre mit einfließen und wird dort dem herrschenden Regelsystem zumindest randständig mit subsumiert. Dazu trägt die schon einmal erwähnte Tatsache bei, daß Vorgesetzte das *Verhalten* (und die äußere Erscheinung) des Arbeiters symbolisch interpretieren und diese Interpretation von Einfluß auf seine Lage ist; die normative Affirmation an tendenzielle Anomie: als Basis, Hintergrund oder Reservat der Alltäglichkeit des Lohnabhängigen, durchzieht alle ihre Lebensbereiche, umschlingt privates wie öffentliches Leben, Arbeit und Verbrauch und wird doch in der relativen Einfachheit, Monotonie und Stereotypie dieses Alltags oft unkenntlich. Wo immer aber die Situation sich in Richtung auf individuelles oder kollektives Aufbegehren zuspitzt, wo immer sich Klassenbewußtsein rekonstituieren kann und Prozesse der *Aneignung* der eigenen Lage Dynamik gewinnen, dort wird auch diese affirmierte Anomie und Verfilzung als Last, als Widerständigkeit, als Verkürzung untergründig wirksam.

Umgekehrt, d. h. von der Privatsphäre, der Familie her, rütteln und zerren Verschuldung, Mehrarbeit und Frustration am gegenwärtigen Stand der Dinge. Wir müssen davon ausgehen, daß der *Konsum*, d. h. die Entnahme von Waren und die Inanspruchnahme von Dienstleistungen, in der spätkapitalistischen Gesellschaft den Charakter einer sozialintegrativen Leitfunktion übernommen hat. Art und Ausmaß des Konsums entscheiden darüber, ob einer sich zur Gesellschaft rechnen kann oder nicht, d. h. dem Verband, der ihn atmend umgibt, auch wirklich angehört. Niveaulagen des Konsums werden gesellschaftlich vorgegeben; was hinter ihnen zurückbleibt, bringt die Isolierung der einzelnen deutlich hervor und muß daher, im Sinne von Angstabwehr, möglichst vermieden werden. Verschuldung und Mehrarbeit (Überstunden, Frauenarbeit), aber auch die ›Bildungsabstinenz‹, d. h. die Unwilligkeit, auf frühzeitigen Erwerb der Kinder zu verzichten, machen deutlich, welcher Integrationszwang hier ausgeübt wird. Das integrierende Konsumniveau liegt gleichsam immer etwas *über* dem Durchschnitts-Einkommen der Arbeiterklasse (und anderer Lohnabhängiger). Nur wenige privilegierte Arbeiter sind auf diesem Wege von Angst entlastet. Slogans wie das berühmte ›keeping up with the Jonesses‹ deuten an, wie jene Konsumniveaus sich praktisch durchsetzen. Was dabei an standards und Stilen erworben wird und in die Bewußtseinsbildung der Verbraucher eingeht, hat W. Reich unter dem Aspekt des Verlustes revolutionärer Identität beschrieben. Innerhalb weiter Bereiche der Lohnabhängigen dürfte von hier aus verstärkt werden, was zugleich Niederschlag der Klassenerfahrung (Massenarbeitslosigkeit, Krieg, Inflation ...) ist: Das Sich-festklammern am Kleinbesitz. Es ist nicht auszuschließen, daß darin eine Quelle sowohl des Antikommunismus unter (privilegierten) Arbeitern zu suchen ist, als auch des anti-anarchistischen Affekts, der sich im Zuge der

Studentenrevolte und des Erscheinens von ›Gammlern‹ manifestiert hat.

Wenn auch die strukturelle (›latente‹) Gewaltförmigkeit des organisierten Kapitalismus in der Lage der Arbeiter (und der ›kleinen‹ Lohnabhängigen, Beamten) besonders greifbar wird, so wächst doch auch für Angehörige der Mittelschichten, namentlich der *Intelligenz*, ein Maß an Unzumutbarem heran. Der seit Mitte des 19. Jahrhunderts rasch anwachsende Bedarf an naturwissenschaftlicher Forschung, an technischer Intelligenz, die an szientivische Entwicklungen gebundene ›Fortschritts‹-Ideologie der Bourgeoisie, die Entfaltung der Medizin, des Bildungs- und Ausbildungssektors usw. ließ die (akademische) Intelligenz *blühen* – die Gesellschaft schien ihr mehr zu gewähren als Einkommen und Glückschancen, nämlich: Selbstentfaltung, Individualität; sogar Romanheld, etwa bei Max Eyth, konnte der Ingenieur werden. Das Privileg entleerte sich rasch: den Handlangern, so B. Brecht, traten die Kopflanger zur Seite. »Erwartet wird auch von der akademischen Intelligenz spezialisierte Funktionstüchtigkeit im Dienste an vorgegebenen, fremdgesetzten Zwecken.«[66] W. Hofmann sprach in diesem Zusammenhange von der großen gesellschaftlichen Katastrophe unseres Jahrhunderts: dem Niedergange weiter Teile des Bürgertums und besonders die Zerrüttung der einstigen Bildungsschichten. Ähnlich J. P. Sartre[67]. Dies: die objektive Proletarisierung und Funktionalisierung der bürgerlichen Intelligenz, ist der historische Schatten, der auf sie fällt. Da aber die Bedeutung der Wissenschaften für die Produktion weiter anwächst, können zumindest die Heranwachsenden im Kulturschutzpark ihrer verlängerten Pubertät die Chance der Sensibilisierung und des »Klassenverrats« weiter nutzen.

---

66 W. Hofmann, Zur Soziologie der Studentenrevolte, Berlin o. J.
67 Der Intellektuelle und die Revolution, Neuwied-Berlin 1971.

II Gewalt in der Sozialisation (1) – Kindestötung und Kindesmißhandlung

VORBEMERKUNG Die latente, aber immer abrufbare Verrohung in den Verkehrsformen, der Kern von Gewaltförmigkeit im ›sozialen Frieden‹ der bürgerlichen Gesellschaft muß bis in die Alltäglichkeit des Lebens, in die scheinbar gewaltlosen Beziehungen hinein verfolgt werden, die Menschen miteinander eingehen: Dort wäre auch der Nachweis für die These von der »Verwilderung des Kontinents« zu führen,[1] den wir zu führen gedenken. Die Zunahme von Kindesmißhandlungen und Kindestötung ist *ein* Ausdruck dieser Verwilderung.[2] Inmitten einer Zivilisation, die Leidfreiheit, Verschwinden von Schmerz oder Sorge und *Genuß ohne Reue* suggeriert, deren Familien-Ideologie wie zu Tiecks Zeiten auf Treue und Schonung aufbaut, wird die These der ›Dialektik der Aufklärung‹, das lässige Streicheln über Kinderhaar und Tierfell hieße, die Hand hier könne vernichten,[3] sie tätschele zärtlich das eine Opfer, bevor sie das andere niederschlägt, vom Gang der Dinge als schon bestätigte Prognose enthüllt. Die vielfach belegte Vorverlegung des Heiratsalters antwortet auf die Unwirtlichkeit einer Gesellschaft, die, auf der Basis sexueller Attraktivität, in der *Ehe* ein »legales Refugium der Menschlichkeit« anzubieten scheint. Dort können zweie sich »unter Ausschluß aller anderen *die* menschlichen Werte versprechen, die in der Gesellschaft sonst nicht zu finden sind: Liebe, Vertrauen, uneigennützige Hilfe, Verständnis, Zärtlichkeit, Geborgenheit«[4]. »Je weniger die Gesellschaft ... emotionale Sicherheit und Geborgenheit zu geben

1 A. Cesaire, Über den Kolonialismus, Berlin 1968, S. 11.
2 Die Tötung des Neugeborenen durch die uneheliche Mutter berücksichtigen wir im folgenden nicht.
3 Horkheimer/Adorno, Querido Verlag, Ed. »Emigrant« Lichtenstein 1955 S. 303 f.
4 H. Ritter, Grenzen der Emanzipation, in: Das Argument, 50/3 (1969), S. 299 ff.

vermag, je vollständiger Vertrauen und menschliche Wärme aus der Großgemeinschaft schwinden, desto weiter zieht sich der einzelne in die einzig vorhandene Sphäre erhoffter Geborgenheit zurück, desto kleiner werden die emotionsgesicherten Primärgruppen; die Tendenz zur Kleinstfamilie ist also gerade in unserer heutigen Gesellschaft konsequent und notwendig.«[5] Am Ende werden die Partner der ›emotionsgesicherten Primärgruppen‹ nicht nur durch die nach wie vor gültigen Normen des Verzichts, der Gewöhnung, des Nachgebens, des Sichaufeinandereinstellens handlungslos aneinander fixiert, in wechselseitiger Repression,[6] sondern die Gruppe wird *zu* klein für den Dritten, das Kind. Das ›unter Ausschluß aller anderen ...‹, eine Bedingung von Glück, das doch gerade an diesem Ausschluß scheitert, trifft im Kern die Kinder nicht weniger: für sie bleibt wenig Platz. Dabei sprach Ellen Key die Vorstellung vieler aus, als sie unser Jahrhundert das »Jahrhundert des Kindes« nannte.

STATISTIK DER GEWALT Wir wissen von neunzig Kindern, meist im Alter zwischen zwei und vier Jahren, die im Jahre *1965* an Mißhandlungen starben; oft langsam, nach wochen- und monatelanger Qual, an Schlägen mit Feuerhaken, Stuhlbeinen, Fäusten. Erschlagen wurden sie meistens, aber nicht immer, von Müttern. Im Jahre 1969 waren es bereits etwa *hundert* Kinder, von Mutter oder Vater ermordet, über die Informationen vorliegen, doch die Deutsche Gesellschaft für Kinderheilkunde nimmt nicht ohne gute Gründe an, daß ihnen eine unbekannte Anzahl von Opfern elterlicher Grausamkeit zuzurechnen wäre, bei denen eine flüchtige ärztliche Untersuchung fälschlich ›natürliche Todesursachen‹ vermutet.[7] In anderen Fällen mag der Tod des Kindes durch fremde Ursachen gar sorgfältig arrangiert sein: Wenn, wie vor wenigen Wochen, die Mutter einen Säugling mit einem Schäferhund zusammen einsperrt, dem sie jede Nahrung vorenthält, kann man sich ausrechnen, daß der Hund das Kind früher oder später anfallen wird. Dieses

5 H. Ritter, a. a. O.

6 S. Schrader-Klebert, Die Kulturelle Revolution der Frau, in: Kursbuch 17 (1969), S. 40.

7 Ich entnahm diese und andere einschlägige Informationen Berichten im Spiegel (1966, 1968), in der Frankfurter Rundschau, in den ›Vorgängen‹, der kulturpolitischen Zeitschrift der Humanistischen Union (1969, 1970), früher auch der ›Welt‹ (bis 1966).

Merkmal vom »Ausschluß aller anderen« aus der Primärgruppe: getötet von den eigenen Eltern, hat insofern etwas Künstliches, als es am nachweisbaren *Erfolg* bestimmter Handlungen orientiert ist, nicht an der Handlung selbst. Ob etwa ausbruchsartig-heftige Mißhandlungen eines Kindes zum Tode führen oder nicht, könnte von sehr zufälligen Bedingungen abhängen: von den Körperstellen, die der Schlag trifft oder von der psychophysischen Widerstandskraft des Kindes. Bei kontinuierlicher Grausamkeit wären gleichfalls Umstände denkbar, die bei vergleichbarer Tat zu unterschiedlichem Ergebnis führen. Die Morde am eigenen Kind haben also eine breite Basis in der Kindes*mißhandlung:* Wir könnten eine unbekannte Anzahl von Kindesmißhandlungen als Tötungen bezeichnen, die dieses Ziel nicht erreichten und eine Anzahl von Tötungen als Kindesmißhandlung mit irreversiblem Ausgang. Wie breit ist diese Basis des Kindermords? Zwar wurden in den 10 Jahren von 1950 bis 1960 ›nur‹ 2571 Strafen wegen Kindesmißhandlung von deutschen Gerichten ausgesprochen; aber nach Schätzungen der Deutschen Gesellschaft für Kinderheilkunde, erfahrener Richter, Jugend-, Sozialämter und anderer informierter Personen oder Einrichtungen liegt die Dunkelziffer ungewöhnlich hoch. Man nimmt an, daß nur 5–10% aller Mißhandlungen am eigenen Kind als Mißhandlung anerkannt und geahndet werden. Bei dem 45jährigen Vater, der seinem kleinen Sohn innerhalb von sechs Monaten zweimal den Arm über der Tischkante brach – als Strafe für das Verhalten bei Tisch –, bei der 30jährigen Mutter, die ihrer Tochter den Arm brach, weil diese eine schon einmal erbrochene Suppe nicht erneut essen wollte, handelt es sich mithin nicht um *Einzel*fälle. Wir mußten vor wenigen Jahren mit etwa 4000 an sich strafbaren Kindesmißhandlungen im Jahr rechnen, Ende 1970 wird bereits eine Schätzzahl von *7000* genannt. Nach nicht unbegründeten Vermutungen haben die Mißhandlungen seit 1960 um *300 Prozent* zugenommen.[8] Hohe Dunkelziffern bei solchen Vergehen sind nicht selbstverständlich.[9] Gequälte Kinder schreien – hat ihren Schrei niemand gehört?

---

8 Vgl. J. Jeziorowski, Das Elend deutscher Kinder, in: Vorgänge, 1970, S. 393 ff.

9 J. Jeziorowski, a. a. O.: »Es fehlt in diesem Land ein Grzimek für Kinder. Die Tierschutzvereine verfügen in der BRD über 500 000 Mitglieder, der Deutsche Kinderschutzbund (DKSB) nur über 8000. Es werden pro Tag durchschnittlich neun Tiermißhandlungen gemeldet, dem DKSB werden jedoch nur drei Kindesmißhandlungen pro Monat bekannt.«

Eine 31jährige Hausfrau schlägt ihren 5jährigen Jungen mit einem Spazierstock tot, weil er im Schlafzimmer umhertobte.

Ein 36jähriger Melker tötet die 1½jährige Tochter mit mehreren Fausthieben, weil sie schrie.

Die zweijährige Christiane aus Gummersbach spuckte Kekse auf den Boden. Ihre Mutter trat ihr in den Magen. Christiane starb. Die Mutter vor Gericht: »Bei mir muß immer alles sauber und hübsch aussehen.«

Mit den Füßen nach oben hängte der Arbeiter Josef Sch. (25) aus Elsfleth (Weser) seine zweieinhalbjährige Tochter Manuela an einem Dachbalken auf und schlug mit der Faust auf das Kind ein. Es starb noch am gleichen Tage.

Falls der Schrei gehört wird – hat sich niemand um die Schreienden gekümmert? Und falls sich Menschen um gequälte Kinder kümmern – warum hat ihre Initiative so wenig Erfolg? Nicht nur die steigende Tötungs- und Mißhandlungsquote, in deren Umfeld wir die Praxis der spanischen *Guarda Civile* wiederfinden (vgl. ›Manuela‹), auch das Mißverhältnis von Tatquote und Aufdeckungs- oder Ahndungsquote bleibt zunächst unbegreiflich.

DIE GESCHLOSSENE GESELLSCHAFT DES ELENDS

Die erste Erklärung für Mord und Mißhandlung am eigenen Kind sieht in den Tätern abnorme Einzelgänger: etwa Schwachsinnige, geistig Defekte, Psychopathen, Säufer oder Verwahrloste und Asoziale, wobei sie sich ›Psychopathen und Asoziale‹ als gefühlsroh und brutal vorstellt, weil sie Werte, Normen, Haltungen und Fähigkeiten der Kultur, in der wir leben, nicht oder nur unvollständig erworben haben – ohne freilich erst länger zu fragen, inwieweit unsere Handlungs-Gewohnheiten wirklich auf Werte fundiert sind. Andere Täter gehören wenigstens zum ›Lumpenproletariat‹ und bleiben für den auf seine Reputation und Vollwertigkeit bedachten Bürger als solche unbegreiflich roh. Jedenfalls handelt es sich bei den Tätern, diesem Erklärungsmodell zufolge, um randständige Personen, deren Sozialisation und Integration an verschiedenen Gegebenheiten scheitern mußte. Für die Kapazität dieser Erklärung, das Unbegreifliche ein Stück begreiflicher zu machen, sprechen einige empirische Daten.

So ist der Anteil an *Schwachsinnigen*, an intellektuell Minderbegabten ohne Volksschul-Abschluß bei den Tätern relativ hoch, er liegt nach manchen Statistiken bei fast 20%, nach anderen Angaben sogar bei 25%. Hoch ist auch der Anteil von Menschen mit Defekten oder Störungen im Bereich der Emotionalität und Affektivität, gemeinhin als ›Psychopathen und Neurotiker‹ bezeichnet. Vor dem Europarat berichtete J. Vickers, die britische Delegierte, rund 60% der schuldigen Väter und Mütter in *allen* statistisch erfaßten Ländern seien Alkoholiker. Noch einmal signifikant überhöht ist der Anteil an Tätern aus unteren Sozialschichten, aus Obdachlosenasylen, Slums, Lumpenproletariat und überhaupt aus dem unserer Öffentlichkeit weit entrückten Bereich der sehr armen Leute; Personen aus ruralen, d. h. ökonomisch rückständigen, ›primitiven‹ Gegenden eingeschlossen, etwa Landarbeiter und Melker. Was leistet diese Erklärung nun? Sie begründet die Tat, Kindermord und Mißhandlung, aus der Insuffizienz, aus dem Versagen einzelner Personen, und regelt über die vermuteten Ursachen dieses individuellen Versagens zugleich die Zuständigkeiten für die Behebung des beklagten Sachverhalts. Wo die Ursache der sozialen Randständigkeit etwa im Erbgut der insuffizienten Person zu suchen wäre, wie – verbreiteten Vorurteilen zufolge – bei Lern-Unfähigen und Defektpersönlichkeiten, ist zuständig offensichtlich der *Eugeniker*. Er hätte Modelle zur Verhütung erbkranken Nachwuchses zu entwickeln, um künftig mit der Rate lebens- und leistungsuntüchtiger, defekter Personen auch die Rate an Kindermord und Kindesmißhandlung zu senken. Wo dagegen die Ursache sozialer Randständigkeit und individuellen Versagens mehr in *abnormen seelischen Zuständen* gesehen wird, die den Täter entweder immer oder ab und an einmal zur unkontrollierten Entladung von Wut, Haß, Feindseligkeit motivieren, wäre der *Psychiater* zuständig. Er hätte, auf dem Wege der Behandlung und pflegenden Internierung, dafür zu sorgen, daß Personen in abnormen seelischen Zuständen entweder geheilt oder gegenüber potentiellen Opfern rechtzeitig isoliert werden. Und wo schlicht der Tatbestand der Asozialität, des Lebens in Randgruppen, Obdachlosenasylen, Slums, Hinterhöfen mit der vermuteten Roheit und Brutalisierung neben anderem auch Mißhandlung, ja Mord am eigenen Kind begründet, wären zuständig *Polizei* und *Sozialfürsorge*. Die Tat ist mitsamt den Tätern und Opfern in eine geschlossene Gesellschaft des materiellen und psychischen Elends gebannt, und ist in dieser geschlossenen Gesellschaft die Folge persönlichen Versagens.

Gegen diese Erklärung ist nun einiges einzuwenden, was sie zwar nicht schon ganz untauglich macht, aber ihre Kapazität, Kindermord und -mißhandlung wirklich zu begreifen, entscheidend einschränkt. Zunächst geben Statistiken über Intelligenzhöhe, Beruf, Einkommen, Lebenshaltung und seelischen Zustand der Täter ja nur Auskunft über die zur Aufdeckung und gerichtlichen Ahndung gelangten Fälle von Kindermord und Mißhandlung, während wir über die Täter in nichtentdeckten Fällen ja keine Angaben zur Person haben können. Bildung, Beziehungen und Besitz erleichtern zudem Verschleierungen; der größeren Beweglichkeit der Täter käme von außen entgegen, daß von ihnen niemand so rasch Brutalität erwartet; kein »naheliegender Verdacht« sieht, wo es um Wohlhabende, Gebildete sich handelt, das Indiz. Mit wachsender Differenzierung sozialer Formen und größerer Einübung in Reflexionsprozesse steigt auch die Chance, von der eigenen Unmenschlichkeit bestürzt zu sein, sie zu bereuen und doch der Umwelt gegenüber alles zu tun, was das Geheimnis wahrt. Einfachere Leute, Primitive gar, sehen eher im Geständnis und Selbstmord den einzigen Weg, vom gleichwohl bitter verspürten Druck der Schuld entlastet zu werden. Die in dieser 1. Erklärung genannten individuellen Bedingungen: Schwachsinn, Intelligenz- und Gefühlsdefekte, Elend, Asozialität, Verwahrlosung, Armut usw. könnten also ursächlich sein für das *Entdeckt*werden, nicht oder jedenfalls nicht nur für die *Tat.*

Ein zweiter, grundsätzlicherer Einwand richtet sich gegen das Grundmodell, das diese Erklärung fundiert: Erst die allgemeine Idee, die Persönlichkeit des Menschen sei monadisch, selbständig, verantwortlich, »frei« in ihren Entscheidungen, erlaubt es oder legt es nahe, die Last des Scheiterns allein den Individuen aufzubürden. Der Blick der Erklärung zentriert sich folgerichtig auf das versagende Individuum, dem dann im zweiten Denkschritt schlechtes Erbgut, Psychopathie, Verwahrlosung oder mangelnder Arbeits- und Ordnungswillen bescheinigt wird. Daß entwürdigendes Elend, Dahinleben in *Slums,* Dumpfheit auf soziale Bedingungen zurückverweisen, nicht primär auf individuelles Versagen, daß ganz allgemein das Konzept dieses ›selbstverantwortlichen, freien Individuums‹ ein pompöses Mißverständnis unserer Kulturträger ist, hoch aufgebauscht in

einer Gesellschaft, die ›Persönlichkeit‹ als Massenware fabriziert, große Anteile ihrer Bevölkerung von Bildungserfahrungen ausschließt, ihnen noch Ansätze zur Entwicklung von Selbstverantwortung und Individualität verweigert – all dies wird ausgeklammert. Letztlich wendet man, was den Täter-Individuen angetan wurde, nun auch noch im Sinne von *Schuld* oder Makel gegen sie und hält sich selbst für jeder Beteiligung enthoben.[10]
Wer sich mit der Genese sogenannten Schwachsinns, psychopathischer Störung, Armut, Asozialität und Verwahrlosung beschäftigt hat, wird daher in dieser 1. Erklärung eine verborgene, verschleierte, durchaus aufzudeckende Verwandtschaft zwischen der Erklärung einerseits und dem Tatbestand andererseits sehen, den sie erklärt: Indem wir, im Geltungsbereich der ersten Erklärung, jemanden zum ›Täter‹ machen, der möglicherweise das *Opfer* von Verhältnissen ist, die er gar nicht zu verantworten hat, werden wir selbst zum Mittäter.
Übrigens stoßen wir bei Personen, die jene 1. Erklärung bevorzugen, auf die Überzeugung, daß es bei Eltern in der Regel keine Haßgefühle gegen das eigene Kind geben könne und daß namentlich Mutterliebe etwas Naturwüchsiges, Natur-Gegebenes sei. Auf der Folie dieser Annahme werden Haß und Grausamkeit gegen eigene Kinder in der Tat *abnorm*, vereinzelt, zu so seltenen Fehl-Entwicklungen wie ein sechster Finger oder angeborene Taubheit. Nun ist aber keine dieser beiden Annahmen haltbar. Die emotionalen Beziehungen der Eltern zum Kind sind in der Regel ambivalent, schwanken zwischen Zuneigung und Ablehnung, oder, richtiger, enthalten noch in der liebevollen Zuwendung auch ein Stück Aggression. (Zu den Gründen: vgl. später.) Nur werden solche negativen Empfindungen kaum zum bewußten Erleben zugelassen (es sei denn, eine ›Unart‹ des Kindes böte dafür rationalisierte Gelegenheit). Seitdem Kleinstfamilien in der Enge des Aufeinander-Verwiesenseins, in einer technischen, kalkulierenden Wohnwelt, die erst zuletzt für die Bedürfnisse der *Kinder* gemacht ist, bei zunehmender Abtrennung ihrer Privatspäre von Öffentlichkeit und Beruf höchstens beim Psychoanalytiker und Erziehungsberater noch

10 Als die Rede auf die intolerablen Zustände in der Kölner Obdachlosen-Fürsorge kam, erklärte, in einer Wahlversammlung vor den Kommunalwahlen 1969, der Oberbürgermeister Burauen (SPD) wörtlich: »Diese Soziallabilen sollen erst mal lernen, sich anständig zu benehmen. Wir schmeißen doch für die keine Steuergelder raus‹.« (Vgl. u. a. den Bericht in ›Konkret‹, 17. Dez. 1970.

Hilfe finden, werden auch diese ubiquitären Aggressionen gefährlich. In der Etagenwohnung ist das Kind so gut wie nie der mütterlichen Kontrolle und Gegenwart entzogen. In ökonomischer Hinsicht, Familien sind schließlich Konsumentenverbände, sind Kinder die einzigen, die nichts zur Hebung des Konsumniveaus beitragen.

»Da sich in einer ständig komplizierter werdenden Gesellschaft die Notwendigkeit einstellt, die heranwachsende Generation in steigendem Maße und mit wachsendem Zeitaufwand auf ihre allgemeinen gesellschaftlichen und beruflichen Aufgaben vorzubereiten, ergibt sich ein allgemein verzögerter Berufseintritt der Kinder. Sie beanspruchen die Finanzkraft der Eltern relativ lange, ehe sie eigene Einkünfte mit nach Hause bringen. Kinder, welche früher in jungen Jahren in den zumeist haushaltsnahen, technisch unkomplizierten Beruf der Eltern sowie in die zahlreichen Verrichtungen der Eigenproduktion eingegliedert werden konnten und eben deshalb sehr schnell Einkommens- und Leistungsträger waren, sind heute in einem erheblichen Maße zu *Kostenfaktoren* geworden.«[11] Angesichts der Stimmung von Gewaltförmigkeit und Repression, die sich als Großwetterlage über den Nationen ausbreitet, und der verbreiteten Zustimmung gerade zur konterrevolutionären Zwangsgewalt, können wir auch von Intimgruppen nicht erwarten, sie böten einander einen point de résistance. Mutterliebe gar ist, entgegen verbreitetem Vorurteil, nichts Naturwüchsiges; auch sie muß erlernt werden, auch sie wird unter beschreibbaren sozialen Bedingungen aktualisiert – sonst gewinnt sie leicht den Charakter bloßen Scheins, als Selbst-Unterwerfung der Frauen unter ein verbindliches Gefühl, das ihnen, zum eigenen Erschrecken, abgeht. »Die Idealisierung der Mutterrolle in den Tabus der Gesellschaft«, so A. Mitscherlich[12], »weist darauf hin, daß die Mutter-Kind-Beziehung ... durch soziale Regeln intensiv gesichert werden muß, außerdem, daß diese Sicherungen oft nicht genügen und vom Ideal die Mängel verdeckt werden müssen.« Die Normen unserer Kultur sorgen, als verinnerlichte, dafür, daß Feindseligkeit gegen die eigenen Kinder zum Teil verdrängt, teils verleugnet, teils abgewandelt in legitimierten Strafproze-

---

11 Fr. Neidhardt, die Familie in Deutschland, Opladen 1970[2].

12 A. Mitscherlich, Auf dem Wege zur vaterlosen Gesellschaft, München 1963[1], S. 95.

duren untergebracht, in ihnen also unvollständig sublimiert wird. Die 1. Erklärung für Kindertötung und Mißhandlung hat die Funktion, Feindseligkeit gegen Kinder *zusätzlich* zu einem exterritorialen Ereignis zu machen: Es gibt sie in jener geschlossenen Gesellschaft des Elends, mit all ihren furchtbaren Folgen, aber es gibt sie nicht in *uns* und in unserem Bewußtsein. Rationalisierung der Feindseligkeit und Exterritorialisierung müssen den Durchbruch roher Gewaltförmigkeit in der Erziehung und Aufzucht des Kindes namentlich bei dem Rückgriff auf *Prügel* und *Körperstrafe* erleichtern. Gerade daß in der familiären Strafprozedur das unkennbar wird, was doch ständig in sie eingeht: Destruktivität, macht Schläge gefährlich. Mißhandlung, manchmal Tötung wären nur nach vollständigem Verzicht auf Körperstrafe reduzierbar; solange nur überhaupt noch geschlagen werden darf, sind Überschreitungen des ›Züchtigungsrechts‹ unvermeidlich. In den USA, lange Zeit ein Land permissiver Erziehung, kehren heute selbst Familien der *upper middle class* zur Körperstrafe zurück.[13] In der ›Verwilderung des Kontinents‹ (A. Cesaire) erweist sich unterdrückende, zerstörende Feindseligkeit erneut als unteilbar.

Im Geltungsbereich der 1. Erklärung wird der Täter, der als out-law begriffen wird, nun auch in der Theorie über ihn erneut isoliert. Was ihm selbst mißlang: den Zustand seiner Isolierung und Desintegration produktiv zu überschreiten (etwa über eine Politisierung seiner Lage), das leistet die Erklärung seines Verhaltens gleichfalls nicht. Hier, angesichts dieser neuen strukturellen Schwäche des 1. Erklärungsversuchs, wäre an ein *Inhumanum* der Gesellschaft zu erinnern, das in den beschriebenen Aggressions-Zusammenhang eingehen mag. Vor vielem anderen ist in der bürgerlichen Gesellschaft *biologische* Unterlegenheit ein Stigma des Schlechten (Th. W. Adorno). Kindermißhandler und -töter tragen innerhalb der 1. Erklärung Stigmen der biologischen Schwäche oder Entartung. Vielleicht wird es von daher verständlicher, daß immer, wenn Erwachsene ein *fremdes* Kind mißhandeln und töten, der Ruf nach *law and order,* nach der Brachialgewalt der staatlichen Schergen laut wird. In seinen Einzelheiten ist dieser Ruf nach Sühne um nichts weniger barbarisch als die Tat, die ihn auslöste: Täter wie Rächer zeigen sich als unkontrollierte Brachialgewalt.[14] Zwei Fragen drängen

---

13 Vgl. S. 73, Fußn. 24.

14 »Der CSU-Landessprecher in Bonn, ein ehemaliger Bundesminister, forderte

sich auf: Warum wird dieser Schrei nach ›law and order‹ nicht auch dann hörbar, wenn das mißhandelte und getötete Kind das *eigene* war? Mit Privateigentum darf man nach Willkür umgehen, das ist der Grund (vgl. später S. 103). Und welche Haltung bekunden Vertreter der law-and-order-Mehrheiten mit ihrer Abneigung gegen biologische Makel gegenüber Kindern, die ein Opfer biologischer Schäden sind? Vor kurzem wurde ein für solche Kinder bestimmtes Gebäude, die Aumühle, niedergebrannt, der Widerstand der Bevölkerung trieb die behinderten Kinder aus dem Dorf – unter tatkräftiger Mitwirkung des katholischen Dorfgeistlichen; wie ja überhaupt der kleinkarierte Konfessionalismus *der* endemische Herd für Inhumanität, Gewissenlosigkeit und Tücke immer gewesen ist. Der Anblick körperlich und seelisch behinderter Kinder hätte den Fremdenverkehr, als Einnahmequelle, beeinträchtigen können. In der Nähe von Fürth scheiterte der Versuch, ein Rehabilitationszentrum für Nichtseßhafte zu errichten, am Widerstand der Bevölkerung; in Fürstenfeldbruck der Plan, einen Jugendhof für Schwererziehbare und geschädigte Kinder zu bauen. Ein Arzt in Dinkelsbühl mußte seine Praxis aufgeben und wegziehen, als

---

1967 »allen Ernstes« die Prüfung, ob nicht für »Mord am Kinde« die Todesstrafe und »für Triebverbrecher sowohl die Sicherungsverwahrung . . . als auch die Möglichkeit des (!) medizinischen Eingriffs« eingeführt werden sollte (Münchner Abendzeitung v. 7. 9. 1967). Der Kinderschutzbund appellierte an alle Eltern, die Forderung zu unterstützen, eine Dauerisolierung rückfälliger Sittlichkeitsverbrecher zu verlangen, die nur aufzuheben sei, wenn sich der Verurteilte zur Kastration entschließe. Gefordert wurde auch eine »automatische« Untersuchungshaft für »Kinderschänder«. Der Begriff »Kinderschänder« bleibt dabei, ebenso wie der Begriff »Triebverbrecher« bei dem CSU-Abgeordneten, völlig unklar; auf die Tatsache, daß es eine Dauerisolierung rückfälliger Verbrecher längst gibt, wurde nicht hingewiesen. Die »Kampagne« geht augenscheinlich auf einen verschwommen gehaltenen Artikel der Zeitschrift »praline« zurück, in dem ohne jedes Verständnis der Problematik zu einer Unterschriftensammlung mit dem Ziel aufgerufen wurde »Lebenslänglich für Kinderschänder«; ein Bundestagsabgeordneter beeilte sich, dieses Unternehmen begeistert zu begrüßen (»Überaus erfreut . . .«). In der Folgezeit wurden in Presseorganen unzählige Leserbriefe abgedruckt, die u. a. Todesstrafe für »Kinderschänder«, oft in grausamer Form, verlangen; auch der Bundesjustizminister berichtete am 13. 11. 1967 auf der Tagung der Dt. Gesellschaft für Sexualforschung, daß das Ministerium mit entsprechenden Eingaben überschüttet werde. Z. B. wurde aufgefordert, die Täter in stillgelegte Zechen zu werfen oder in Käfige zu sperren und ihnen dort die Wahl zu lassen, ob sie Gift nehmen oder verhungern wollen. – Eine gute Betrachtung mit vielen Beispielen gibt *Dörrlamm* im Art. »Kopf ab für die Bestien?« in *Christ und Welt* Nr. 47 v. 24. 11. 1967. Zitiert nach: E. W. Hanack, Zur Revision des Sexualstrafrechts in der Bundesrepublik, Hamburg 1969, S. 21.

er sich zugunsten ähnlicher Pläne engagierte und für das Lebensrecht behinderter Kinder eintrat.[15]
Die Frage, ob bei so vielen Interdependenzen und Anspielungen zwischen der Erklärung einerseits, dem zu erklärenden Geschehen andererseits nicht die Erklärung und die betreffenden Erklärer möglicherweise selbst mit zu den entfernteren Bedingungen der Tat gehören, die es zu begreifen gälte, meldet sich erneut unüberhörbar. Daß der gesellschaftliche Zusammenhalt ein *Schuld*zusammenhang sei, fände hierin seine bestürzende Bestätigung.

EINE KONVERGENZTHEORIE: ANLAGE UND MILIEU

Viele dieser Schwächen vermeidet ein 2. Erklärungsversuch, der zwar die zur Rede stehende Tat: Tötung, brutale Mißhandlung des eigenen Kindes, auch auf individuelles Versagen, auf Insuffizienzen der Täter zurückführt, jedoch unter gleichzeitiger Berücksichtigung von Bedingungen der Tat, die vom Täter nicht zu verantworten sind. Ausgehend von den statistischen Daten, die ich weiter vorn schon skizzierte, wird hier das Beobachtete: materielles und edukatives Elend, auf das *Milieu* bezogen, in dem Täter und Opfer sich bewegen. Kinder, die – aufgrund sozialer Situationen, die sie vorfinden, nicht etwa aufgrund angeborener Lernschwäche – von den Bildungswegen der modernen Gesellschaft ausgeschlossen bleiben, werden sich, als Erwachsene, in den Elendsvierteln unserer Groß- und Kleinstädte sammeln, werden ihre eigenen Kinder unter unzumutbaren Wohnverhältnissen aufziehen müssen: Ohne Volksschulabschluß oder bei andren Lücken in der Grundbildung wird es ihnen verstärkt an Möglichkeiten fehlen, im Erwachsenen-Alter Spannungen, Belastungen, Konflikte *sprachlich* zu bewältigen; sie können kaum anders, als in Situationen des Drucks auf motorische Aktionsmuster zurückgreifen. Dieser zweite Erklärungsversuch, der die Tat und den Täter mithin im Geflecht sozialer Umstände lokalisiert, die ihn zu dem machen, was er strafrechtlich geworden ist, bemerkt überdies, daß sozial bedingte Störungen im Eltern-Kind-Verhältnis noch aus ganz anderen Quellen fließen: Nicht nur aus zu kleinen Wohnungen und materieller wie edu-

15 Vgl. etwa die Jahres-Übersicht, die die Süddeutsche Zeitung in ihrer Weihnachts-Nummer (24/25/26. 12. 1970) von diesen und vergleichbaren Ereignissen gab.

kativer Armut, worauf noch einzugehen sein wird, sondern auch aus den oft ungünstigen Arbeitsverhältnissen, die Individuen aus nichtprivilegierten Schichten der Population als gegeben vorfinden. Wer sich etwa über die Lage junger, ungelernter Arbeiterinnen in deutschen Unternehmen informiert – Jaide, Wurzbacher und andere Autoren haben seit Jahren darüber veröffentlicht[16] – und zur Kenntnis nimmt, daß ihre Verhältnisse nach der Eheschließung, da die Arbeit noch mehrere Jahre lang beibehalten werden muß, sich höchstens verschlechtern, muß der ›2. Erklärung‹ zustimmen und wird den Betroffenen sein Mitgefühl nicht versagen.

Auch steigt relativ die Quote der sog. Muß-Ehen in diesen Schichten an, was Aggressionsbereitschaften gegenüber den Kindern fördert. Die ›Antibaby-Pille‹ (man beachte den Namen des Medikaments) ist gerade in diesen Gruppen oder Schichten gering verbreitet, die ihrer besonders dringend bedürfen, weil Kinderreichtum die Wohnverhältnisse in dieser Gesellschaft unerträglich macht, die Betroffenen aus der »Welt der anständigen Leute« herausdrängt.[17]

Freilich, für beides: für Kinderreichtum trotz Armut und für Statusverlust, hat die bürgerliche Gesellschaft eine Erklärung bereits gefunden: Schuld ist die ›Triebhaftigkeit‹ der armen Leute.

Letzten Endes eignet sich die 2. Erklärung dazu, die Existenz von ›Tätern‹, also von Personen, die eigene Kinder töten und mißhandeln, im Rahmen eines umfassenderen, geschichtlichen Zusammenhangs zu sehen: Wie eine Schere klaffen die Zuwachsraten des Wohlstandes in seinen beiden Erscheinungsformen auseinander, Wohlstand als gesellschaftlicher, faßbar an Einrichtungen des Gemeinwohls wie: Krankenhäuser, Spielplätze, Altersheime, Bildungswesen, Wohnungs- und Städtebau und Wohlstand in seiner Erscheinungsweise als privates Eigentum. Arme, ja überhaupt Menschen, die von den Bildungseinrichtungen aufgrund ihrer sozialen Herkunft ausgeschlossen bleiben, finden dann Lebensbedingungen vor, in denen es nicht mehr *menschlich* mit ihnen zugeht. Im Milieu der Ausgeschlossenen werden jene Konfliktsituationen gebraut, die sich mörde-

16 Vgl. G. Wurzbacher, W. Jaide u. a., Die junge Arbeiterin, München 1960[3] (und die Wiederholungsstudie von W. Jaide 1969).

17 Noch in den ersten Jahrzehnten des 19. Jhdts. bedeutete »Wohlständigkeit« das, was wir heute *Anstand* nennen.

risch gegen Schwächere entladen können. Dieses Zusammenhangs wegen gibt die 2. Erklärung den isolierten Tätern ein Stück ›Re-Sozialisierung‹ zumindest theoretisch zurück, man lokalisiert den Randständigen, Asozialen, Verwahrlosten, Armen und Unkontrolliert-Feindseligen in gesamtgesellschaftlich zu verantwortenden speziellen Bedingungen. Für die gibt es gleichwohl noch immer besondere Zuständigkeiten. Wer ist hier für das Elend, das Mißhandlung des eigenen Kindes sowohl bedeutet als signalisiert, zu belangen? Die Sozialpolitik, die Bildungspolitik, Parteien, Kirchen, Regierungs-Einrichtungen. Zwar taucht die Ahnung eines umfassenderen Schuldzusammenhanges auf, der nicht nur die Täter und Opfer in ihrem Milieu umgreift, aber dennoch orientiert diese fortgeschrittene Erklärung sich noch immer am statistisch-demografischen Bild der aufgedeckten und strafrechtlich geahndeten Mißhandlungen und Kindestötungen. Wie die Täter, tragen auch die erörterten übergreifenden Bedingungen noch den Charakter der Ausnahme, der je *schlechten* Bedingung. Das Besondere, die Tat, so scheint man zu denken, verweist auch auf Umstände, die *besondere* sind: beklagbar, anklagbar, durch Zuständige zu ändern, aber doch nicht das allgemeine, gesellschaftliche Wesen selbst.

Schließlich wird innerhalb dieser 2. Erklärung zumindest daran gedacht, und sei es in der Form einer mitfühlenden Assoziation, daß gerade die drop-outs der Leistungsgesellschaft, die Randständigen, Verwahrlosten, Asozialen, Armen und Ungelernten und in weiten Bereichen einfachere Arbeiter, kleine Beamte, selbst genügend Härte, Gewalt, Mangel an Einfühlung oder Duldsamkeit erfahren. *Armut* nimmt dort, wo sie nicht mehr physischen Hunger bedeutet, monströse, entwürdigende Züge an: inmitten des Güterwohlstands schwindet die letzte Chance, sich mit dem schlechteren ökonomischen Schicksal abzufinden. War früher die Zugehörigkeit der einzelnen zur besseren Gesellschaft eine Bedingung dafür, ob sie am Konsum teilnehmen konnten oder nicht, so entscheidet heute das Maß, in dem der einzelne am Konsum teilnimmt, darüber, ob er zur Gesellschaft sich rechnen darf oder nicht. Materielle Armut bedeutet erzwungene Desintegration (S. 55). Auch die Maschinerie der Verwaltungen: Krankenkasse, Meldeamt, Arbeitsamt usw. erfährt der ›kleine Mann‹ als *Gewalt*. Beamte der Wohnungsämter, der Fürsorge, der Polizei und Angestellte der Krankenversicherung werden als ›feindliche Obrigkeit‹ erlebt und gefürchtet. Die *Schwäche* des 2. Erklärungsversuchs zeigt sich darin, daß er dennoch, mit den drop-outs der Leistungsgesellschaft oder den ›armen Schichten‹ befaßt, das Ausmaß an Härte und Entwürdigung unterschätzt, das bereits mit der Normalität bürgerlichen Lebens in dieser Gesellschaft verbunden ist. Sogar die durchschnittlichen, üblichen Bedingungen, unter denen die überwiegende Mehrzahl der Berufstätigen dieses Landes arbeitet, bleiben trotz aller betriebsinternen Veränderungen und der Reduktion der täglichen Arbeitszeiten während der vergangenen Jahrzehnte im Kern inhuman (S. 133 f.); daß das so wenig bemerkt wird, oft nicht einmal von den Betroffenen selbst, gehört mit zu ihrem Unglück. Ähnliches wäre, mit dem Blick auf Kinder, über ›normale‹ Wohnverhältnisse zu sagen. *Heinrich Böll* hat, mit gutem Grunde, wohnungssuchende Ehepaare mit Kindern zu den ›Unterprivilegierten‹ gerechnet. 1965 lebten in der BRD rund 40 000 Familien mit vier und mehr Kindern *in ein bis zwei* Räumen (und fast 90 000 Familien mit gleicher Kinderzahl standen drei Räume zur Verfügung), doch übersieht er den Zusammenhang mit der ökonomischen ›Unterprivilegiertheit‹ vieler Kinderreichen.

Nach einer Mitteilung von R. Kingma[18] gaben 98 000 von 110 000 Schulkindern in Frankfurt an, überhaupt keinen Spielplatz zu haben. »Während in der Schweiz sechs, in der Sowjetunion acht und in England gar zwanzig Quadratmeter Spielfläche pro Kopf der Bevölkerung vorgesehen sind, gelten in der Bundesrepublik 0,5 Quadratmeter als ›Richtwert‹. Richtwert aber heißt, daß man sich nicht danach richten muß.« Hierin liegen Tragödien auch für die Eltern. Verbreitet sich erst einmal ein soziales Klima der Intoleranz, so wird im Medium von Gesellschaft, *Feindseligkeit, Härte,* auch agiert: In Bad Homburg erhielt ein Ehepaar anonyme Drohbriefe, weil es den Sohn in der Mittagszeit draußen spielen ließ, in Altencelle schoß der Rentner T. auf einen 12jährigen Jungen, weil der vor dem Garten des Rentners auf einem Autowrack schaukelte; in Bayern verletzte ein Unteroffizier ein Kind schwer durch einen Steckschuß aus dem Kleinkalibergewehr – der Lärm der Spielenden war ihm unerträglich geworden[19], ein Kontinent verwildert.

18 In der *Frankfurter Rundschau* vom 24./25. 12. 1970.
19 Ebenda.

DIE ZUSTÄNDIGE GESELLSCHAFT Der dritte Versuch, das Unbegreifliche: Mißhandlung des eigenen Kindes, dennoch begreiflich zu machen, wendet gegen die beiden erörterten Erklärungen ein, daß sie in unterschiedlichem Maße zu kurz greifen. Täter, Tat und Opfer werden aus dem gesellschaftlichen Zusammenhange, der sie und uns umgreift, isoliert, oder doch – *als* Isolierte, und in eigentlich kulturkritischer Absicht – einem auf Besserung ihrer Lebensverhältnisse gerichteten Wohlwollen überantwortet. Die dritte Erklärung möchte dagegen Täter, Opfer und Tat in all ihrer Absonderung konkret, d. h. in ihrem Verhältnis zum Allgemeinen verstehen, und hofft auf diese Weise theoretisch das zu tun, was den Betroffenen lebenspraktisch mißlang (und die 2. Erklärung nicht ganz erreicht): Ihre Situation auf einen sie und uns umgreifenden Zusammenhang hin zu überschreiten. Zunächst in Form von Abstraktionen, indem wir nach *Bedingungen* fragen, die als ›Bedingung der Möglichkeit von ...‹ anzusehen wären, dann aber – über die Frage nach den konkreten Vermittlungen – in Annäherung an die Komplexität tatspezifischer Situationen und ihrer Akteure.

Mord am eigenen Kind, brutale Mißhandlung von Zwei- oder Dreijährigen finden vielfach als Ereignisse vom Typ der Rarität breite Öffentlichkeit, es sind Handlungen, zu denen nur wenige in der Lage sind: »Ich könnte das nicht!«[20]. Unter Vernachlässigung inhaltlicher Differenzen sollten wir nach anderen Ereignissen vom Typ des seltenen Ereignisses suchen: nach Tätigkeiten, Akten, Vollzügen, die weit außerhalb der Fähigkeiten und Fertigkeiten vieler bleiben. Sie könnten das nicht, wovon da als ›Sensation‹ berichtet wird. Die Bundesrepublik befindet sich in Erwartung der Olympiade 1972, und so lesen wir häufiger als zu anderen Zeiten darüber, daß nur die Nationen mit Siegen im Weltmaßstab, mit den begehrten Medaillen rechnen können, die dem Sport im Volke eine breite Basis schaffen. Wo Leichtathletik oder Turnen selbstverständlicher Lehr- und Lernstoff in allen Volksschulen und Gymnasien sind, wo Regierung und Partei die körperliche Ertüchtigung ideologisch fordern und materiell umsichtig fördern, dort erst besteht eine gewisse Hoffnung darauf, aus der Vermassung von Leibesübun-

20 Ein ›unschuldiger‹ Ausruf, den man im Gespräch mit Menschen im Zusammenhang von Mord usw. oft hört.

gen auch jene seltenen Spitzentalente zu finden, die ihrer Nation Trophäen einbringen können. Alle müssen laufen, springen und turnen, es muß ein günstiges öffentliches Klima dafür herrschen, damit einige sich im Weltmaßstab qualifizieren (und in den Zeitungen und anderen Medien der Massenkommunikation als Ereignis vom Typ der Rarität zur Sensation werden können). Oder: Bekanntlich stellt die UdSSR seit langem die meisten Schachweltmeister. Jedermann weiß, daß Schach in Rußland ungemein weit verbreitet, in die Lehrpläne von Schulen aufgenommen, in Jugendzirkeln und -heimen breit akzeptiert ist. Ähnlich die Verhältnisse auf dem Opernmarkt: Zumindest vor einigen Jahrzehnten noch wurden Tenöre und Soprane aus Italien importiert, einem Lande, in dem man noch vielerorts auf der Straße oder beim Arbeiten singt, in dem jedenfalls der zum Gesang neigende Typus von Musikalität ›Volkscharakter‹ genannt werden darf. Wer jemals an stilleren Vormittagen durch Kleinstädte in Süditalien gegangen ist oder italienische Schüler- und Jugendgruppen auf ihren Ausflügen und in Freizeit-Regionen traf, weiß, was ich meine. Noch die Unternehmung »Jugend forscht« in der Bundesrepublik soll über den Wettbewerb begabter Jugendlicher Naturwissenschaft und Technik ›vermassen‹ und den technologisch-scientivischen Abstand zu den USA auf diesem Wege verringern.[21]

Wenn der Mord am eigenen Kinde, die brutale Kindesmißhandlung nach diesen Mustern interpretiert wird, sehen wir in dem seltenen Ereignis – »*ich* könnte es nicht« – also Spitzen-Leistungen auf einem Gebiete, auf dem entsprechende, wenngleich bescheidenere und nicht sensationsreife Fähigkeiten, Fertigkeiten und Interessen ›vermasst‹ sind; Spitzen-Leistungen, die ihre breite Basis im durchschnittlichen Leistungsniveau der Gesamtpopulation haben, der sich das Spitzenresultat auch mit verdankt. Es sollte ferner ein ›günstiges öffentliches Klima‹ für diesen Tätigkeitsbereich, Kindesmißhandlung, bestehen, ideologische wie materielle Förderung sollte nachweisbar sein. So wenig allerdings der einzelne 100m-Lauf unter 10 sec unter Hinweis auf breiteste Sportförderung im Lande des Siegers erklärt werden kann, der Hinweis vielmehr, bescheidener, Bedingungen angibt, unter denen die Leistung individuell möglich

21 Die Firmen, die ›Jugend forscht‹ finanziell fördern, beanspruchen die Patentrechte und Nutzung aller verwertbaren Entdeckungen oder Erfindungen.

wurde, so wenig kann unter diesem Modell die einzelne Tat (Mord, Quälerei, Mißhandlung) kausal erklärt oder sozio-genetisch verstanden werden, aber vielleicht das Geflecht der ›Bedingungen‹, ohne das sie nicht sein kann.

In der Tat fördert der Vergleich von Kindertötung und anderen Spitzen-Leistungen – als Frage betrachtet, die wir an den gesellschaftlichen Zusammenhang der Gegenwart stellen – wichtiges Material zutage. Können wir wirklich davon ausgehen, daß Mord und Grausamkeit physischer Mißhandlung des eigenen Kindes seltene Ereignisse darstellen, deren Bedingung eine »Vermassung« der dafür nützlichen Fähigkeiten, Fertigkeiten, Handlungs-Bereitschaften ist? Nach empirischen Erhebungen gehören bei mehr als 50% aller weiblichen Heranwachsenden *körperliche Züchtigung* zum Repertoire elterlicher Erziehungspraxis. Nach anderen Quellen, die K. Horn ausgewertet hat,[22] wird in etwa 85% aller Familien der Bundesrepublik geschlagen. In der Spiegel-Enquete 1970 waren 75% der Befragten einer repräsentativen Stichprobe davon mehr oder weniger überzeugt, daß Schläge einen Platz in der Erziehungspraxis haben. Es macht dabei, so der Spiegel, »fast keinen Unterschied, ob jemand *politische* Reformen eher bejaht oder verneint: die Prügel-Prozente sind etwa gleich«[23]. Zwar glauben, nach der gleichen Quelle, von jenen Deutschen, die das Abitur erworben haben, schon 40%, daß man Kinder auch ohne Prügel erziehen könne. Nach den neuesten Angaben der Zeitschrift ›Eltern‹ jedoch nur 16%. Noch andere Ereignisse in jüngster Zeit sprechen dafür, daß in einer zunehmenden Zahl von Familien der Mittelschichten der Stil des familiären Umgangs insofern sich erneut verhärtet, als Kinder nur mehr die Möglichkeit haben, sich den Regulationen der Eltern zu unterwerfen oder Schläge – neben anderen Formen von Restriktion – in Kauf zu nehmen. In den USA und in unserem Land kehrt die Gewaltförmigkeit autoritärer Erziehungsstile in die Familien des Mittelstands zurück.[24] Das ist nicht mehr die von Tradition, ökonomischem

22 Vgl. K. Horn, Erziehung oder Dressur, Frankfurt 1968.

23 Vgl. Der Spiegel, 47/1970, 16. 11. 1970, S. 103 ff.

24 Die ›Zeit‹ referierte am 25. 12. 1970 empirische Erhebungen in den USA: »(geprüft wurden die folgenden Urteile:)

- US-Bürger der Mittelschicht neigen eher als Angehörige der Arbeiterklasse dazu, ihrem Ärger auf symbolische und nicht-körperliche Weise Ausdruck zu verschaffen;
- der Gebrauch von Schußwaffen und Messern als Mittel der Auseinander-

Verhältnis und platter Üblichkeit legitimierte Gewalt des männlichen Alleinherrschers aus der Blütezeit der Bourgeoisie; es ist die destruktivere des gefallenen Herren. Man tut's wieder; viele tun es, und *doch* hat es nicht den substantiellen Konsens des Verbindlichen, Richtigen.

In den *Schulen* ahnden die Lehrer den Austausch sexueller Berührungen unter Schülern (und Schülerinnen) härter als den Austausch von Prügel. Prügel schmerzen, und zwar am meisten den Schwächeren. Schläge können den, der physisch im Nachteil ist, erniedrigen, daher sind es in aller Regel die Stärkeren oder Ruchlosen, die von dem Spielraum profitieren, den die Schule der Aggressivität der Schüler läßt. Gegenüber der Feindseligkeit unter ihren Schülern zeigt die Schule also die absurde Großzügigkeit der Unterdrückung, die auf Kosten der Schwachen geht. Obgleich vermittelt, werden auch hier ›Leistungen im Schlagen‹ eher angeregt, wenigstens weit weniger gebremst, als die ›Leistung der Zärtlichkeit‹. Die Starken werden zum Handlungsgehilfen einer Härte, die gegen Schwache sich richtet.[25]

Hier wäre früher entgegnet worden: aber gehört nicht umge-

---

setzung beschränkt sich im wesentlichen auf die gewalttätigen Subkulturen der Slum- und Gettobewohner und der Südstaatler;

• vorwiegend Arme, Ungebildete und Schwarze pflegen ihre Ehefrauen zu schlagen;

• amerikanische Kinder werden immer großzügiger erzogen; Schläge beziehen sie weit seltener als früher.

Alle diese Urteile erwiesen sich als falsch.

Wo die Flinte für Fremde bereitliegt, erkannten die Soziologen, da ist die Faust für Vertraute nicht fern. Nun leuchtet unmittelbar ein, daß Schußwaffen in den höheren Einkommensgruppen (und dadurch bei der weißen Bevölkerung) verbreiteter sind als unter den Armen (und Negern). Daß aber mit höherem Einkommen und höherer Schulbildung die Neigung zunimmt, den Ehepartner zu ohrfeigen, dies für angebracht zu halten und auch sonst nicht vor körperlicher Gewaltanwendung zurückzuschrecken, verblüfft.

Die Polizeistatistiken verschleiern diesen Sachverhalt, da handgreifliche Auseinandersetzungen der unterprivilegierten Nachbarschaft und Polizei selten verborgen bleiben, der Lebensstil der gehobenen Mittelschicht dagegen durch Eigenheim, Rechtsanwalt und streitschlichtende, verschwiegene Freunde, die Privatsphäre wirksam vor behördlichen Eingriffen und Zugriffen bewahren kann.

Offensichtlich wird auch in den entsprechend »guten Kinderstuben« keineswegs weniger gezüchtigt als in schlechteren oder in Massenquartieren: Acht von zehn Männern und jeweils neun von zehn Frauen jeder Einkommensgruppe, Bildungsstufe, Altersgruppe und Rasse haben schon einmal ein Kind verhauen.«

25 Sexualität übrigens wird umso härter geahndet, je intensiver, offener und liebevoller sie ist.

kehrt gerade ein Abbau von Gewaltförmigkeit edukativer und erzieherischer Regulation, gehören nicht *permissiveness,* Gewährung, Verständnis zu den Merkmalen moderner Familien, wenn wir sie mit den Familien um 1900 herum vergleichen? Ich habe auf diesen Einwand bereits eine Antwort gegeben,[26] gebe zu bedenken, daß ja auch im welthistorischen Maßstab die bürgerliche Gesellschaft, als sie absolutistische Formen der Herrschaft zerstörte, gewaltlose Formen von Gewaltförmigkeit inaugurierte, gleichwohl aber in Phänomenen wie denen des Faschismus (Deutschland, Spanien, Portugal), bestimmter europäischer Polizeitruppen, der Folter usw., brutale, nackte, rechtlich nicht mehr gebundene Gewalt in die Gesellschaft des organisierten Kapitalismus zurückgekehrt ist.

Die qualitative Differenz von Spitzenleistung und Populationspegel habe ich vernachlässigt; allein es gibt zumindest ein Phänomen, das die Annahme eines Kontinuums partiell ins Recht setzt: Vom Standpunkte des Opfers aus betrachtet, erstreckt sich vom Schlag ins Gesicht, vom Stockhieb über die folterartigen Strafprozeduren bis hin zur Ermordung ein Kontinuum; in der Angst des Kindes würde unsere Annahme bestätigt, der Mord sei jenes ›seltene Ereignis‹, dessen Möglichkeit sich der massenhaften Verbreitung einschlägiger Fähigkeiten und Fertigkeiten verdankt.[27] Unter dieser Hypothese wäre zu fragen, ob sich denn, falls ein Zusammenhang zwischen Mord und allgemeiner Leistungsbreite in Feindseligkeit besteht, nicht noch in anderen Lebensbereichen eine gleichsinnige Auswirkung auf das Schicksal unserer Kinder würde nachweisen lassen müssen. Die Richtung dieser Frage, ihr Sinn, läßt sich der Antwort so leicht entnehmen, daß wir diese anstelle einer Erklärung der Frage setzen können. In der Bundesrepublik sterben von 1000 lebendgeborenen Kindern im 1. Lebensjahr, und zwar aus ›normalen‹ Gründen (Krankheit usw., nicht Mißhandlung) 23 – gegen 18 Kinder in Japan, 17 Kinder in Dänemark und nur 12 Kinder in Schweden. Die Bundesrepublik liegt hier mit an der Spitze der Kulturnationen. Als Ursache werden unzulängliche Fürsorge für Schwangere und ungenügende ärztlich-organisatorische Betreuung der Kleinstkinder genannt. Offensichtlich nehmen wir uns der Schwangeren und der jungen Mütter zu

26 Vgl. hier auch Brückner/Leithäuser/Kriesel, Psychoanalyse, Frankfurt 1968, Kap. 2.
27 Vgl. S. 72.

wenig an, es fehlen die sozialklimatischen Bedingungen, die eine Verteilung von Mitteln und Interesse in diese Richtung zu organisieren erleichtert. Daß ein berliner Forscher in britischen Zeitungen inseriert, um eine Position zu finden, die ihm die Fortsetzung seiner perinatalen Forschung ermöglichen würde, ist ein anderer Beleg dafür. Ferner: der relative Anteil, den Kinder an den Opfern von Verkehrsunfällen und an den Opfern von Unfällen im Haushalt stellen, wächst auffällig (und in einem für uns ungünstigen Sinne, verglichen mit Nachbarstaaten): »Eine Untersuchung der UNO aus dem Jahre 1967 hat das Verkehrsrisiko für Kinder aus sieben Staaten untersucht. Im Vergleich mit England, Italien, Frankreich, USA, Holland, Schweiz, Österreich und Belgien liegt die BRD ... absolut an der Spitze (...). Der Anteil der Kinder an tödlichen Verkehrsunfällen in der BRD ist alarmierend.«[28] Schließlich wäre daran zu erinnern, welche Erfahrungen Eltern machen, die mit ihren Kindern Länder wie Holland oder Italien besuchen, nachdem sie einige Zeit ihren Familienurlaub in der Bundesrepublik verbrachten. Auch einzelne Reisende, die das Verhalten zu Kindern in großen Kaufhäusern und auf städtischen Grün-Anlagen beobachten und etwa Holland mit der Bundesrepublik vergleichen, könnten zu unserer Hypothese: massenhafte Verbreitung von Feindseligkeit gegen Kinder als Bedingung der Möglichkeit von hundertfachem Mord und tausendfacher schwerster physischer Grausamkeit an Kindern, Belege beisteuern. Eine Notiz aus der ›Zeit‹ demonstriert, was in unserem Land möglich ist:

»Ein etwa achtjähriger Junge rannte über die Großstadtstraße, in unmittelbarer Nähe der Ampel. Ein Autofahrer riß das Steuer herum, ließ die Pneus kreischen. Der Junge, mit knapper Not entkommen, wurde auf dem Bürgersteig von einer etwa vierzigjährigen Frau festgehalten. »Dummer Bengel!« Klatsch, klatsch. Und noch ein paar Ohrfeigen. Der Junge weinte lauthals. »Ist das Ihr Kind?« »Nee«, antwortete die Frau, »aber er soll aufpassen, der Bengel. Soll lernen, wie man über die Straße geht.« »Haben Sie denn nicht gesehen, daß der Automann bei Rot über die Kreuzung gesaust ist? Der Junge hat nix gemacht.« Die Frau stieß das Kind, das noch immer weinte, zornig in den Rücken und erklärte: »Herrgott, hab' ich mich erschreckt!« Müller-Marein: »Aus dem Ausland heimgekehrt, fragte ich mich, ob diese Szene in dem Lande hätte passieren können, aus dem ich kam? In Frankreich also? Mit allergrößter Wahrscheinlichkeit: nein.«[29]

28 J. Jeziorowski, a. a. O.
29 Die Zeit 47, 20. Nov. 1970, S. 86 (J. M.-M.: Was, wann – und wo?).

Besteht in einem so wenig kinderfreundlichen sozialen Klima, möchte ich Müller-Marein ergänzen, wirklich die Chance, daß Kinder vor dem elterlichen Gewaltverhältnis geschützt werden, wo immer sie des Schutzes bedürfen?
Dem Psychologen wird sich eine Ergänzungsfrage aufdrängen. Wir wissen, daß Feindseligkeit sich unter bestimmten psychischen und sozialen Bedingungen nicht gegen andere, etwa Kinder, entladen muß – sie kann auch die Person, in der Feindseligkeit sich entwickelt oder akkumuliert, zum vertauschten Objekt nehmen. Zwischen Mord und Selbstmord, zwischen Grausamkeit an Dritten und Selbst-Destruktion bestehen Beziehungen. Die gegen die eigene Person sich wendende Destruktion kann sich in verschiedenen psychosomatischen Leidenszuständen und neurotischen Organstörungen ausdrücken.[30] Da ist es doch auffällig, daß sich – entgegen der Erwartungen des sozialen Vorurteils – derartige Erscheinungen bei verheirateten Frauen, bei Hausfrauen, statistisch ungleich stärker häufen als bei ledigen oder bei berufstätigen Frauen. In einer nicht abschätzbaren Zahl von Familien könnte mithin eine solche psychogene Erkrankung der Mutter das Negativ zur Kindesmißhandlung darstellen.
Aber Kinderfeindlichkeit, wie sie vor Jahren Ulrike M. Meinhof in einem Bericht über Hilfsschulkinder nachwies, ist einerseits erst *eine* Bedingung der Möglichkeit von Kindermord und Mißhandlung,[31] darf andererseits nicht selbst wieder gegen das gesellschaftliche Verhältnis aller isoliert werden. Gewisse methodische Schwierigkeiten werden deutlich: die erste Bedingung der Möglichkeit von ..., auf die wir stoßen, Kinderfeindlichkeit und Härte im Umgang mit ihnen, ist ihrerseits nur als eine *bedingte* denkbar. Nach der anderen Seite hin wird, mit der Zunahme solcher ›bedingter Bedingungen‹ der Schritt zur Erklärung der Tat als des Vorgangs ihrer *Herstellung*, ihrer Produktion vielleicht nicht einfacher. Wo werden entsprechende Fertigkeiten eingeübt, wann werden sie abgerufen? Gibt es verbreitete erworbene Mechanismen der Aggressions-Abfuhr,

30 Um es im Gleichnis verkürzt anzudeuten: Der Stein, auf einen prügelnden Polizisten geworfen; der Stein in der Faust, die auf das eigene Kind einschlägt; der *Nierenstein* könnten austauschbare, äquivalente ›Schicksale‹ von Aggression sein.

31 Die Barbarei der sozialen Ungleichheit, in: Frankfurter Hefte, Nr. 11, 1967, S. 763 ff.

die zwischen ›Bedingung‹ und ›Opfer‹ vermitteln? Bedingungen produzieren noch nichts, sie machen nur möglich, legen etwas bestenfalls nahe.
Vielleicht sollten wir unter dem leitenden Gesichtspunkt: Kindertötung und -mißhandlung als Spitzenresultate verbreiteter Fähigkeiten, erneut einen Blick auf benachbarte Problemgelände werfen. Was uns an den ›seltenen Ereignissen‹ bestürzt, ist ja unter anderem, daß die Gewalt des Täters hier einerseits zwischenmenschliche Beziehungen suspendiert, die wir für ›natürlich‹ und deshalb auch keiner weiteren Erklärung bedürftig halten: Elternliebe, Zärtlichkeit, Schutz für das eigene Kind – ein Faktum, daß uns noch systematisch beschäftigen wird; daß der Täter andererseits das Macht-Ohnmacht-Gefälle ausnützt, daß bereits physisch zwischen ihm und dem Opfer besteht. Wenn aber als erstes *easy-rider-Motiv* in der Bundesrepublik in Konstanz ein Erwachsener einen langhaarigen Lehrling umbringt, wenn in Berlin erwachsene Männer, von ihren Ehefrauen angefeuert, eine Studentin zusammenschlagen, nachdem sie der Kurzsichtigen ihre Brille entrissen haben, [32] wenn in Köln ein Gaststätten-Besucher unter wohlwollendem Blick der Gäste und des Personals einen schmächtigen Jugoslawen anschreit und den Betroffenen zum Verlassen der Gaststätte drängt, stoßen wir auf verwandte Tatbestände: Unter Ausnutzung eines bestehenden Macht-Ohnmacht-Gefälles, das nicht immer nur physisch begründet ist, wird Menschlichkeit in zwischenmenschlichen Beziehungen suspendiert.
Was haben diese Beispiele, unter dem Begriff ›Minderheitenproblem‹ und ›Suche nach einem Sündenbock‹ längst bekannt und genau analysiert, mit unserem Problem: Mißhandlung der eigenen Kinder, ja Mord an ihnen, zu tun? Wir könnten das Verhalten von Bevölkerungs-Mehrheiten, von Stärkeren, von Leuten, die ›in‹ sind in der majoristischen Gruppe, gegenüber minoren Langhaarigen, Studenten, Zigeunern, Juden, Kommunisten oder Gastarbeitern als erstes empirisches Indiz für unsere These werten, daß möglicherweise alle oder jedenfalls viele Typen zwischenmenschlicher Beziehung in der gegenwärtigen Gesellschaft durch die Bereitschaft zur Feindseligkeit charakterisiert sind, und hätten damit eine wichtige Be-

---

32 Vgl. P. Brückner in: J. Agnoli / P. Brückner, Transformation der Demokratie, Frankfurt 1968.

dingung für ›Kinderfeindlichkeit‹ im Griff. Innerhalb der Mehrheiten, unter den Stärkeren herrscht weder Solidarität noch Freundlichkeit, eher Konkurrenz und Mißtrauen – anders wäre die ›Sündenbock‹-Suche nicht zu erklären, über die sich das Zusammengehörigkeits-Gefühl der Mehrheiten und der Frieden zwischen ihnen ja immer erst wieder herstellt. Wo Haß in den zwischenmenschlichen Beziehungen institutionalisiert ist, wird zugleich *eine* Bedingung für Kinder- und auch Jugendfeindlichkeit gesetzt.

Die 17jährige Schülerin Gudrun M. ließ sich eine Glatze scheren und flanierte durch Paderborn, um die Reaktionen der Passanten zu studieren: »Aufgehängt gehört die«; »So eine habe ich auch im Puff gesehen« und – »Bei Adolf hat's das nicht gegeben«. Nach den Erfahrungen des Mädchens haben sich vor allem Personen über 30 aufgeregt.[33]

Dieser zwischenmenschliche Haß, der, wo immer er sich gegenüber Minderheiten aktualisiert, aus der Latenz hervortritt, in der er *alle* zwischenmenschlichen Beziehungen entstellt, gerade auch die innerhalb der Bevölkerungs-Mehrheiten, wäre der Mutterboden für die Kultivierung von Aggression gegenüber Kindern. Hier nun wäre jene von uns gesuchte Vermassung der für die Spitzenleistung: Mord und Folter am eigenen Kind, nötigen Fähigkeiten und Fertigkeiten zu finden. Ich weiß, daß die Differenz zwischen der Aggression gegen das eigene Kind und der gegen *fremde* Kinder in diesem Erklärungs-Ansatz untergeht. Bietet das Possessiv-Verhältnis, das wir mit den Bezeichnungen ›mein‹ Kind, ›eigenes‹ Kind ausdrücken, nach allgemeinen Erfahrungen über Eigentumsverhältnisse wirklich Grund zur Annahme, es könne ein Kind schützen?
Der Täter, der sich mit der unmenschlichen Handlung am eigenen Kind von der Gesellschaft isoliert (und, in der Folge, auch forensisch isoliert, zu Gefängnis verurteilt wird), drückt in seiner Tat in roher Gewaltförmigkeit aus, was als ein Merkmal aller zwischenmenschlichen Beziehungen in seiner Gesellschaft gelten kann: die Bereitschaft zur Destruktion oder doch Aggression unter den gegeneinander isolierten Konkurrenten, den Betrogenen.[34] Für die These: institutionalisierter Haß in den zwischenmenschlichen Beziehungen als gesellschaftliche Regel,

---

33 Vgl. Stern, Nr. 48, v. 22. Nov. 1970, S. 11.
34 Vgl. S. 127 ff.

wären leicht noch viele Belege zu erbringen,[35] sie ist nur eine speziellere Fassung jener allgemeineren von der »Verwilderung des Kontinents«, der Selbstzerstörung einer Zivilisation von Kolonisatoren und Ausbeutern.
Wir sind auf eine sehr tatnahe Bedingung von Inhumanität gestoßen,[36] auf eine Art von Produktionsregel für den Mord am Schwächeren. Unter welchen tatnahen Bedingungen wird es erleichtert, eine vorerst latente, als bloße Stimmung gegebene oder in ihrer Äußerung gebrochene Feindseligkeit brutal in die Zerstörung eines Opfers zu kehren? Wenn wir auf Opfer stoßen, die als Repräsentanten einer Minderheit angesehen werden müssen, gegen die sich die majoristische Gruppe, die Mehrheit, die ›in-group‹, rivalisierend abgrenzt, und der sie die Schuld am eigenen unglücklichen Bewußtsein oder an der eigenen enttäuschungsreichen Lage zuschieben wird. Eben diese Funktion haben Juden, Kommunisten, Langhaarige und Gastarbeiter. Was haben Kinder mit jenen gemeinsam? Wir müssen nur ein kleines Stück von den gerade genannten Minoritäten und ›Sündenböcken‹ zurücktreten, um eines deutlich zu erkennen: Damit, das einer von der Mutter mit allen biologischen Merkmalen der Gattung homo sapiens geboren wurde, ist er noch kein wirklich vollständiger Mensch, er muß es erst werden. Zu seinen natürlichen Merkmalen müssen kulturell definierte hinzutreten, die der Geborene innerhalb der sozialen Mitwelt sich erwirbt: Sprache, Gewohnheiten, Haltungen, Stile, Fertigkeiten. Einzelne und Gruppen, können aus jenem sozialen Zusammenhang ausgeschlossen werden, welcher die Voraussetzung für die Aktivierung von Mitgefühl und für den Verzicht auf nackte Feindseligkeit ist, wenn sie bestimmte soziale Merkmale nicht tragen, nicht sichtlich »Unsereiner« sind. Hier werden, mitten in einer als ›rational‹ sich verstehenden Kultur, erneut Rekonstruktionen primitivster Lebensformen sichtbar. Stammesnamen wie: Zulu, Eskimo und andere bedeuteten ja, übersetzt, schlicht ›Mensch‹. ›Menschen‹ gegenüber wurde eine Tötungshemmung erlernt, Töten war nur dort gestattet, wo es durch bestimmte Ordnungen legalisiert worden war. Dagegen konnte das Tier keinen Anspruch auf Tötungshemmungen erheben. Für viele sind nur Mitglieder des eigenen Stammes wirklich ›Menschen‹ und dadurch vor Tötung einiger-

35 Vgl. Kapitel III.
36 S. dazu S. 77 f.

maßen geschützt; Fremdstämmige nähern sich dem Tierstatus. Ein Nicht-Zulu ist der »Nicht-Mensch«. Kinder haben zweifellos noch nicht alle Merkmale von »Unsereinem«; sie sind nicht einmal vollwertige Rechtssubjekte, und wo immer eine Bereitschaft dazu bestünde, Aggressionen, dieses Resultat lebensgeschichtlicher Enttäuschungen, Frustrationen und resignativ hinzunehmenden Drucks, gegen Minderheiten destruktiv zu wenden, dort bieten auch sie sich als mögliche Opfer an. Die Rebarbarisierung der weißen Kultur, die Verwilderung des Kontinents konkretisiert sich, was Minderheitenprobleme angeht, an einer gesteigerten Empfindlichkeit gegen Abweichungen von der eigenen kulturellen Norm. Das ist kein Überrest, kein archaisches Erbe, sondern Neu-Auflage, ist Rekonstruktion. Der Code für ›meinesgleichen ...‹ ist enger, rigider geworden; ist statifizierend: ein Kind wird nicht mehr als sich entwickelndes Subjekt gesehen, sondern als unvollständiges – damit schon als Objekt. Die emphatische Separierung der Kinder (und zum Teil der Jugendlichen) aus der sozialen Welt der Erwachsenen (vgl. Kapitel I) gab ihnen zwar eine originäre, nicht unter dem modus deficiens zu begreifende Subjektivität, aber zugleich wuchs die soziale Distanz zwischen Kindern und Erwachsenen. Sie hat vielen Heranwachsenden Jahre des Spiels, der relativen Geborgenheit, der Bildung eröffnet, die in dieser Breite geschichtlich neu sein mögen, aber: der objektive, ökonomische Begründungszusammenhang ihrer Freisetzung, die Tatsache, daß letztlich der Rhythmus der Produktion und ihre Forderungen den Rhythmus der Sozialisation und ihrer Ziele festsetzt; die Hypostasierung eines durch Repression, Entfremdung und Lebenserfahrung markierten Zustands als »Reife« des Erwachsenen, auf den hin Kindheit und Jugend immer schon bezogen sind – dies sind objektive Momente an der gesellschaftlichen Konstruktion von Kindheit und Jugend, die deren Subjektcharakter ab ovo aushöhlen. Kinder sind für die Bedingungen der Warenproduktion vorerst nur *ein* Faktor unter anderen, die zur Lohnarbeit zwingen – was hätten sie denn auch zu tauschen? Sobald sich die Normen-Rigidität der Erwachsenen erhöht: sei es unter dem Prinzip der Abweisung objektiv proletarisierender Entwicklung in der Mittelschicht, sei es unter dem eher ›proletarischen‹ der Abgrenzung gegen Randgruppen und Lumpenproletariat, und dies bei fortschreitender tendenzieller Anomie dieser Normen, Werte usw., selbst, sei es umfassender als Abweisung der Arbeiter-Emanzipation, steigt auch die Gefahr, daß – angesichts der verfestigten Distanz zum Kind – der Reflex die Reflexion, die »Spontaneität« Sicherungen des Mitgefühls überwindet, und das Kind den skizzierten Mechanismen der Kanalisierung von Aggression unterworfen wird. Kinder sind schließlich machtlos; in aller Regel können sie nicht zurückschlagen oder gar den angreifenden Erwachsenen aus ihrem Territorium verdrängen – auch ein eigenes Territorium haben sie in den Familien ja nicht.[37]

Wo zwischenmenschliche Feindseligkeit zu den Stilmerkmalen einer Kultur gehört, die sich über Separierung, Partikularisierung und allseitige Abhängigkeit konstituiert, kann sich Kinderfeindlichkeit zerstörerisch ausbilden. Wo Individuen dieser Kultur gelernt haben, lebensgeschichtlich akkumulierte Aggression gegen Sündenböcke zu wenden, wo also Frustration und hilflose Abhängigkeit und die Kanalisierung entsprechender Feindseligkeit gegen Schwächere zur regelhaften Erfahrung der Individuen gehören, kann dieser Mechanismus unter den Bedingungen genereller Kinderfeindlichkeit auch gegenüber dem Kind zerstörerisch wirksam werden, da auch dieses nicht alle Merkmale trägt, die jemand erworben haben muß, um wirklich »Unsereiner« zu sein. Es ist letztlich die Gleichheit der Warenbesitzer, die zur Quelle barbarischer Ungleichheit werden muß. Wir haben zusätzlich die Vermutung, daß in anderen Fällen Aggression sich nur deshalb nicht gegen die eigenen Kinder kehrt, weil Mütter und Väter Feindseligkeit gegen sich selbst wenden, ihren Körper, nicht den des Kindes, mißhandeln, und haben als einen Beleg dafür die Häufigkeit neurotisch bedingter Organstörungen u. dgl. bei Hausfrauen und Müttern angesehen. Mord und Mißhandlung der eigenen Kinder bringen in zugespitzter Form vor unser Bewußtsein, was als Fähigkeit und Fertigkeit längst vermasst ist, in der Population seine breiteste Basis hat, nämlich Feindseligkeit in den zwischenmenschlichen Beziehungen, die sich dem Kinde gegenüber freilich vielfach abstuft. Über den Mechanismus der Aggression gegen Minderheiten vermittelt, lernten wir also nicht nur etwas über tatnahe Produktionsbedingungen des Mords: das Kind ist, sozial betrachtet, noch nicht wirklich »Unsereiner«, erst ein halber Zulu, produziert auch noch nichts, ist daher unnütz, sein

---

37 Vgl. S. 113.

Reservat (Kap. I) nimmt leicht Züge des Ghettos an; wir lernen außerdem etwas über mögliche ›Bedingungen der Bedingung‹: so breit die Basis des Tuns ist, also die Fertigkeit, andere leiden zu lassen, so breit ist auch die Basis des Leidens selbst. Täter und Opfer sind nicht schlicht zwei Personen, sondern eine von ihnen, der Täter, ist zugleich Täter und Opfer.
Nun werden wir Sorge haben, daß uns die spezifische Differenz zwischen den verschiedenen Formen oder Typen von Feindseligkeit entrinnt, wenn zum Prinzip der Erklärung z. T. Stimmungslagen und Mechanismen gemacht werden, die in ihrer (bedingten) Allgemeinheit *kein* Besonderes mehr erklären. Wie denken wir uns etwa die Vermittlung von institutionalisiertem Haß in allen zwischenmenschlichen Beziehungen und der speziellen ›Kinderfeindlichkeit‹? Gibt es, wie bei der Vorbereitung von Olympiaden und beim Schachwettbewerb, ›öffentliche Maßnahmen‹, welche die uns beschäftigenden ›seltenen Ereignisse‹ ermöglichen – etwa indem sie Kinder, auch die eigenen, mit in den Geltungsbereich von Feindseligkeit einholt? Solche ›öffentliche Maßnahmen‹ gibt es durchaus: speziellere und allgemeinere; freilich in der Form von *Unterlassungen.* So wissen wir längst, daß unsere Städtekultur dazu neigt, Kindern jene Entwicklungsbedingungen vorzuenthalten, die sie dringend benötigen. Bei den gegebenen Lebensbedingungen kann ihre noch ungekonnte Aktivität nur ein Stein des Anstoßes für Erwachsene sein.[38] Raum für kindliches Spiel fehlt nicht nur in der drangvollen Enge städtischer Wohnareale, sondern auch in der Enge und im Schnitt viel zu vieler Wohnungen.

Wer sich, wie A. Mitscherlich, zum Anwalt der Kinder macht, wer darauf hinweist, daß es lukrativer bleibt, ein Rasenstück an eine Versicherungsgesellschaft zu verkaufen, als einen Spielplatz daraus zu machen, und gegenüber der Orientierung des Städte- und Wohnbaus an Profit-Interessen die Aufhebung des Privateigentums an Grund und Boden fordert, alarmiert den Antikommunismus vieler, die Privateigentum als den großen Fetisch betrachten.

Andererseits finden auch die meisten Erwachsenen nicht den Raum, den sie benötigen; was sie gegenüber den ›raumgreifenden‹ Kindern umso aggressiver macht. Wird so das unter perversen Bedingungen heranwachsende Kind zum *Täter,* zum

38 Vgl. A. Mitscherlich, Die Unwirtlichkeit unserer Städte, Frankfurt 1965.

Störer, wie neuerlich Berichte aus dem ›Märkischen Viertel‹ in Westberlin demonstrieren, eben ›Stein des Anstoßes in seiner nicht-gekonnten Aktivität‹, so ist der Erwachsene, namentlich in der ärmeren Bevölkerung, von den Wohnverhältnissen gleichfalls hart getroffen: er wird zum *Opfer* einer Situation, die zu verändern ihm längst nicht mehr in seiner Kraft zu liegen scheint. Die Wohn- und urbanen Lebensverhältnisse für Erwachsene wie für Kinder und die aus ihnen resultierenden Konflikt-Spannungen vermitteln jene, die Kinder, also sehr speziell mit der allgemeinen Feindseligkeit in den zwischenmenschlichen Beziehungen.

Reicht dieser Bezug, unglückliche städtische und Wohn-Verhältnisse, denn nicht überhaupt aus, um Kindesmißhandlungen ein Stück begreifbarer zu machen? Ich meine nicht. Wäre nicht als Bedingung jene Bereitschaft zur Kinderfeindlichkeit gegeben, für die wir mehrere Symptome nannten, so würde der Umstand, daß ein Kind noch nicht ganz ›wie Unsereiner‹ ist und zwischen ihm und uns ein Macht-Ohnmacht-Gefälle besteht, verbreitet eher Haltungen des Schutzes, der freundlichen Hege auslösen können, die es vor Gewalt in sozialen Konflikten schützen. Gewiß sind Wohn- und urbane Lebensverhältnisse für viele Menschen, gerade aus einkommensschwächeren Bevölkerungsgruppen, *eine* der Quellen für jene Enttäuschung und Last, aus der Aggression sich entwickelt und akkumuliert, aber erst unter zwei Zusätzen wird diese destruktiv: daß nämlich den Betroffenen der gesellschaftliche Zustand, unter dem sie leiden als ›nicht änderbar‹ erscheint, als steinern und undurchdringlich, und daß sie zweitens zugleich Kanalisierungen für ihre Aggression vom Typus der Sündenbock-Suche erlernen. Ich kann an dieser Stelle ergänzen, daß es noch andere Kanalisierungen für akkumulierte Aggression gibt, die zu erinnern wären, wenn wir die Bedingungen der Möglichkeit von Kindestötung und Mißhandlung begreifen wollen: »extrapunitives« Verhalten; ich bestrafe an einem anderen das, was ich selbst nur zu gern tun möchte, aber aus Gründen von Reputation, Selbstachtung und Moral nicht tun darf; und die sogenannte Radfahrer-Reaktion: Wer über sich Herren hat, die ihn treten, ohne daß er sich gegen sie zur Wehr zu setzen wüßte, kommt in die Gefahr, seinerseits sich zum Herren über Schwächere zu setzen und an ihnen abzureagieren, was ihm anderswo geschah.

Zu dem ›extrapunitiven Verhalten‹ bedarf es noch eines erläuternden Zusatzes: Wie, auf welche Weise vermittelt es die Beziehungen der Eltern zum Kind der latenten und allgemeinen Feindseligkeit in den Konkurrenz-Beziehungen der Individuen? Indem Eltern in der Aufzucht des Neugeborenen seine noch unkontrollierten Bedürfnisse und Reaktionsbereitschaften *sozialisieren,* müssen sie in sich selbst gewisse Verdrängungsleistungen und Verleugnungen reproduzieren. Das Glück, das kleine Kinder in guten Augenblicken umgibt, erinnert die Erwachsenen daran, daß Kultur und damit ihre Existenz auf *Verzichten* aufbaut. Kinder werden zum externen Handlungsgehilfen jener Bedürfnisse und Erwartungen, die sich Eltern längst verboten haben. Jedes Neugeborene konstelliert eine Situation, in der sich mit dem Ritual seiner Sozialisation bestimmte seelische Deformationen der Eltern, in denen sich ihr ›falsches Bewußtsein‹ verfestigt, verbinden; es teilt – auf rohe oder sublime Weise – das Schicksal der Glückserwartungen seiner Eltern: von ihnen gestraft, unterdrückt, abgewiesen zu werden (vgl. Kap. I). Indem sie es ermahnen, tadeln, strafen oder ablenken, zerstören sie in sich selbst erneut die Erinnerung an ein Glück, das doch auch ihnen einst versprochen war.

Nicht zuletzt müssen Eltern sexuelle Verdrängungen verfestigen, weil das Inzesttabu es von ihnen verlangt: Sie können es nicht zur Selbstwahrnehmung zulassen, wenn der zärtliche Umgang mit dem eigenen Kind beginnt, sie sexuell zu erregen. Eltern sind, während sie solche sexuellen Impulse ›nach-verdrängen‹ dazu gezwungen, zum Kinde hin *Distanz* zu halten oder zu schaffen. Die gesellschaftliche Distanz (Kap. 1) wird verstärkt und eben diese Distanz verringert ihre Möglichkeit, sich in das Kind einzufühlen. Aber zugleich macht die repressive Entsublimierung der Sexualität Erwachsene verstärkt verführbar.

Hier wäre kurz daran zu erinnern, daß sich deutsche Eltern von den Eltern anderer Industrienationen weniger in der Frage der ›Härte‹ und ›Strenge‹ im Erziehungsstil unterscheiden, als vielmehr darin, »daß dieses Erziehungsverhalten relativ totalitär ist, d. h. zu viele kindliche Bereiche in einem absoluten Ausmaß erfassen, in zu vieler Hinsicht kontrollieren und zu wenig dem Kind selbst überlassen will«[39]. Gewiß hat dieser empirisch

---

39 Fr. Neidhardt, Die Junge Generation, Opladen 1970.

mehrfach bestätigte Tatbestand mehr als nur eine Wurzel, ist er nicht nur die Außenseite eines Kontrollzwangs, der auch die eigene beschädigte Triebstruktur fürchtet. Wenn wir bedenken, was solch ein System umgreifender Kontrolle aber – unabhängig vom eigenen Bedingungszusammenhang – intendiert: die totale Beherrschung ›fremden‹ seelischen und sozialen Materials, so haben wir den Totschlag darin *in nuce*.
Dem inkriminierten Tatbestand, Tendenz zur totalitären Kontrolle aller Lebensäußerungen, widerspricht freilich ein gegenläufiger: Kinder vorzeitig selbständig haben zu wollen, ihnen *zu viel* selbst zu überlassen, vorzüglich sich selbst. Dort, wo dieser Trend vorherrscht – u. U. im Wechsel mit dem Kontrolltrend oder ihn ablösend –, können Eltern Aggressionen dann akkumulieren, wenn das Pflänzchen so rasch nicht wächst wie sie es intendieren, seine ihm zugeschobene Autonomie nicht nutzt. Eine Neigung schon zur Acceleration der Neugeborenen ist sogar nachweisbar; zumindest scheint manchmal hinter den Fütterungsgewohnheiten der Mütter das Leitbild eines Baby's zu stehen, das möglichst bald am Tische der Eltern soll sitzen können. Die psychosoziale Genese dieser divergierenden Trends braucht uns hier nicht zu beschäftigen, sehr dagegen ihre *Divergenz*.
Wir nähern uns erneut der Affirmation an die tendenzielle Anomie dieser Gesellschaft (S. 48 ff.). Wir waren bisher von bestimmten Analogien ausgegangen und gelangten auf diesem Wege zu Einblicken in problemrelevante Bedingungen (und Mechanismen) feindseligen Verhaltens. Eine wesentliche Ursache der beklagenswürdigen Lebenssituation vieler Kinder würden wir so nur schwer auffinden können; sie wäre nicht mehr im Vergleich der verschiedenen ›Spitzenleistungen‹ auszumachen, sondern nur im Verhältnis, das *Orientierung und Handeln* im zwischenmenschlichen Verhalten einnehmen. Eltern müssen Kindern aufziehen und bilden, *aber nach welchen Maßstäben?* Wie in allen Interaktionsfeldern verweist auch im Bereich des familiären Lebens und seiner Gestaltung Aggressivität auf eine Zerstörung sinnvollen Handelns hin: Aggression wird dort antreffbar, wo ein einstmals orientiertes, verbindliches, auf konsistente normative Orientierungen bezogenes Handlungsmuster sich zersetzt.[40] Kann man im Blick auf Eltern-Kind-Beziehun-

40 Das wäre gewiß auch an Sündenbock-Reaktionen, an extrapunitivem Verhalten nachzuweisen.

gen vom Verlust verbindlicher Orientierungen, vom Schwund übergreifender Anweisungsstrukturen für sinnvolles Handeln sprechen? Auf eine auffällige (Einzel-) Divergenz sind wir gerade gestoßen: Kontrollzwang vs. verfrühte Selbständigkeits-Erziehung. Andere werden uns noch begegnen. An dieser Stelle sei daran erinnert, daß sich normative Orientierungen, Handlungsmuster, Ziele usw. nicht schlechthin tradieren oder wie von allein herstellen, sondern auf *Informationen* beruhen, die im sozialen Feld umlaufen. Es wäre daher zu fragen, ob Eltern nicht unter dem Einfluß unvereinbarer, *widersprüchlicher Informationen (sozialer Imperative, umlaufender Meinungen* usw.) stehen? Durchaus. Sowohl in den Medien der Massenkommunikation als auch im *small talk* informeller Gruppen lassen sich relevante Widersprüche und desorientierende Divergenzen jederzeit nachweisen, noch einmal im Vergleich dieser Informationsquellen mit den Traditionen vieler Eltern und der einschlägigen populären (und Fach-) Literatur. Es sind ja strukturelle Antagonismen der Gesellschaft des organisierten Kapitalismus, die solche Divergenzen erzwingen. Einerseits soll ein Kind *Produktionsmoral* erwerben: jene Fähigkeiten, Fertigkeiten und Haltungen also, die es für berufliche Leistung in der Industriegesellschaft benötigen wird. Andererseits muß es zugleich *Konsumtionsmoral* entwickeln, d. h. das Ensemble jener Bereitschaften, die es später kaufbereit und konsumstabil machen. Es soll lernen, daß sein Verhalten später durch käufliche Lustprämien, eben über die Konsumfunktionen, gesteuert werden wird. Klassische bürgerliche Tugenden wie die der Treue zum erworbenen Besitz, Haltungen der Schonung und Pflege, der Sparsamkeit sind obsolet geworden, müssen sich zersetzen, andere wie: Fleiß, Pünktlichkeit, Arbeitsmoral, Einordnungsbereitschaft usw. sollen entwickelt werden, obwohl doch die Warengesellschaft ökonomisch wie politisch davon lebt, den Individuen ein Dasein ohne Mühe, ohne Schweiß, ohne Anstrengungen zu suggerieren. Das Leitbild des Lohnabhängigen im 20. Jahrhundert mußte auf die Untertanen-Gesinnung des 19. Jahrhunderts aus Gründen der industriellen Entwicklung verzichten und statt dessen *Leistungsbereitschaften* züchten. Autorität war daher abzubauen, Leistungsmotivation zu fördern. Herrschaft aber und Abhängigkeit bleiben. Diese neuen gesellschaftlichen Imperative sind zum Teil in sich widersprüchlich, zum Teil widersprechen sie erworbenen Bildungstraditionen der

Eltern. Wie schließlich sollen Eltern das Problem der Sexualerziehung, des Umgangs mit Sexualität bewältigen, in einer Gesellschaft, die sich einerseits sexualisiert, andererseits aber eine menschenfreundliche Sexualmoral nicht entwickeln kann? Die in ihrer Toleranz unglaubhaft, in den Resten rigider Moral lächerlich wird? Wer hilft den in ihrer eigenen sexuellen Konstitution lebensgeschichtlich geschädigten Eltern, mit jenen Problemen fertig zu werden, die sich aus der öffentlichen kommerziellen Anregung der Kinder zur Sexualität ergeben?

Es sind diese Widersprüche und divergierenden Informationen, die verbindliche Orientierungen kaum mehr zulassen, die Eltern verunsichern und ihr Handeln (und Unterlassen) korrumpieren. Niemand weiß mehr so recht, was richtig ist, und so kann man einander auch nur noch unvollkommen bestätigen. Das Ausbleiben bindender Bestätigung im zwischenmenschlichen Verkehr macht innerlich instabil. Selbst dort, wo der Umgang mit Kindern noch mehrheitlich den Weg des Gewährens, des ›antiautoritären‹ Verhaltens einschlägt, *auch* eine Konsequenz der Zersetzung von Maßstäben, nicht nur ein Produkt von Güte, liegt die Regression zwischenmenschlicher Aktivität auf unkontrollierte Aggressivität nicht mehr so ferne, wie wir vor wenigen Jahren noch hofften.

Auf dem Hintergrunde unserer Erörterungen über verbreitete Kinderfeindlichkeit, über Kanalisierung von Aggression gegen Personen, die entweder nicht wie Unsereiner oder doch schwächer und wehrlos sind, kann es jedenfalls nicht mehr so unbegreiflich sein, daß Aggression sich gewalttätig gegen das eigene Kind entladen kann.

Wir haben noch zwei weitere Bedingungen der Möglichkeit zu solcher Entladung zu untersuchen: noch blieb ja unverstanden, warum eigentlich die *Dunkelziffer* bei Vergehen gegen das Kind so hoch ist. Auch sind gewisse strukturelle Bedingungen der Feindseligkeit gegen Kinder noch unerwähnt geblieben, die sich zwanglos aus dem ›Dunkelziffer‹-Problem herleiten oder sich nur in Beziehung zu ihm diskutieren lassen.

Die erste dieser beiden Bedingungen führt uns wieder in Distanz zur konkreten Situation des gequälten und barbarisch getöteten Kindes. Sowohl speziell wie auch allgemein trägt in bemerkenswerter Weise unsere *Rechtsordnung* zu dem bei, was uns beschäftigt.

Bei der speziellen Bedingung denke ich an das Elternrecht –

eine unserer ›heiligen Kühe‹ –, das es beispielsweise Fürsorgerinnen und Jugendpflegern manchmal sehr schwer machen kann, in Familien als Kontroll-Instanz wirksam zu werden, jedenfalls soweit es um die interne Behandlung der Kinder geht.[41] Das Elternrecht erweist sich in mancher Hinsicht praktisch als ein Derivat bourgeoiser Eigentumsverhältnisse: es ist Recht des Privateigentums, angewendet auf das eigene Kind. Daß man mit seinem privaten Besitz machen kann, was man gerade will, hat sich gewohnheitsmäßig verfestigt; daß man auch darin übergeordneten sozialen Interessen Rechnung tragen sollte, blieb eine fast nirgendwo zur Wirklichkeit gewordene ideologische Floskel. Wie sollte man – jedenfalls in Situationen des Konflikts oder der Unruhe – nicht auch mit dem eigenen Kind machen, was man will? Wem ist man Rechenschaft schuldig? Eine Mutter, von der R. D. Laing berichtet, die ihr kleines Kind am Genick aus dem Fenster im vierten Stock hielt, mit der Bemerkung: ›Wenn ich dich nicht so liebte, würde ich dich jetzt fallen lassen‹, illustriert diesen Verfügungs- und Gewaltaspekt sehr deutlich, der in allen Eigentumsverhältnissen heute latent anwesend ist.

Mehr eine Randbedingung, dennoch nicht ohne Einfluß auf unser Problem, kann ein anderes Rechtsgut sein: die ärztliche Schweigepflicht. Eine Mutter bringt binnen 6 Monaten den fünfjährigen Sohn zum zweitenmale mit gebrochenem rechten Arm zum Arzt – ein Treppensturz, so wird behauptet. Der Arzt wird mißtrauisch, erreicht eine Überprüfung; es stellt sich heraus, daß der Vater dem Jungen zweimal den Arm absichtlich über der Tischkante gebrochen hat. Der Vater wird bestraft, der Arzt erhielt von seiner Standesorganisation eine Verwarnung wegen Verstoßes gegen die ärztliche Schweigepflicht. Kurz: Unsere Rechtsverhältnisse belassen die Familie als einen durch Elternabsolutismus charakterisierten Raum, in dem Kontrollen über das Schicksal der Kinder äußerst erschwert sind. Aber auch ein mehr allgemeiner Gesichtspunkt ist hier anzufügen. Ein Mann schlägt ohne Grund den Hilfsarbeiter B. M. brutal nieder, tritt ihn; das Opfer bedarf eines zweimonatigen Aufenthalts im Krankenhaus. Der Täter wird gemäß §§ 223, 232, 61 des StGB zu einer Geldstrafe von DM 210.- verurteilt. Nach einer Zechprellerei im Rückfall hätte er eine längere Gefäng-

41 Bekanntlich nicht, wenn es sich um das öffentliche Verhalten der Kinder namentlich bei ärmeren Familien dreht.

nisstrafe absitzen müssen. Es macht einen großen Unterschied, ob wir jemanden quälen und roh mißhandeln, oder ob wir gegen die herrschende Eigentumsordnung verstoßen. Recht und Gesetz teilen die Toleranz der bürgerlichen Gesellschaft gegen Mißhandlung und Grausamkeit, und zementieren ihr Verfügungsrecht über privates Eigentum. Diese negative Sanktion aller Eingriffe in Verhältnisse des Privateigentums einerseits, die relative Duldung von physischer Brutalität andererseits erschwert es, Kinder vor ihren Eltern zu schützen, und erleichtert es, der eigenen Feindseligkeit nachzugeben; jedenfalls baut das Recht hier kaum zusätzliche Barrieren auf.

Auch Sexualität wird oft stärker geahndet als Grausamkeit. Für wiederholte beischlafähnliche Handlungen mit Minderjährigen kann die Strafe härter ausfallen als für den Totschlag des eigenen Kindes – und dies, obwohl selbst Strafrechtler von Fällen zu berichten wissen, in denen die sexuelle Beziehung zwischen Erwachsenem und Kind durchaus den Charakter einer (frühzeitigen) Liebesbindung mit all ihren menschlichen Werten hatte. Ins Zuchthaus muß der Erwachsene doch. Hierin spiegelt sich die Verklärung des noch nicht voll sozial Integrierten (aber eben Integrierbaren), des Anfangs, des »noch Unfertigen« als Reinheit, als Wert (vgl. schon S. 40) – die Kehrseite der Gewaltproblematik. Ähnlich wurde das »unberührte Leben« der Eingeborenen idyllisch verklärt, als der Imperialismus der Kolonialmächte nach ihnen zu greifen begann und sie mit unerhörter Roheit sich unterwarf. Auch an den bürgerlichen Mythos vom guten Armen und dem bösen Reichen, der Einfachheit und Würde des Arbeiterlebens oder von der Lasterhaftigkeit der Bankiers wäre hier zu erinnern. In der strategischen Funktion dieser Verklärungen gibt es Differenzen. Unterschiede bedingt ferner die geschichtliche Situation, in der sie formuliert werden. Die postulierte »Reinheit« des Kindes konnte im 18. oder 19. Jahrhundert Moment antikapitalistischer Kritik, d. h. romantischer, niemals geschichtsadäquater Abwendung von der Verstädterung sein, aber im (19. und) 20. Jahrhundert den Triebverzicht verschleiern, der den Kindern abgezwungen wurde. Das Kind *hatte* »rein« zu sein; unerbittlich würde sonst der Erwachsene diese lebendige Erinnerung an seine *eigene* Triebdeformation unterdrücken.

Mit der zweiten Bedingung, die zu ergänzen war, nähern wir uns wieder dem unmittelbaren Schauplatz des Elends zu vieler

Kinder. Wir können durchaus noch einen Weg angeben, auf dem jene zwischenmenschliche Feindseligkeit, von der schon öfters die Rede war, in das Verhältnis zwischen Eltern und Kindern konkret einschlägt: ich meine mit dieser ›zweiten Bedingung‹ das Verhalten der *Nachbarn.* Dieses hat zwei Aspekte. Den ersten artikulierte die Deutsche Gesellschaft für Kinderheilkunde, als sie vor einigen Jahren auf ihrem Kongreß fragte, warum wohl Nachbarn so selten dafür sorgen, Kinder vor Grausamkeit in der Familie zu schützen – denn, so Kongreßteilnehmer, *bemerken* müssen sie sie. Schließlich schreien und weinen gequälte Kinder, sie laufen blutig oder mit blauen Flecken ängstlich auf den Treppen, sie sind verstört, stumm, zänkisch und ängstlich, und das sieht man ihnen doch an. Ich weiß einige der Gründe für das Schweigen der Nachbarn zu benennen: Wahrscheinlich ist ihre soziale Wahrnehmung nicht differenziert genug, um den verzweifelten Schrei des fast zu Tode gequälten Kindes vom ungezogenen Brüllen des Knaben zu unterscheiden, dem jemand den Bonbon wegnahm; und alles, was gequälte Kinder an Spuren der Barbarei zeigen, erfassen sie nicht als Symptom des Verbrechens. Ihre soziale Wahrnehmung ist durch eine Reihe von Normen, standards und Vorurteilen blockiert, parteiisch für die Eltern: daß Kinder eben Schläge brauchen; daß man streng sein muß – im Interesse der Kinder; daß Kinder überhaupt noch keine Sorgen haben, denen man sich ernsthaft zuwenden müßte, und daß schließlich Erwachsene, gar die Eltern schon wissen werden, was für ihr Kind gut ist – leicht zu sehen, daß es sich hier um die andere Seite der Herauslösung der Kinder aus der Welt der Erwachsenen handelt, die im 1. Kapitel erörtert worden ist (S. 14). Auch: Strafe muß sein; schlimm ist nur Inkonsequenz; Prügel haben noch keinem geschadet, und was an dergleichen Thesen sich noch immer im Sprachschatz unseres Volkes findet, dessen Avantgarde schließlich Europa in ein KZ verwandeln und den Mord an Minoritäten zum sozialen Wohlverhalten erklären wollte. Dahinter steht die sogenannte Unantastbarkeit der Privatsphäre, zudem schlicht Gleichgültigkeit. Menschen haben in der Trennung von anderen Menschen ihr wahres Dasein, es ist ihre wechselseitige Indifferenz, die sie als ›Freizeit‹, ›Freiheit‹, ›privates Leben‹ ausgeben.

Eben diese Nachbarn jedoch, die sich der Interessen des gequälten Kindes zu selten annehmen, vielleicht ab und an ganz gern selbst ein Kind schlagen möchten, benützen zugleich fremde

Kinder als Instrument der sozialen Kontrolle über dessen Eltern. Sobald Kinder in Verhalten oder äußerer Erscheinung von jenen standards bürgerlicher Reputation abweichen, die außerhalb der Mittelklasse durchaus noch gelten, oder abweichen von den Rollen-Erwartungen der Mittelschicht selbst, wenden sie ihre Kritik gegen die Eltern, namentlich gegen die Mutter. Die Frage, wieviel oder wie wenig Abwendung, Tadel, Schmähung und Klatsch Familien sich einhandeln, ist mit davon abhängig, wieviel Abweichung von schichtspezifischen Normen sie ihren Kindern einräumen. Mütter, die abends ihre Wohnung verlassen, wissen, was die Nachbarn sagen, wenn das sich selbst überlassene Kind lärmt, schreit oder gar das Haus verläßt: Wer geheiratet, wer Kinder in die Welt gesetzt hat, soll von da an für viele Formen von Lust, Freizeitkonsum und Geselligkeit verloren sein. Auch insofern verfestigt die Interaktion von Kindern und Eltern die normativen Regulationen des gesellschaftlichen Zusammenhalts, wird ›bürgerliche Reputation‹ herrschaftskonform verstärkt.

Bei sehr fortgeschrittener Verstädterung, die kaum noch Subsysteme in der Art von ›Quartiers‹ zuläßt und in den Mietshäusern – zumindest der breiten Mittelschichten – Nachbarschaft anonymisiert, läßt soziale Kontrolle wieder nach (bzw. wird durch Kontrolle am Arbeitsplatz ersetzt). Doch soll man sich auch über die Lage in der zweiten Hälfte unseres Jahrhunderts nicht täuschen – ein kleines Indiz dafür, wie wenig ›pluralistisch‹ es in den Mietshäusern zugeht: Auch dort, wo kein Einblick in intimere Räume zu befürchten ist, drängen Hauswirt und Nachbarschaft auf das Anbringen von Gardinen am Fenster. Nach wie vor blüht auch der Klatsch, eine Kommunikationsform, die zur sozialen Kontrolle rechnet.[42]

Versuchen wir, einen Überblick zu gewinnen. Eltern und Kinder leben in einem sozialen Milieu, das ihre Beziehungen belastet (soziale Kontrolle der Nachbarn; ungünstige Lebensbedingungen für die ›ungekonnte Aktivität der Kinder‹). In der Erziehung und Aufzucht des Neugeborenen entstehen fortlaufend

42 Stadt und Land unterscheiden sich im Ausmaß sozialer Kontrolle noch heute. War sie nicht überhaupt in früheren Jahrhunderten viel stärker als in den kapitalistischen Gesellschaften? Sie war, in ihrem historischen Kontext, jedenfalls so sehr ›anders‹ (in der Verankerung im einzelnen bzw. den Großfamilien, in Grad und Art des Konsens oder Dissens, in ihren Sanktionen und Gratifikationen, in ihren ideologischen Begründungen usw.), daß ein direkter Vergleich mit den Verhältnissen der kapitalistischen Gesellschaft schlicht unzulässig ist.

Verzahnungsmängel zwischen kindlicher Spontaneität und dem falschen Bewußtsein der Eltern, aber diese beantworten solche Signale zu oft als Signal für verstärkte Anpassung und Kontrolle. Sie befinden sich im Schatten einer *generellen* Bereitschaft zu feindseligem Verhalten in den zwischenmenschlichen Beziehungen. Die wenig kinderfreundliche Haltung in der Bundesrepublik – ich erinnere an die hohe Rate von sog. normalen Todesfällen unter Kleinstkindern des 1. Lebensjahrs, an die steigende Beteiligung von Kindern an den Opfern von Verkehrs- und Haushaltsunfällen – verschlechtert die Situation zusätzlich. Erworbene Mechanismen der Aggressionsabfuhr: ›Radfahrer‹-Reaktion, Sündenbock-Suche, extrapunitives Verhalten können dazu beitragen, daß die in Trieb-Regulations-Spannungen der Eltern involvierten Kinder zum ›Opfer der Verhältnisse‹ werden. Es liegt letztlich an der *Parzellierung* der Menschen in unserer auf Privateigentum fundierten Gesellschaft, daß sich der Druck auf Eltern einerseits verschärfen, andererseits ihre Haltung zum Kind sich der öffentlichen Kontrolle entziehen kann. Unter den aktenkundig gewordenen Tätern überwiegen zwar Menschen, deren Lebensverhältnisse selbst oft viele Merkmale des Inhumanen haben, mit geringerer Fähigkeit, Spannungen sprachlich zu bewältigen und rasch abnehmender Frustrationstoleranz, aber die hohe Dunkelziffer bei Kindesmißhandlungen warnt hier vor Verallgemeinerungen. Auch wer diesem Lagebericht zustimmen wird, könnte daran erinnern, daß aber dennoch Mißhandlung, gar Tötung des eigenen Kindes, statistisch betrachtet, seltene Erlebnisse bleiben. Ich will auf diesen Einwand nun nicht mit dem Hinweis darauf antworten, daß es feinere, gewaltlose, dennoch quälende Formen des Umgangs mit den eigenen Kindern gibt, die sich jeder statistischen Erfassung entziehen. Auch ein auf den ersten Blick ›sanfter‹ Druck, hinter dem die unerbittliche Drohung des Liebesentzugs steht, kann unter bestimmten Bedingungen die gleiche Einschüchterung bewirken und Verelendung einleiten wie Prügelpädagogik. In der Tat ist unverhüllte Gewaltförmigkeit in der Beziehung zum eigenen Kind eher selten – wenngleich noch immer viel zu häufig. Es läge nahe, in diesem Zusammenhang auf die *Liebe* der Eltern zum Kind zu verweisen, auf Haltungen der Zärtlichkeit, der freundlichen Anleitung, des Schutzes, der Anteilnahme. Angesichts der weit verbreiteten Ambivalenz in solchen positiven zwischenmenschlichen Haltungen und angesichts des Umstands, daß ihr Leben so vielen Erwachsenen keine ausreichende innere Erfüllung bringt, Glück zu oft ausbleibt oder die Form des am Ende deprimierenden Surrogats annimmt, bringt dieser scheinbar so berechtigte Hinweis auf Liebe und Zärtlichkeit jedoch in Bedrängnis. Wir werden auf jeden Fall zumindest Zusatz-Hypothesen benötigen, um zu verstehen, warum brachiale Gewalt gegen das eigene Kind *relativ* selten bleibt: etwa die Idiosynkrasie gerade der Mittelschichten gegen körperliche Gewalt[43], die bestenfalls in eine auch rational begründete Gesinnung von Gewaltverzicht, als praktizierte Humanität oder Friedlichkeit anteilmäßig eingeht, die aber in aller Regel die Unfähigkeit ausdrückt, mit den *eigenen* Aggressionen – ja vielleicht mit der eigenen Körperlichkeit zu Rande zu kommen. Zudem bleiben die Positionen des geistigen Arbeiters wie die des clerks prekär. In einer Welt der Schwerathleten, Champions und brutalen Auseinandersetzungen muß man sich von motorischen Aktionsmustern immer wieder einmal beängstigt abgrenzen. Körperliche Gewalt wird als *Klassen*merkmal erlebt[44], als Bestandteil eines dem eigenen Bewußtsein gegenüber randständigen, doch wirksamen Feindbildes, des ›Proleten‹. Noch die Chance, feindselige Impulse zu realisieren, statt sie zu sublimieren oder mitsamt infantilen Allmachts-Phantasien zu verdrängen, gerät in den wachsenden Einfluß von psychisch, kulturell definierten Disparitäten, in denen Schichten der Bevölkerung der Einsicht in die objektive Proletarisierung des Bürgers und Kleinbürgers zugunsten von ideologischen, gleichwohl kompakten, sozial wirksamen Kasten-Ordnungen entgehen.

Gerade in den ›permissiven‹ Familien der Mittel- (und Ober-) Schicht mit ihrer normativen Labilisierung und der problematischen Beziehung zur Aggressivität wird außerdem schon seit längerer Zeit versucht, Strafe, die man selbst nicht vollzieht, an andere Instanzen abzuschieben. Der Ruf nach größerer Strenge in den Schulen, in zu vielen Elternversammlungen immer wieder formuliert, die Forderung, die Polizei solle gefälligst härter vorgehen usw. belegen eine Verhaltenstendenz, die am Bestehenbleiben sozialen Drucks durchaus interessiert ist und zu ihm beiträgt, sich selbst aber die Hände nicht mehr schmutzig macht.

---

43 Vgl. S. 17.
44 Vgl. S. 96.

Es ist doch bemerkenswert, daß die permissive, gewährende Einstellung zum Kind, ein sozialer Imperativ im ›Jahrhundert des Kindes‹ (E. Key), daß die Sorge, ihm Frustrationen zu ersparen und seine Forderungen nach Möglichkeit neutral, ja wohlwollend anzuhören und zu befriedigen oder Frustration durch Surrogate zu mindern, daß diese modernen Haltungen in ihren Konsequenzen insgesamt wenig ermutigen. Zwar ist das Kind vor der Gewalt, die aus dem Macht-Ohnmacht-Verhältnis zwischen Kind und Eltern fließen könnte, bei Autoritätsverzicht geschützt, aber zugleich gerät es zeitig unter unmittelbare Einflüsse der Konsumgesellschaft und erwirbt sich dadurch jene Bereitschaften, die der anpassungsbereite, über Konsumprämien manipulierbare und außengesteuerte Bürger moderner Gesellschaften benötigt. Das, was in der Psychoanalyse als ›Ich-Stärke‹ bezeichnet wurde und beispielsweise die Fähigkeit verleiht, sich einem Konformitätsdruck nicht zu unterwerfen, und, als höchste Kontroll-Leistung, noch die Bewältigung von sozialer Angst ermöglicht, wird immer seltener erworben. Gerade weil der Gewaltverzicht zu vieler Eltern auf unbewußten Ängsten und neurotischen Idiosynkrasien beruht, und nicht auf Menschlichkeit, beruhigt es wenig zu hören, daß in den Familien der Bundesrepublik immerhin umso weniger geschlagen wird, je besser die Schulbildung der Eltern ist. Ihr gewährendes Verhalten hängt nach meiner Ansicht und Erfahrung mit ihrer Unsicherheit in Fragen der Lebensführung und Erziehung zusammen; die Enthaltung von offener Gewalt dient, wie bemerkt, der Status-Abgrenzung gegenüber der sozialen Unterschicht, nicht anders als korrekte Rechtschreibung. Der neue Erziehungsstil bewahrt die Kinder zwar vor physischer Grausamkeit, humanisiert ihre Affektivität aber wenig, erleichtert allerdings ihre statuskonforme Vergesellschaftung: Sie entwikkeln mehrheitlich flache Anpassungsmuster und kommen selten auf die Idee, dem Reizangebot der Warengesellschaft und den Signalen für Konformität Widerstand zu leisten. Ich will hinzufügen, daß in privilegierten Gruppen der Gesellschaft Kinder dennoch, dank ihrer verlängerten Entwicklungs- und Bildungszeit, ab und an die Chance haben, Protest und Widerstand zu entwickeln. Menschen mit ›verlängerter‹ oder ›verzögerter Pubertät‹ *müssen* nicht das Ensemble ihrer gesellschaftlichen Verhältnisse bleiben. Der Widerstand entzündet sich dann an der Erfahrung, daß trotz gewährender Erziehung von ihnen in der

Mitwelt Verzichte gefordert werden, für die eine rationale Begründung, auch ein ›sinnvoll‹ zu *fühlender* Gehalt, fehlt.
Daß neuerdings wieder Angst als der beste Koch gilt, ›man schlägt wieder‹, ist natürlich kein Trost. Ich könnte schließlich ergänzen: Dort, wo umgekehrt der Zusammenhang der Familien mit der leistungsmotivierten Konsum-Gesellschaft zerreißt, in den Slums, Asylen, Armutsgebieten der Großstädte und der ruralen Regionen, wo zugleich das gewährend-nachgiebige Verhalten als ein Merkmal der besitzenden Klassen, als fremd, ja feindselig betrachtet wird, bilden die Familien gegenüber der Gesellschaft ein wandfestes, undurchlässiges Gebilde, es wird *nicht* in Richtung auf Anpassung und Leistung sozialisiert, nur entbehren dann dort die Kinder eher des Schutzes vor dem Gewaltverhältnis der Eltern.

Übrigens könnte die größere Neigung des Arbeiters zur Prügelstrafe damit zusammenhängen, daß Gewähren und Strafverzicht für ihn Symbole des Besitzbürgers, Merkmale der ›Herren‹ sind; auch sie erwiese sich als Element eines nicht ausgetragenen Klassenkampfes.
Seine eigene Lebenserfahrung lehrt ihn, wie »gewaltlos« er abhängig gemacht und gehalten wird; Stile gewährenden Verhaltens, wo sie von Autoritäten ausgehen, sind ihm damit primär als Symbole seiner Unterwerfung zugänglich. Zugleich kann er sich den Luxus kaum leisten, Kindheit als ein Reich eigener Subjektivität anzuerkennen, ist ihm doch sein eigener Rechtsanspruch auf Subjektivität beschnitten.

EINE KONDITIONALGENETISCHE ANALYSE Wenn man, aus begründetem Unbehagen an kulturkritisch-wohlmeinenden oder ›law-and-order‹-Erklärungen für Kindesmißhandlung und Kindestötung, eine Analyse des Bedingunsgefüges der Tat, der ›Bedingungen der Möglichkeit von ...‹ versucht, so findet man – wie sich gezeigt hat – durchaus einen konditionalen Zusammenhang; dicht genug, um den Täter als das Ensemble seiner und unserer gesellschaftlichen Verhältnisse zu begreifen. Die Bedingungen tun nichts, aber die Tat wäre ohne sie nicht möglich. Haben wir etwa an die Stelle der Isolierung des Täters vom gesellschaftlichen Zusammenhang (1. Erklärung) nun eine Isolierung des Täters von seiner *Tat* eingeführt, und damit den Täter nur erneut vereinzelt und abgetrennt? Dieser Einwand gälte nur oder erst dann, wenn das handelnde Individuum *mehr* wäre als das Ensemble gesellschaftlicher Verhältnisse, die sich den einzelnen subsumieren, und wenn bei der Analyse der Tathandlung, der Situation, die Frage nach gesellschaftlichen Determinationen auf einen stärkeren *situationsspezifischen* Rest führen würde, der sich solcher Interpretation entzieht. Beides muß aber erst einmal geprüft werden.

Eine Bedingung der Tat wäre die Distanzierung der Subkultur ›Kindheit‹ von der Welt der Erwachsenen (Kap. I), deren ambivalenten Charakter wir beschrieben haben. Wir fanden andere Bedingungen sehr allgemeiner Art, die als Stimmungslagen, ›Großwetterlagen‹ in den Populationen wirksam werden. Seitdem ›technische‹ Ordnung, Regelung in den Verkehrsformen der bürgerlichen Gesellschaft vom Bewußtsein der einzelnen weitgehend unabhängig wurde (S. 33 f.), begünstigen solche Stimmungslagen die Verwirklichung bestimmter Verhaltensweisen und die Häufung kongruenter Reaktionen ebenso deutlich wie sie andere an der Realisierung und Verfestigung hindern. Ich erinnere an die Rigidität von Gruppen-Stereotypen (S. 80 f.). Eine übergeordnete Bedingung noch für den Mord am eigenen Kind (und für einige Aspekte der *Theorien*, mit denen man ihn erklärt) scheint uns jene Rückkehr roher Gewaltförmigkeit in den gesellschaftlichen Prozeß zu sein, die wir später anhand der Aimé Cesaire'schen These von der ›Verwilderung des Kontinents‹ näher beschreiben werden und deren allgemeinste Bedingung das Fortbestehen von Ausbeutung, d. h. die institutionalisierte Abweisung der Emanzipation der Arbeiterklasse ist.

Zum Teil resultiert die Bereitschaft, Kinder zu mißhandeln, aus Traditionen einer Landschaft, einer Nation; wie etwa die totalitären Aspekte der Erziehung und Aufzucht von Kindern in Deutschland, obwohl auch ein bestimmter Typus autoritären Verhaltens, als Innenseite der Neigung zu körperlichen Strafen, in Deutschland seine Tradition haben mag. Völker können unter Bedingungen des organisierten Kapitalismus ja sehr wohl kinderfreundlicher sein als die Bundesrepublik Deutschland (oder das neue Amerika), was mit solchen traditionalen Differenzierungen zusammenhängt. – Zum Teil bilden sich Stimmungslagen, die Gewalt gegenüber Kindern begünstigen, über kollektiv weit verbreiteten, individuellen Unsicherheiten aus, die letztlich durch divergierende Informationen, das Ausbleiben eines substantiellen Consens zustande kommen: Ich erinnere an die Bedeutung der verbreiteten Normen-Unruhe für das Problem, an die tendenzielle Anomie bei der Kindererziehung[45], die nur ein Aspekt der allgemeinen tendenziellen Anomie der Gesellschaft und der partiellen Assimilation der einzelnen an sie ist. Während nun gesamtgesellschaftliche Großwetterlagen und Stimmungen lediglich bestimmte Handlungen fördern, andere erschweren, führt uns die Desorientierung ganzer Populationen: der Verlust verbindlicher Regelsysteme und die *widersprüchliche* Information, die ihnen im sozialen Feld zugänglich wird, wesentlich näher an das Phänomen, das untersucht werden soll. Hier handelt es sich um Bedingungen, unter denen sinnvolles Handeln dazu tendiert, auf ein niedrigeres Niveau zu regredieren, es zersetzt sich in *Aggressivität,* soweit die Population nicht einfach passiviert wird und ihre Aktivität, bis auf wenige oberflächliche Interaktionen, einstellt; ein Ausweg aus der familialen Zwangslage.

Daß die Zeit, die Eltern mit ihren Kindern verbringen, namentlich in der Mittelklasse allem Anschein nach stark zurückgeht; positiv formuliert: daß Eltern wie Kinder Zeit und Raum erhalten, für sich selbst zu sein, Heranwachsende den Urlaub der Eltern nicht mehr teilen müssen, daß in den oberen Schichten des ›Mittelstandes‹ berufliche Arbeit sich immer stärker in die Privatsphäre ausdehnt, wollen wir als *Vermeidung* von Situationen interpretieren, für deren soziale Regulation verbindliche Maßstäbe fehlen und in denen divergente Informationssysteme sich aufdrängen. Auch hier verliert, infolge dieser (Kontakt-)Vermeidung, die Familie den Charakter der – relativ autonomen – Agentur der Gesellschaft, diese sozialisiert die Heranwachsenden wesentlich direkter. Die Schutz-Funktion der Familie schrumpft. ›Vermeidung‹ wäre dann eine andere Form der Aggression gegen das Kind.

Ein Blick auf die Konsequenzen ist nützlich. Die Strategie der Vermeidung hat ja vielfach und bei den Vätern *den* Effekt, daß sie ihrer Arbeitszeit, dem Beruf, und damit dem Verwertungsinteresse des Kapitals positiv zu Buch schlägt; wie sie andererseits – bei Müttern wie älteren Kindern – auch als Multiplikator für Situationen (out-door activities, Kauf als Ersatzbefriedigung, Stadtbummel, Besuch von Cafés usw.) wirkt, in denen konsumiert wird. Noch der ›getrennte Familienurlaub‹ tendiert letzten Endes zur Steigerung von Konsumraten. Insofern dienen Vermeidungsstrategien in den Familien dem Profit-Interesse. Da

---

45 Vgl. S. 86.

aber die Verteilung des wachsenden gesellschaftlichen Produkts aus systembedingten Gründen der Regel des ›Wer hat, dem wird gegeben‹ folgen *muß*, ersteres also die soziale Situation derer verschärft, die aufgrund ihrer Depravation nicht einmal mehr als industrielle Reservearmee funktionieren, sondern schlicht *out* sind, webt auch die ›Vermeidungsstrategie‹ vermittelt an der Perpetuierung der skizzierten Lage mit.

Vielleicht reicht die Strategie der Vermeidung weiter. Bekanntlich zeigt sich in vielen (Mittel- und Oberschicht-) Familien eine bemerkenswerte »positive« Schrei-Intoleranz, die auf dem Niveau bewußter Artikulation nur in Derivaten begegnet: etwa als der Vorsatz, dem Kleinkind repressive Situationen zu ersparen, und das Pflegeverhalten an *seinen* Bedürfnissen, nicht an irgendwelchen tradierten Pflegeregeln zu orientieren. Der Säugling wird genährt, wenn er schreit (nicht fünfmal am Tag zu gesetzten Zeiten), das Schreien des Kleinkindes wird sehr rasch mit Zuwendungen und Zärtlichkeit beantwortet. In anderen Familien wird dagegen sehr rasch zugeschlagen – unter Umständen brutal bis zum Totschlag.[46] Beiden so ungemein gegensätzlich imponierenden Verhaltensweisen könnte die Unfähigkeit gemeinsam sein, Schreien zu ertragen, soweit es sich um die eigenen Kinder handelt.[47] Es ist der Güte nicht immer anzusehen, inwieweit sie eine Reaktionsbildung auf tief verborgene Aggressionen darstellt; inwieweit einspringende Fürsorge feindselige Impulse in ihr Gegenteil verkehrt; inwieweit sie eigene Schuldgefühle und Strafängste eliminieren soll. Schrei-Intoleranz, die übrigens nicht ganz selten zur Überfütterung von Kleinstkindern beiträgt und dem noch unentwickelten Organismus das Erlernen von Rhythmus und Regel erschwert, *könnte* dort, wo sie zu gesteigerter Zuwendung und Anteilnahme führt, Teil einer Strategie sein, die alles vermeiden möchte, was – auf je verschiedenen Ebenen – an den Lastcharakter des Daseins und das verborgene Konfliktpotential der Familien und der Mütter erinnert.
Wir können den bis hierher skizzierten Tatbestand auch so ausdrücken: Solange es am Arbeitsplatz, in der Erwerbssphäre, noch rigide, hart, unterdrückend, jedenfalls überreglementiert zugeht, solange verfestigt sich auch das Bedürfnis der parzellierten, längst isolierten und zugleich abhängigen Individuen,

46 Wenn das Schreien des Kindes beim Schlafen oder beim Fernsehen stört.
47 Vgl., was fremde Kinder angeht, S. 103.

sehr enge, ausschließende, hoch emotionalisierte duale Bindungen einzugehen. Aber mit der Verfestigung dieser Partnerbeziehungen wächst zugleich die Unsicherheit der normativen Orientierungen (Kapitel I) und damit Aggressivität. Von der Effizienz ihrer ›Industrialisierung‹ leitet sich auch die wachsende Bedeutung der Massenkommunikation her, in der divergierende Informationen verschiedenen Typus zirkulieren. Die Entwicklung der warenproduzierenden Gesellschaft setzt mit dem Bedürfnis (nach dem »Nest«) zugleich die Bedingungen dafür, daß es nicht wirklich befriedigt, aber dem Interesse der Kapitalverwertung subsumiert werden kann.

Die sog. Selbstinformation einer Gesellschaft über sich – in der Regel dem Umstand zugeschrieben, daß immer mehr Resultate der empirischen Sozial- und Meinungsforschung veröffentlicht, multipliziert und vielen zugänglich werden – verliert in diesem Kontext ihre primäre informierende Qualität; sie bricht sich gleichsam im Medium der Suche nach neuen Identitäten einerseits und dem Bedürfnis, möglichst ohne Herausforderung der sozialen Kontrolle sich aneinander anzupassen, andererseits. Bisweilen mag gerade in der Selbstinformation über Sexualität das als Faktum dargebotene vorübergehend Funktionen einer beide Partner verpflichtenden sozialen Norm annehmen, der sie jedoch nur um den Preis des Bruches mit Gewohnheiten und anderen Resultaten unthematischer Lernprozesse folgen können. Hier bricht sich dann die Suche nach neuer Identität im Medium der normativen Kraft der Nachricht. Das sogenannte pluralistische Modell der Sozietät wird in breiten Bevölkerungsschichten nicht als *Toleranz* wirklich, sondern als *Verunsicherung*, die – nebst groben Bereichsbildungen des ›Zugelassenen‹ ohne Bildungswert – zur Feindseligkeit untereinander beiträgt.

Bedingungen wie: Parzellierung, Abhängigkeit, Angst, Entfremdung der Arbeit und Emotionalisierung der als Intimsphäre abgetrennten Familie machen letztlich die Basis dieses gesellschaftlichen Zustands aus; allerdings auch die Sozialtechnik der Vergesellschaftung, die es erreicht, den Individuen ein Bewußtsein ihrer wirklichen Lage zum fast Unzugänglichen zu machen. (Eine autoritäre oder klerikale Diktatur, die lediglich die Pluralität und Divergenz umlaufender Informationen und Normen verböte, sonst aber alles beim Alten läßt, wäre nicht weniger auf Feindseligkeit und Fügsamkeit gegründet.) Die ›Vermeidungs-Strategien‹ haben hier ihren systematischen Ort: Sicherung der Verschleierung in der Intimsphäre vor konflikthaltigen Situationen, in denen den Individuen ihre wahre Lage bewußt oder an denen die mutuelle Täuschung scheitern könnte.

Wir finden weiter Bedingungen gleichfalls noch allgemeiner Art, die ebenfalls als soziale und seelische Folgen struktureller, institutioneller Ordnung der gegenwärtigen Gesellschaft aufzufassen sind: Ich nenne die Bereitschaft zur Feindseligkeit in zwischenmenschlichen Beziehungen (etwa vom Typ des ›Egoismus‹, der Konkurrenz), ferner das Sich-Festklammern am privaten Klein-Eigentum – mit der Konsequenz der *Parzellierung* des Gemeinwesens in gegeneinander wenigstens indifferente Grüppchen und Individuen. Diese Bedingungen sind genetisch vom gesellschaftlichen Verhältnis des organisierten Kapitalismus abhängig und werden zum Teil von *Filiaturen* mit relativer Autonomie, wie der Rechtssphäre, stabilisiert.
Davon ableitbare Bedingungen schon speziellerer Beschaffenheit bringen Eltern in die Position des potentiellen Täters, Kinder in die Position des potentiellen Opfers. Aus der *Sphäre des Rechts* wäre hier das Elternrecht und seine Handhabung zu nennen, was Kontrollen durch öffentliche Einrichtungen erschwert; aus der *Sphäre der Interaktionen* die Tendenz der Nachbarn, fremde Kinder zum Instrument sozialer Kontrolle über die Eltern zu machen, im Verein mit der gewohnheitsmäßigen Auffassung fremder Wohnungen und Familien als undurchlässiger Parzelle, und aus der *Sphäre der Produktion* jene Spannungen und Belastungen, die – in freilich klassenmäßiger Verteilung – aus der allgemeinen, üblichen, durchschnittlichen Beschaffenheit des Berufs resultieren, noch nicht aus besonders *ungünstigen* Umständen; Spannungen, deren Abfuhr individuell kontrolliert werden muß. Hier soll dann der einzelne das bewältigen, was das Ganze ihm antut; Affektkontrolle der Individuen erscheint in diesem Zusammenhang als Einrichtung, die allgemeine Unvernunft gesellschaftlich ermöglicht. Wo das Kind zum Instrument sozialer Kontrolle über die Eltern wird, kann dann der ohnmächtige Haß gegen diesen Zusammenhang von moralischer Forderung dort, irrationalem Verhältnis hier gegen das Kind sich wenden. Also wären insbesondere Kinder bedroht, für deren Eltern vom Fetisch bürgerlicher Reputation alles abhängt, die deshalb gesteigert kontrollpflichtig sind, und die doch zugleich innerhalb des Kälteschattens von Konkurrenzsituationen, als Lohnabhängige, leben. Grausamkeit gegen Kinder erhielte hier den Charakter perverser Anpassung: ›quasi mimetisch wird reagiert im Modus des Stimulus‹[48].

48 Vgl. Brückner / Leithäuser / Kriesel, a. a. O.

Gleichfalls spezielle, ökologische, Bedingungen bilden die urbanen Lebens- und Wohnverhältnisse, wie häufig in Abhängigkeit von der sozioökonomischen Position der Familie: Kinder finden ungünstige Entwicklungsbedingungen vor und werden in die Position des ›Täters‹ gerückt, da ihre Aktivität zum Stein des Anstoßes werden muß. Ohnmächtige, schwache Täter werden das Opfer des ohnmächtigen Stärkeren.
Eine weitere, gleichfalls sehr spezielle Bedingung der Möglichkeit von Kindesmißhandlung erinnert eher an kulturell Definiertes, an eine freilich vom Bewußtsein abgelöste, automatisierte psychische Regulation. Ich meine die spannungsreiche Beziehung zwischen Eltern und Kindern, die sich aus der Distanzierung infolge residualer Sexualverdrängung, aus der durch verinnerlichte Kontrollzwänge bewirkten Fixierung an das Kind und der gleichwohl mehr oder weniger lebhaften und konstanten Zuneigung der Eltern ergibt. Das Kind, das geliebt wird, ist zudem in der Art von internalisierten Normen im psychischen System der Mutter repräsentiert: seine Existenz präokkupiert sie, fordert ständige innere Zuwendung auch bei räumlicher Distanz (»Was macht das Kind bloß jetzt?«)[49]; eine ständige innere Präsenz mit allen Merkmalen der Kontrolle, damit Quelle (wie Ausdruck) von Schuldgefühlen, welche die Mutter in ihrer Lebensführung und sozialen Entwicklung oft einschneidend behindern. Als Quelle von Schuldgefühl, als Präsentes im Range einer normativen Instanz wirkt das Kind in der Innerlichkeit der Mutter mit Anteilen des Über-Ichs (und mit äußeren Lebensbedingungen) zusammen, um sie *im Zaum zu halten.* Daß ihr das Kind emotional sehr nahe steht, sie jedoch auf unbewußter Distanz – mit dem Folgen verringerter Einfühlung – bestehen muß, kompliziert die durch übergeordnete Instanzen strukturierte Situation und macht sie schwer tragbar[50]. Häufig freilich ist die Mutter selbst das Opfer, gelegentlich der Vater; häufig auch das Kind. Wieder wäre daran zu erinnern, daß in den Medien der Massenkommunikation den einzelnen ein leidfreies Leben in Überfluß suggeriert wird; daß von *sinnvollem Verzicht* kaum noch gesprochen werden darf (es sei denn in rückständiger Absicht von Ewig-Gestrigen), obwohl ja

49 Auch in der Form von Kontrollzwängen: »Sieh nach, was dein kleiner Bruder macht, und sag' ihm, er darf's nicht!«
50 Vgl. S. 85.

Verzichte jederzeit geleistet werden müssen. Jedes Kind fordert sie von der Mutter. Die Haltung vieler Eltern, die ihre Zuneigung an Kinder als Belohnung für Lustverzichte geben, ein Stück Tauschverkehr, ohne doch Verzicht selbst noch vom Kinde zu fordern, gerät auf diesem Hintergrund in tiefe Zweideutigkeit.

Es ist in diesem Zusammenhange sehr bemerkenswert, daß unter den Bedingungen, die sexuelle Vergehen an Kindern zu wirklichen Schädigungen der Kinder machen, das Verhalten der Richter, der Vernehmungsbeamten – und der *Eltern* eine bedeutende Rolle spielt. Das Kind *muß* gleichsam Folgeschäden entwickeln, damit es die Entrüstung der Eltern über das Vergehen und ihre These von dessen Gefahr verifiziert. Dahinter mag stehen – auch hinter der rüden Befragungstechnik mancher Richter, daß das sexuell aggreddierte Kind insgeheim doch als ein Mitschuldiger betrachtet wird. War es nicht ein *cooperative victim?* Wir kennen aus der Vorurteilsforschung eine archaische Berührungshypothese: wer in Kontakt mit dem Bösen einmal geraten war, ist selbst böse geworden, hat etwas vom ›Schmutz‹ an sich und in sich behalten. Im Gestrüpp von Vorurteilen, von verborgenen, wahnhaften Einstellungs-Bereitschaften und verinnerlichter sozialer Kontrolle wird auch hier ein Stück Feindseligkeit konformistisch und konformierend wirksam.

Auf einer ganz anderen Ebene der Analyse: der Frage nach erworbenen Mustern aggressiver Vollzüge, stießen wir auf kulturspezifische Mechanismen, welche die Abfuhr akkumulierter Feindseligkeit regeln; ich erinnere an ›Sündenbock‹-Suche, an extrapunitives Verhalten und an die sogenannte Radfahrer-Reaktion; ferner an die Tatsache, daß in der Situation vieler Kinder jeweils Momente erkennbar wurden, die sie in den Bereich der spezifischen Auslöser für erworbene Abfuhr-Mechanismen bringen: Sie sind noch nicht ›wie Unsereiner‹; sind eine eigene Subkultur (Kap. I), sie äußern oder fordern, ja tun, was die Eltern selbst sich lange schon verbieten; sie sind Störobjekte für den, der selbst unter nicht abzuwehrendem Situationsdruck außer Haus steht.
Das Possessiv-Verhältnis, ›mein‹ und ›eigen‹, scheint die Situation der Kinder eher zu verschlechtern. Das *fremde* Kind, als ein Stück Besitz, daß eben *nicht* mir gehört, ist durch die eherne Grenze des Privateigentums und der tabu-artig respektierten Grenze der Familien-Parzelle meinem Zugriff entrückt, das ›eigene‹ ist *als* Privateigentum dem Eigentümer gerade ausgeliefert. In der Tat ist die Zahl der Kinder, die fremden Tätern zum Opfer

fallen, viel geringer als die Zahl derjenigen, die unter der Gewalt ihrer Väter und Mütter starben: den 90 ›eigenen‹ Kindern des einzigen Jahres 1965 standen 71 von Fremden getötete Kinder in den fünf Jahren 1961–1965 gegenüber; eine Ziffer, die heute wohl gesunken ist, während die Anzahl der von den Eltern getöteten Kinder anstieg.

Obwohl so viele Bedingungen der Möglichkeit für die Tötung des eigenen Kindes und für Kindesmißhandlung nachweisbar sind, soll die Frage nach den je konkreten Umständen der Tat und nach den Merkmalen oder Motiven der Täter dennoch gestellt werden. Nach den empirischen Daten, die ich im Zusammenhang mit der 1. Erklärung nannte: Asoziale, Debile, Randständige als Täter, liegt es der Sozialforschung nahe, eine individuelle Bedingung in der Unfähigkeit zu suchen, Frustration, Mangel und Erregung sprachlich, symbolisch zu bewältigen. Der Rückgriff auf motorische Aktionsmuster, die ungesteuerte Entladung verweist ferner auf ein ungünstiges Verhältnis von verinnerlichter Moral einerseits, äußerer negativer Sanktion in der Steuerung des individuellen Verhaltens andererseits. Wo letztere nicht mehr wirksam wird: etwa in der kontroll-armen, familiären Parzelle, zeigt sich die Schwäche der Internalisierung. Gerade *diese* Merkmale, die für viele der entdeckten und bestraften Täter ja wirklich zutreffen, sind – wie situative Bedingungen: Enge der Wohnung, Isolierung, psychophysische Abnutzung und irreguläres Verhalten der Kinder – eindeutig *klassenspezifisch* verteilt und können daher nicht zu ›individuellen‹ Merkmalen gemacht werden.

Wo Kinder den standards unserer Gesellschaft gar nicht mehr unterworfen werden, die Konsumgesellschaft sie sich nicht unvermittelt subsumieren kann, weil die Kinder mit ihren Familien ghetto-artig isoliert sind, dort mangelt es ihnen an zureichendem Schutz vor dem Gewaltverhältnis, das aus der psychophysischen Distanz zwischen Macht und Ohnmacht fließt. Wo dagegen ihr Schutz vor dem Gewaltverhältnis optimiert wird, in der ›permissiven‹, gewährenden Erziehung, werden die Kinder direkt und umfassend vergesellschaftet. Im Bereich der permissiven, gewährenden, ja selbst mancher ›anti-autoritären‹ Umgangsstile fehlt dem Heranwachsenden jede Immunisierung gegen gesellschaftliche Imperative, weil es an den eigenen Eltern Widerstand nicht erlernen, nicht einüben konnte; im anderen Falle: ghetto-artige Isolierung der Familie aus der sogenannten Überfluß-Gesellschaft, fällt die Verfestigung des ›psychisch und kulturell Definierten‹ bei den Eltern aus, was die Gefahr aggressiver Entladungen begünstigt. Indessen bietet nur *die* Familie aus begünstigteren Klassen dem Kinde ausreichend Schutz vor Gewaltförmigkeit, die jener oben erörterten Strategie der *Vermeidung* folgt, was die Kinder gesellschaftlichen Einflüssen direkt ausliefert; andernfalls können soziopsychische Komplikationen gleichfalls zu Grausamkeit gegen Kinder führen. In zu vielen Familien wird die Hauptsache ihres allgemeinen Unglücks: der Widerspruch zwischen Nähe und Bedürfnis-Befriedigung einerseits, der wechselseitigen Kontrolle andererseits, zwischen Zuwendungs-Bereitschaft und der Unterwerfung unter soziale Normensysteme zur verleugneten Nebensache, dagegen die Nebensache: ein Stück Schutz vor ›draußen‹ zu finden, ein Stück Klein-Eigentum zu haben, an das man sich in Zeiten aufsteigenden Unbehagens klammern kann, wird zur artikulierten Hauptsache.

Aber die *Person* des Täters, was hätte Psychologie denn nun zu ihm genauer zu sagen? Daß es in der Tat rare Ereignisse im Bereich der Grausamkeit gegen Kinder geben mag, die sich aus der spezifischen Struktur einer bestimmten Person erklären ließen; daß wir aber nur eine Grundwahrheit unserer Gesellschaft aussprechen, wenn wir sagen, daß jeder Täter austauschbar, daß jeder ersetzbar ist, *daß es auf den einzelnen nicht mehr ankommt.*

III Gewalt in der Sozialisation (2) – Zur Situation der Familie

VORBEMERKUNG Daß es in den Familien nicht mehr mit rechten Dingen zugeht, jedenfalls wenn man sie an der Familien-Ideologie unserer Gesellschaft bemißt, enthüllte schon die Statistik der intrafamilialen Gewalt. Ich habe nun nicht die Absicht, eine auch nur einigermaßen umfassende Analyse der gegenwärtigen Situation der Familie zu versuchen, sondern beschränke mich auf einige für den Gang der Untersuchung bedeutsame Momente, die in der Regel der Aufmerksamkeit vieler entgehen: die Entwicklungsgeschichte der Aggression, unabtrennbar von der Dialektik der Eigentums-Verhältnisse und von der Gewaltförmigkeit der Sozialisation auch dort, wo Gewalt latent bleibt; die Rolle der Frau in Gesellschaft und Familie, deren Emanzipation die conditio sine qua non für die Humanisierung zwischenmenschlicher Beziehungen darstellt, und die doch im institutionellen Rahmen durchschnittlicher Familien nicht stattfinden wird. Stärker an den Verhältnissen in der *Mittelschicht* orientiert, hebe ich auch damit neue, innerhalb des gesellschaftlichen Prozesses wirksame Momente der tendenziellen Anomie und Dissozialität des gegenwärtigen sozialen Zustands hervor.[1]

ENTWICKLUNGSGESCHICHTE DER AGGRESSION

Die Bedürfnisse des neugeborenen Kindes verweisen es von den ersten Lebensäußerungen an auf ein Nicht-Ich, auf Umwelt, ›Welt‹. Welt erscheint als Inbegriff aller Mittel, Bedürfnisse zu befriedigen, aber zugleich auch als der Inbegriff von Hindernissen, die das Erreichen und Konsumieren des Mittels erschweren. (1) Objekte, die der Befriedigung dienen, können durch Barrieren vom bedürfenden Subjekt getrennt sein,

1 Revelant insbesondere für die Motivation des studentischen Protests (Teil II).

zun … nur durch *äußere*: ein Apfel liegt hinter Gitterstäben, ein … of unter der Decke, eine Puppe hinter'm Sofa. (2) Objekt… im Zuge der Befriedigungshandlung an einen anderen Ort … acht werden müssen, setzen diesem Versuch ihre Schwere o… hr Befestigtsein entgegen. (3) Objekte können sich dem Zug… des Bedürfens auch aktiv entziehen – die Mutter, wenn sie si… bwendet oder zurückweicht. (4) Objekte können hinter *inne*… Barrieren dem Zugriff des Bedürfens entzogen sein: den … f nach vielem erschwert oder verbietet das Über-Ich. Für das … d in unserer Zivilisation sind sehr viele Objekte, auch wenn … dem Maße biologischer Reife nach erreichbar wären, aus … nden von Geschichte und Gesellschaft nur über Schranken … d Widerstände hinweg zugänglich – schließlich sind die … terstäbe des Spielfeldes nicht weniger gesellschaftlich prod… ert als das Über-Ich: Binnenstrukturen des ›Reservats‹ (Kap. …). Die Wucht seiner darauf antwortenden, freilegenden, … indernisse beiseite räumenden, Masse überwindenden Hand… ns bemißt sich einerseits nach der Dichte und Festigkeit der B…rieren, andererseits nach der Dringlichkeit des Bedürfnisses. Von wann ab und innerhalb welcher Handlungsstrukturen Erwachsene solches (klein-)kindliches Verhalten oder auch ihr reaktives eigenes als *aggressiv* bezeichnen, ist kulturell vorgegeben: erst indem sich das Verhalten, welches Hindernisse beseitigt, im Medium von Thesis, Sitte, Gewohnheit bricht, wird es ›aggressiv‹. Selbstverständnis wird über soziale Interaktion vermittelt: zu lernen, daß bestimmte Verhaltensweisen als ›aggressive‹ auf Tadel stoßen, ja, daß sie überhaupt recht undifferenziert als aggressive bezeichnet und mit Sanktionen versehen werden, greift in das Selbstverständnis des Kindes und damit in seine zentralen Lebensprozesse ein.

Es wäre zu ergänzen, daß an dieser ›Aggressivität‹, die sich an den Widerständen der Befriedigungs-Objekte bildet, neben dem Aspekt der Freilegung, der Zerkleinerung usw. noch ein zweiter abzuheben wäre: Aggressivität funktioniert nach der Innenseite des bedürfenden Individuums, wo es auf Barrieren stößt, als Spannungsregler, als ›Ventil‹. Auch die Spannungsregelung stößt häufig auf Sanktionen der Mitwelt.

Die Welt des Kindes, Inbegriff aller Mittel zur Bedürfnisbefriedigung, ist, wovon bezeichnenderweise selten die Rede ist, in den Verhältnissen der Dinge und Menschen nach bestimmten possessiven Weisen geordnet: ›meine‹ Dinge sind anders als ›deine‹,

der Stuhl des Vaters ein anderer als der der Mutter, insofern sie unterschiedlichen Regeln des Zugriffs oder Zugangs unterliegen. *Besitzverhältnisse, von Anfang an in Macht-Ohnmacht-Strukturen verflochten, konstituieren die sinnlich erfahrene Welt. Wer sie akzeptiert hat, akzeptiert auch Herrschaft.* Die Strukturierung des Erscheinenden durch Possessiv-Pronomina – anders als Masse, Festigkeit, Befestigung, äußere Barrieren usw. ist mystisch: sie sind keine phänomenalen Daten am Objekt, Eigentumsverhältnisse sind weitgehend abstrakte, unsichtbare, nirgends sich sinnlich zeigende Merkmale der gegenständlichen Welt. ›Mein‹ und ›Dein‹ erschließt sich dem Heranwachsenden über Sprachlaut und vielfältige Formen von Lohn und Strafe als ein transzendentales Etwas höchster Bedeutsamkeit. Eine der für unsere Gesellschaften so zentrale Gegenstands-Kategorie wie die des Eigentums bleibt in der Regel unanschaulich.
Daß Objekte nicht nur durch sinnlich objektivierbare, anschauliche, greif- und sichtbare Merkmale Widerstand leisten, wenn sie gegriffen, ›konsumiert‹, angeeignet werden sollen – hier können Welt und bedürfendes Individuum handelnd verändert werden –, sondern durch ein mystisches Datum: weil sie irgendjemandes Besitz sind – was sich *nicht* aktiv soll ändern lassen, sondern Unterwerfung oder Verzicht verlangt –, muß die Situation des lernenden Kindes zusätzlich komplizieren. Schichtspezifische Differenzen wären anzumerken: Für Kinder der Unterschicht wird zeitig ein Kognitives, Erkennbarkeit, Wißbarkeit an ein Konatives: Habbarsein, besitzbar, konsumierbar sein gebunden. Das Arbeiterkind, das nach glänzenden Waren greift und zugleich fragt: »Was ist das?« erhält von der Mutter die Antwort: »Das ist *nichts*«; mit dem Zusatz: »Das ist nichts für Dich«.
Daß in die bisher beschriebenen Formen von reaktiver Aggressivität konstitutionelle, biologische Momente mit eingehen, ist unbestreitbar. Aber alle spontanen, nicht reaktiven motorischen Äußerungsformen, triebhafte biologische Komponenten von Aggressivität, gehen im Laufe der kindlichen Entwicklung sehr bald in spezialisierten Handlungs-Einheiten auf. Sie geraten im Prozeß der Zentralisierung und Differenzierung gleichsam instrumentell unter wechselnde und übergeordnete Ich-Umwelt-Beziehungen. Die konstitutionelle, nichthistorische Komponente gibt ihre Selbständigkeit auf, wird Aggregat. Die Frage ihres angeborenen Anteils ist daher für das Studium

menschlicher Aggressivität recht unwichtig. Jene destruktive Feindseligkeit, von der in dieser Untersuchung vielfach gesprochen wird: reichend bis hin zur Lust daran, andere zu quälen, ist späten, nie biologischen Ursprungs; sie wird durch die immanenten Herrschafts-, Kontroll- und Anpassungszwänge der Sozialisation und ihrer Agenten eingeleitet und mit dem ersten Schritt des Kindes in die extrafamiliale Gesellschaft als dunkle Alternative insgeheim präsentiert.

Auch hier wären klassen- und schichtspezifische Differenzen zu beachten. Das Kind in der sozialen Unterschicht lernt die Verknüpfung von *Haben* und *Kognition – Besitzgrenzen sind Lerngrenzen.* Neugier beschränkt sich auf Dingliches, auf Anfaß-, auf Konsumierbares. Der Diebstahl ist eine der ihrer Bedeutung und Herkunft nicht bewußten Techniken, die Borniertheit des kognitiven Horizonts aufzusprengen. Kinder der Mittelschichten lernen dagegen eine Verknüpfung von *Haben* und *Leistungsmotivation:* Besitzgrenzen sind durch akzeptierte Leistungen verschiebbar.

Man muß einräumen, daß auch die Erwachsenen diese Generalisierung des Possessiv-Pronomens vor nicht zu langer Zeit erst unter nachdrücklicher äußerer Repression erlernen mußten[2], und daß die Grenzen, bis zu denen das Tabu gewordene Eigentumsverhältnis sich erstreckt, immer gewissen Schwankungen unterliegen. Die Zunahme an Ladendiebstählen, seitdem moderne Formen des Waren-Angebots der Aufforderung zum Zugriff frühere Schranken vor der Ware geopfert haben, demonstriert, daß jenes Tabu labilisierbar bleibt. Dennoch führt in den Familien der Gegenwart, die kaum schon ihre Habe als ein gemeinsames frei nutzbares Eigentum ansehen, an dem partizipiert, wer ihr Leben teilt, und die auf dem Erlernen des Unterschieds von ›Mein‹ und ›Dein‹ bestehen, solche Lockerungen der Eigentumsgrenzen höchstens zur Doppelmoral oder zum verborgenen Riß in der normativen Orientierung ihrer Sozialisation.

DIALEKTIK DER BESITZVERHÄLTNISSE Mein und Dein, ›Besitz‹ wurde in langen kollektiven Lernprozessen wie die Zweite Natur alles gegenständlich Erfahrbaren: alles gehört

2 Vgl. »Debatten über das Holzdiebstahlgesetz«, K. Marx, Werke I, S. 109 ff.

jemandem, das Haus, der Laden, der Weg, der zu ihm führt, selbst der Baum an der Straße. Und dies alles ist weitgehend unreflektiert, vorprädikativ geworden. Die Entwicklungsgeschichte der Aggression bleibt ohne Berücksichtigung dieser schon präreflexiven Beanspruchung der dinglichen und menschlichen Welt durch Eigentumsverhältnisse, an denen das Individuum sich stößt, unverständlich.

Wir dürfen aber Eigentum gegenwärtig nicht mehr unter dem Aspekt betrachten, daß es die Welt ›vermenschlicht‹ oder daß es den Eigentümer in den Stand setzt, andere zu kontrollieren, in der Sprache bourgeoiser Ideologie: daß Eigentum ihm ›Freiheit‹, einräumt, denn dies gilt nur für das große, den vielen ewig unerreichbare Eigentum. Vielmehr dient gerade das Eigentum der Lohnabhängigen gesellschaftlich dazu, den *Eigentümer* zu kontrollieren. Mittels seiner Habe, von der Wohnungseinrichtung bis zum Einfamilien-Haus wird er abhängig gemacht; sein Leben gerinnt, Geschichte wird stationär. Das Privateigentum vermag dies über den Lohnabhängigen, daß er sich zähe jedem Impuls zur Veränderung, zum Protest wird widersetzen müssen, daß er sich bei aufsteigendem Unbehagen an seiner Lage am Besitz festklammert, daß er über seine wahren Bedürfnisse sich täuscht.

Die Dialektik des Eigentums, das für die lohnabhängigen Massen zugleich eine Bedingung ihrer Emanzipation und die Bedingung ihrer lebenslänglichen Unfreiheit ist; ein Stück Sicherung gegen die Unberechenbarkeit des ökonomischen Schicksals, Ausdruck partieller Unabhängigkeit und zugleich die Stelle, an der sie im organisierten Kapitalismus individuell kontrollierbar werden, erfahren die Kinder in unseren Familien früh. Kinder lernen bewußtseinsnahe, wie sehr der unbeschränkte Umgang mit Objekten, der so viele Verhaltensweisen, Fähigkeiten und Emotionen anregt und fördert, der sie beglückt – davon abhängt, daß man diese Objekte als Eigentum *besitzt:* erst *meine* Puppe ist wirklich glücksgewährend. Mit dieser schönen Eigenschaft des Possessivverhältnisses tritt zugleich das Leid in das kindliche Leben: die Eltern können es nur mit jener Puppe kontrollieren, die wirklich die seine ist (»Erst wenn Du brav wirst, darfst Du wieder mit ihr spielen ...«), andere Kinder drohen, sie ihr wegzunehmen; die Puppe zwingt zu Mißtrauen, Wachsamkeit, Eigentumsverhältnisse zerstören Solidarität; andererseits entdeckt das Kind, daß es versuchsweise selbst Kontrollfunktionen über andere ausüben kann (»Du darfst nur mit meiner Puppe spielen, wenn Du ...«). Auch entzündet sich an den Objekten der kindlichen Welt erst durch das allgegenwärtige Possessivverhältnis die Instrumentalisierung der Objekte für Rivalität, Konkurrenz. Insofern stiftet die Dialektik des Eigentums zeitig zwischenmenschliche Feindseligkeit. Im Reservat der ›glücklichen Kindheit‹ wird der Modus späterer Integration auch damit wirksam vorbereitet.

GEWALTFÖRMIGKEIT UND SOZIALISATION Zwar schaffen erst Sprache, Sitte, Erziehung menschliche Heimat, aber die Vorgehensweise durchschnittlicher Aufzuchtspraxis ist so, daß der Mensch von Anfang an ein sozial vergewaltigtes Wesen ist, und nicht nur im Hinblick auf Eigentum und Aggression. Das wahre apriori der bürgerlichen Kultur ist Repression.[3] Die zunehmende Umklammerung des individuellen Daseins beginnt früh, und beängstigend. Nicht nur empfindet das Kind die in den Erziehungs- und Aufzuchtspraktiken tief verwurzelten Strafprozeduren mit wenig gemilderter Todesangst: überhaupt führt die totale Abhängigkeit gerade des Kleinstkindes von der Zuwendung der Erwachsenen zu traumatisierenden Erfahrungen, weil eine komplette Verzahnung von Bedürfnis und Befriedigung nicht möglich ist und bei noch nicht erworbener Frustrationstoleranz jeder vorübergehende Hungerzustand dem Säugling zur vitalen Katastrophe gerät. So beginnt's und wäre später zu heilen. Das Vertrauen des gestillten Kindes stößt sich jedoch immer wieder an der Ahnung gewaltsamer vitaler Bedrohung, solange ungenügend versteckte Gewalttätigkeit und achtlose Selbstbezogenheit der Erwachsenen noch zur wirklichen oder imaginierten Gefahrenquelle werden. Herrschaft ist erkennbar als Drohung der Anwendung physischer Gewalt, die als letzte Steigerungsform das Töten ebensosehr einschließt wie unbewußt vorwegnimmt.[4] Vernichtung als allgegenwärtiges Prinzip sozialer Beziehungen, eine Quelle der Deformation der Eltern, strahlt ein auf jedes Neugeborene und wird von diesem später reproduziert. Gewiß geben Eltern dem Kind *Liebe;* aber mit ihr, diesem Lohn für Wohlverhalten, tritt alsbald die negative

3 P. Brückner, Die Transformation des demokratischen Bewußtseins, a. a. O., Frankfurt 1968.

4 Vgl. Brückner/Leithäuser/Kriesel, Psychoanalyse, Frankfurt 1969, S. 44 ff.

Sanktion in die Geschichte des Individuums ein. Wenn es wider den herrschenden Lebensstil, wider soziale Normen und sittliche Orientierungen oder auch einfach gegen Erwartungen verstößt (oder zu verstoßen scheint), erfährt es mit dem Entzug der Zuwendung mit einem Male tiefe Hilflosigkeit, Abhängigkeit und Elend. Akzeptiertwerden (von Vater und Mutter) ist nur deshalb Lohn, weil es als Strafe das Nichtakzeptiertwerden gibt. Es ist ja die gleiche Hand, die uns liebevoll streichelt oder uns ins Gesicht schlägt, uns der Verzweiflung überlassend. Nicht nur der soziale Verkehr in der Integrations-Gesellschaft, auch Erziehung und Sozialisation haben die permanente Kriegsdrohung zu ihrem verborgenen Kern.

DER INSTITUTIONELLE BEZUGSRAHMEN FÜR SOZIALISATION Der institutionelle Rahmen für Sozialisation: die Familie, kann zu ihrer eigenen – in der Ideologie längst geleisteten – Humanisierung wenig beitragen, obgleich es Güte, Zuneigung gewiß auch gibt.[5] Partikularisierung, Parzellierung, Isolierung des Menschen in der kapitalistischen Gesellschaft und ihr Fundus an zwischenmenschlicher Feindseligkeit reproduzieren sich zu prägnant in *der* sozialen Organisation, in der zugleich zu viel Nähe herrscht. Da fordern sich die Beteiligten zwanghaft Anpassung aneinander ab (oder beginnen, Kontakte zu vermeiden), was sich mit Feindseligkeit paart, die wiederum unter dem Prinzip des ›Nests‹, der ›Idylle‹ verdrängt werden muß; wer wen nicht ausstehen kann, wird vielfältig verschleiert. Da entwickelt sich Duldsamkeit gegenüber den Kindern, die von Schwäche, Verunsicherung, Desorientiertheit, selbst von mangelndem emotionalen Interesse, dieser Erscheinung verbreiteter Frustration, motiviert wird, und nicht nur von Zuneigung oder Einsicht.[6] Das »feine und unmerkliche Gewebe von tausend banalen Umständen, von tausend trüben Einzelheiten«, das hinter dem Rücken der Individuen ihre Beziehung durchwuchert,[7] kann für die Menschen zur bloßen Nebensache, zum kaum Bemerkten werden, deren Glück in ihm erstickt. Gar der Aus-

---

5 Aber einzelne Individuen können das nicht abwenden, was das Verhängnis aller ist.
6 Vgl. Kap. II, S. 86 f.
7 G. Flaubert, Briefe an die Geliebte, Stuttgart, o. J. (ausgewählt und übersetzt von G. H. Müller), S. 74.

tausch von Zärtlichkeit, von Vertrauen findet am nicht vermittelten Ausschluß der elterlichen sexuellen Beziehungen aus dem gemeinsamen familialen Bewußtsein und Handlungsraum der Familie eine eherne Grenze.

Überhaupt wird der Austausch von Zärtlichkeiten in jüngster Zeit eher seltener: trotz aller Illustriertenpropaganda faßt man sich in Familien nicht mehr oft an. Entgegen anderslautenden optimistischen Thesen konserviert sich in den Familien der Gegenwart zudem ein aggressionsförderndes Revierdenken, wie es sich additiv aus Arbeitsteilung, sozialer Rolle und Privateigentum ergibt.[8] Während Väter und Mütter ihre jeweils verteidigten Reviere wahren, stehen die Lebensgelände der Kinder dem Zugriff der Eltern permanent offen;[9] ein von wenigen durchschautes, terroristisches Moment familialer Lebensordnung.

Während die außerhalb der Familie stehenden Funktionsbereiche der Gesellschaft versachlicht, durchrationalisiert werden, weil sie der Kapitalverwertung und der verwaltenden Kontrolle sozialen Lebens dienen, unterliegen Familien einer Emotionalisierung[10], die – obwohl als Signatur des Privaten und Menschlichen aufgefaßt und daher blind angestrebt – nicht weniger belastet als die Zweckrationalität ›draußen‹, die keiner als Modus von Entfremdung und Profitinteresse durchschaut. Der familialistischen Orientierung entspricht fast nichts mehr in der anderen Welt[11] – dies gilt nicht nur für Mittelschicht und Oberklasse. Wo immer wir Strukturen, Subsysteme, Mikro-Einheiten dieser Gesellschaft analysieren: wir stoßen auf jene tendenzielle Anomie, die uns schon mehrfach beschäftigt hat. Die Parzellierung, Isolierung der einzelnen setzt sich unter dem emotionalen Band der Ehe fort: Männer wie Frauen hoffen, in der Ehe der relativen Isolierung (am Arbeitsplatz, in der Nachbarschaft, *in der Welt*), der Anonymität sozialer Kontakte, der sich verbreitenden Neutralität, Indifferenz oder Gleichgültigkeit gegeneinander durch Isolierung in der Kleinstgruppe zu entgehen; doch in ihr wird verfestigt, was der einzelne zu fliehen trachtet – Isolierung bei allseitiger Abhängigkeit. Noch die For-

---

8 Wie z. B. die Küche selbst bei Frauen, die Mithilfe der Kinder und des Ehemannes (oder der Gäste) in Anspruch nehmen; aber auch: Schreibtische, Bücherschränke, usw.

9 Schließlich muß man ›auf Ordnung sehen‹ – in den Zimmern, den Schränken, den Schultaschen, den Mänteln der Kinder.

10 Vgl. Kap. I.

11 Fr. Neidhardt, a. a. O.

men, in denen Menschen die Befriedigung sexueller und emotioneller Bedürfnisse organisieren, kehren sich wider sie und stiften neue Abhängigkeiten; in ihren Folgen ein hoher Preis für Befriedigung, die selten auf Dauer zustande kommt. Schließlich überwuchern die Prinzipien der Erwerbssphäre – als auch innerseelisch repräsentierte – langsam, jedoch unaufhaltsam des ›Privatleben‹. Da die Gesellschaft »und speziell die bürgerliche auf Grund ihrer Strukturgesetzlichkeiten eine krasse Trennung zwischen dem öffentlichen und privaten Lebensbereich ihrer Mitglieder aufgerichtet hat, zwingt sie den einzelnen zu einem ständigen Pendeln zwischen beiden Bereichen und damit auch zu einer Verinnerlichung dieser Trennung, d. h. zur Ausbildung entsprechender psychischer Instanzen, in denen getrennt das Öffentliche und das Private repräsentiert sind. Gleichzeitig aber wirkt das gesellschaftlich notwendige Streben des einzelnen nach Identität, nach einem fest geschlossenen Persönlichkeitskern, nach einer einheitlichen Bewußtseinsstruktur dieser verinnerlichten Trennung wieder entgegen. (...) Da nun die Grundlage der Existenz die Arbeit ist, und zwar die Arbeit im *gesellschaftlichen* Rahmen, ist zu erwarten, daß auf die Dauer *die* Gefühle und Eigenschaften, die für einen erfolgreichen Daseinskampf am Arbeitsplatz »kultiviert« werden müssen, die also das öffentliche Leben bestimmen und als solche schon rein zeitlich dominieren, die Oberhand über die Regungen des Privaten gewinnen. (....) Diese allgemeine Gesetzmäßigkeit des psychischen Haushalts der Individuen spiegelt sich wider in der von jeder Generation neu gemachten Erfahrung, daß die Erwartungen und Vorstellungen von der Ehe als Insel des Glücks, als »Idealgemeinschaft en miniature«, sich regelmäßig bei der Konfrontation mit der Realität in Enttäuschung auflösen.«[12]

Jeder Versuch, unausbleibliche Konflikte menschlich zu bewältigen, Enttäuschungen gemeinsam zu überwinden, dem Effekt der Emotionalisierung und Übernähe: dem Absterben des mitmenschlichen Kontakts, zu entgehen, verstärkt unter diesen Bedingungen aggressive und destruktive Impulse. Die sexuellen Beziehungen, mit den sozialen und seelischen verfilzt, zugleich von Verdinglichung, Leistungszwang, Konsumtion beansprucht, werden gleichfalls konfliktreich, schließlich unbefrie-

12 H. Ritter, a. a. O.

digend. »Man begegnet sich nur, indem man zusammenstößt – und jeder, in den Händen die zerrissenen Eingeweide tragend, klagt den anderen an, der die seinen zusammenrafft.«[13]
Wer seine Arbeitskraft zu den Preisen der Unternehmen verkauft, und dies darüber vergißt, daß er meint, nun, mit dem ersten Lohnempfang endlich ›erwachsen‹ zu sein, Zutritt zu den Riten der Gesellschaft zu finden (oder einfach zu tun, was sich gehört), oder gar denkt, ›sich selbst zu realisieren‹; wer sich je an seinem Ort im Produktionsprozeß sozialfunktional verhält, der organisiert auch seine *Familie* als einen Konsumverband, der alle Produkte, die er nie mehr als Resultate *seiner* Tätigkeit wiedererkennt, zu Marktpreisen dem Handel entnimmt. Die allseitige Abhängigkeit und Fremdbestimmung der so organisierten Einzelnen läßt sie selten auf den Gedanken kommen, den sie doch haben könnten: daß Produktion, Distribution, Konsum als Lebens-Entäußerung eines kooperierenden Kollektivs *seiner* Bedürfnisbefriedigung dienen und *ihm* pflichtig sind; zu übermächtig ist der verselbständigte (Ausbeutungs-) Apparat, der längst die Individuen zu seiner Bedienung vereinnahmt. Die für die einzelnen sehr definitive Trennung von Familie und Privatsphäre hier, Arbeit und Öffentlichkeit dort, läßt das System allseitiger Abhängigkeiten unerkennbar und unangreifbar erscheinen.[14] Die kumulierende Enttäuschung, als welche sich die Lebensgeschichte eines jeden in ihrer Nachtseite darstellt, geht in Bereitschaften zur Destruktion, zur zwischenmenschlichen Feindseligkeit, zu suicidalen oder homocidalen Tendenzen ein, in denen seine Kultur, zu der affirmativ sich zu verhalten er zeitig gelernt hat, sich zerstört. Fügsamkeit resultiert nicht zuletzt aus der Übermacht des Apparats, der fast jeden immer nur zu seiner Wartung freisetzt. Sie hat ihren kognitiven Aspekt: die Lebensverhältnisse sind nicht mehr durchschaubar. Selbst dort, wo – in der Arbeiterklasse – jene Fügsamkeit sich längst relativiert, lockert, wo es spürbar wird, *daß* Arbeiter der bürgerlichen Gesellschaft nie voll zu assimilieren sind, befaßt dann das sich neu konstituierende Klassenbewußtsein immer

13 G. Flaubert, a. a. O., S. 116.

14 Jüngste Beobachtungen, etwa bei Mieterstreiks, zeigen, daß dann, wenn der Gesamtzusammenhang plötzlich greifbar, als ›Ahnung‹ auch artikulierbar wird, die Individuen darauf mit regressiver Abwehr antworten; bestenfalls mit einem irrationalen Radikalismus, der nicht durchgestanden werden kann. – Auch auf die Abwehr von aufsteigendem *Klassenbewußtsein* sind wir schon gestoßen (S. 53): Gesellschaft *in uns*.

weniger unter sich, als es müßte (S. 36). Das Verhältnis der Familie ist in allen Klassen und Schichtungen der Population vor dem klassenanalytischen und -politischen Zugang geschützt: als Raum für Freizeit, Hobby, Nestwärme oder Konsum hat es sich nach dem Prinzip des Wetterhäuschens von der Produktionssphäre scheinbar losgerissen.

Raum für Entwicklung? Selbst wo in Theorien der Sozialisation und der Entwicklungspsychologie inhaltlich etwas von dem aufgenommen worden sein sollte, was ich eben skizziert habe, scheint die These, das Leben in der Familie sei der Raum für menschliche Entwicklung (des Neugeborenen) nach wie vor zu gelten. Die Idee von ›Entwicklung‹ wird aber nur darum scheinbar zu recht auf Kindheit und Jugend beschränkt, weil zu viele Menschen vorzeitig daran gehindert werden, sich zu entwickeln; weil die Einflüsse entfremdeter Arbeit und latenter wie offener Herrschaft *rückbilden,* die Evolution spätestens nach Ende der Schulzeit zur Involution wird, Entwicklung zum Abbau, Differenzierung und Zentralisierung zur Nivellierung und ›Außensteuerung‹. Auf die alte Goethesche Frage: warum aus liebenswürdigen Kindern so unausstehliche Erwachsene werden? lautete heute eine erste Antwort: dies geschähe aus dem Geiste des Widerspruchs von Lohnarbeit und Kapital.
So progressiv die Entdeckung der Bedeutung, die die frühen Lebensjahre für den einzelnen haben können, in der ersten Hälfte dieses Jahrhunderts auch gewesen ist: die strategische Funktion dieses verhaltenstheoretischen Ansatzes hat sich seither unter der Hand gewandelt. Durch den Rang, den die These von der prägenden Kraft familialer Sozialisation gegenwärtig in den Sozialwissenschaften beansprucht, wird nicht nur übersehen, daß sie eine vernichtende Aussage über die Lebensbedingungen des Erwachsenen, d. h. des Berufstätigen enthält: *dort* findet Entwicklung nicht mehr statt, ist es mit dem Lernen vorbei, hat jeder seine Reife der Repression bindend zu erwerben. Wenn einer 18 Jahre alt ist, fängt er schon an, partiell abzusterben.
Es wird auch die Verwobenheit *aller* (oder fast aller) Lebenssphären innerhalb der spätkapitalistischen Gesellschaft verdeckt. Was immer Kinder erwerben könnten, ist zugleich mehr, als sie benötigen, für Fantasie, Spontaneität, Spiel ist später kein Raum, das ist schleunigst zu verlernen; und doch – in den lohnabhängigen Populationen – erwerben sie viel weniger, als sie benötigen, um den Ort, den sie von Geburt an einnehmen, im Sinne des sozialen Aufstiegs wieder zu verlassen. Und die Familie ist allererst ein Ort, an dem sich bestimmte psychische Deformationen der *Eltern* verfestigen. Nicht nur die Eheschließung, jedes Neugeborene konstelliert eine soziale Situation, in der sich das Ritual der Vergesellschaftung der Eltern gegen jeden erträumten oder gar versuchten Neubeginn durchsetzen kann und erneuert (Vgl. Kap. I und II).

EXKURS ÜBER DIE ROLLE DER FRAU ALS ›SOZIALSTRUKTURELLE GEWALT‹ Daß der Zerfall des mittleren Eigentums, der »Untergang des freien Wirtschaftssubjekts«, die Familie betroffen hat: sie kann nicht länger »die ehedem gerühmte Zelle der Gesellschaft (sein), weil sie nicht mehr die Basis der wirtschaftlichen Existenz des Bürgers abgibt«[15], bezeichnet eine Seite der Wandlungen, von denen Funktion und Struktur der Familie erfaßt wurde; die andere ist ihre fast totale *Privatisierung*[16]. Diese mußte für die lange Zeit auf ihr familiäres Leben beschränkte – und noch heute von ihm dominierend beanspruchte – *Frau* alle Momente ihrer sozial unterlegenen Position verstärken. Was für die nach Arbeit und Beruf primär geöffnete Verfassung des Mannes im besten Falle die Rolle des ›sicheren Hafens‹ spielen könnte, jedenfalls immer nur die andere Hälfte seiner Lebenstätigkeit darstellt, wurde für die Frau in dem Maße zum Ghetto, in dem sich für sie aus ökonomischen Gründen Wirtschaft, als billige Arbeitskraft oder Reservearmee, erschloß. Denn in der Privatisierung der Ehe zum Ausschluß aus der gesellschaftlichen und politischen Welt verurteilt, weil ihr ja lebenspraktisch annähernd jede Sozial-Erfahrung über den *Mann* vermittelt wird,[17] soll sie nun zugleich auch noch in der vom Mann beherrschten Berufssphäre sich von der Privatisierung des ehelich-familialen Lebens lösen und Geld verdienen. Dort freilich wird, nicht anders als im Ghetto ihrer Familie auch, erneut die Negation von Individualität ihre Erfahrung – ohne daß sie im Gestrüpp mehrfacher Abhängigkeiten mit den ja gleichfalls abhängigen, in ihrer Subjektivität negierten Männern anders zu einer Art von ›gemeinsamer Aktion‹ gegen Herrschaft und Eigentum gelangen könnte als durch den unzumutbaren Verzicht auf ihre *eigene* Emanzipation. Sie ist wie der Mann ein Opfer des gesellschaftlichen Verhältnisses, das für sie die Entfaltung von erfolgbringender ›Initiative, ›Handlungsbereitschaft‹ etc. allerdings nicht vorsieht – Eigenschaften, die *er* sich gerade erwerben soll, um für den Prozeß der Kapitalverwertung nutzbar zu sein; überdies ist sie *sein* Opfer weil er – oft unbemerkt – an der Destruktion des Selbstbewußtseins, an der ›Ichlosigkeit‹ der Frau[18] weiterstrickt. Den-

15 Horkheimer / Adorno, Dialektik der Aufklärung, S. 128.
16 K. Schrader-Klebert, Die kulturelle Revolution der Frau.
17 K. Schrader-Klebert, a. a. O.
18 K. Schrader-Klebert, a. a. O.

noch regt sich bisweilen ihr Protest. Wird aber den Männern gerade der Mittelschicht eher ihr augenfälliger Protest gegen bestehende Verhältnisse durch äußeren Druck abgewöhnt oder durch materielle Privilegien abgekauft; wird ihnen gar die legalisierte Chance eröffnet, in Führungspositionen an der Unterdrückung anderer aktiv teilzuhaben, so soll bei Frauen schon ein inneres *Sündenbewußtsein* denkbaren Protest erschlagen.

Hat sie im erwünschten Regelfalle nicht ihr Kind, das die Leere ihrer abhängigen Existenz ausfüllen wird? Letztlich hätte sie in der Passivität des Empfangens und Gebärens ihren Ersatz für gesellschaftliche Tätigkeit zu akzeptieren. Zwar haben die Erfindung sicherer Kontrazeptiva, die sozialen und psychischen Folgen der Berufstätigkeit und, in der Mittelklasse, der Abbau geschlechtlicher Doppelmoral Differenzierungen in den Zustand der Frau gebracht; aber weder der Zwang zur Vermittlung mit der gesellschaftlichen Welt über den Mann noch das versteckte Postulat ihrer Ich-Schwäche haben je aufgehört, an ihrem Bedürfnis nach Autonomie zu zerren. Daß sie ihren Kindern normative Orientierungen weitergibt, ihnen unbewußte Strategien vermittelt, die zwischen Feindseligkeit und Fügsamkeit oszillieren; daß sie selbst die Position des gefälligen Knechts auch einmal umkehren und im Ghetto der Familie zum Tyrannen werden kann, macht sie nur in jeweils anderer Weise zum Agenten eines auf Herrschaft und Haß gegründeten gesellschaftlichen Zusammenhalts. K. Schrader-Klebert hat eines der hauptsächlichen Unterdrückungsinstrumente der Frau: den ›Mutterinstinkt‹, als »Negation der Liebe« analysiert: »... weil er das Kind als Unterdrückungsobjekt mißbraucht. Die Erziehung der Kinder wird für die Frau selbst zu einem Ritus ihrer Unmündigkeit. Sie quält es mit Ansprüchen, Anforderungen und Normen, deren Rationalität für sie selbst undurchschaubar ist, nur magische Qualität hat«[19]. Die Fesselung der Mutter an das Kind, perpetuiert durch jene soziale Kontrolle, über die ich bereits berichtete, »erzeugt den Zwang, allen Druck, alle Gewalt in Form der Erziehung an das Kind weiterzugeben«[20].

Daß viele Frauen ihren Status, den E. Bloch den ›halbkolonialen‹ genannt hat, akzeptieren; daß sie oft anderes sich nicht wünschen als das, was sie heute haben; daß sie mit einer Hart-

19 K. Schrader-Klebert, a. a. O., S. 36.
20 Ebenda.

näckigkeit, die besserer Verwendung wert wäre, daran festhalten, die Familien-Idylle böte *Glück*, ist unbestreitbar. Wir stoßen hier auf Denk-, Gefühls- und Wahrnehmungsgewohnheiten, die sehr wohl selbst politische Revolutionen überdauern könnten.

Die Ehe, als Institution zur Befriedigung sexueller Bedürfnisse betrachtet, zeigt gleichfalls den Frauen eher das barbarische Gesicht der industriellen Gesellschaft als dem Manne, der sich zu helfen weiß. Das Wesensband, das den einzelnen an andere Menschen knüpft, erscheint gegenüber den ökonomisch vermittelten Beziehungen der Produzierenden und Konsumierenden als ein unwesentliches Band, vielmehr ist die »Trennung vom anderen Menschen ... sein wahres Dasein«[21]. Auf der Basis dieser ökonomischen Entfremdung der Menschen, unter dem Aspekt ihrer Partikularisierung und Indifferenz, treten die erotischen Verhältnisse zugleich als das dem Prinzip nach *andere* und als *Ausgeschlossenes,* ihrem ›Anders-sein‹ entfremdet und in die ›Freizeit‹ (Privatsphäre) verwiesen, deutlich hervor. Die sexuellen Tätigkeiten in ihrer reprimierten, entfremdeten, ausgeschlossenen (parzellierten) Form bilden *einen* Kern der gesamten ›Privatsphäre‹ und ›Freizeit‹, deren Verfestigung sich am Ende als strategische Maßnahme gegen die Gefahr des Einschlagens konsumtiver Leistungen in die Sphäre der Arbeit erweisen sollte. (Der Slogan ›Sex im Büro‹ markiert die brutalste Form von Entfremdung sexueller Tätigkeit.) Wieder trifft es die Frau am härtesten, die in der Privatisierung und Emotionalisierung der Familie dieses dem Prinzip nach andere, das erotische Verhältnis, fast nur in seiner reprimierten, entstellten, bürgerlichen Form kennen und doch zugleich zum Inhalt ihres sozialen Daseins nehmen soll, soweit es den Mann betrifft. Die ›Dischiasis von Lust und Leistung‹ – Schicksal namentlich jener Frauen, die dem ärgsten Zwang proletarischer Verhältnisse enthoben sind – hat für den auf private Lust beschränkten Partner, die Frau, noch den Spott, Lust eigentlich nicht finden zu dürfen. Bürgerliche Reputation und Sitte, noch vor wenigen Jahrzehnten die einzigen Garanten ökonomischer Sicherheit der Frau, bieten sich noch heute den Frauen (und vielen Männern) als vorgeschobenes Instrument der Abwehr gegen die

---

21 K. Marx, Aus den Exzerptheften: Die entfremdete und die unentfremdete Gesellschaft usw., zit. nach: Marx / Engels, Studienausgabe II: Politische Ökonomie, Frankfurt 1966, S. 253.

Einsicht in diesen Tatbestand (und gegen jeden Versuch zu seiner Veränderung) an.

Am sozialen wie individuellen Schicksal der Frau in den warenerzeugenden Gesellschaften ließe sich am besten exemplifizieren, was für die Familie insgesamt gilt: Während in den Sozialwissenschaften noch die Idee der Familie als ›Sozialisationsagentur‹ umgeht, die ihr eine relative und beschränkte Exterritorialität gegenüber gesamtgesellschaftlich dominanten Regulationen des sozialen Lebens und namentlich gegenüber der Arbeitssphäre läßt, ist sie längst nach der Struktur ihrer Beziehungen und dem emotionalen Klima ein Anhängsel der Produktionssphäre geworden; ein Ort, an dem sich die fatalen herrschaftskonformen Denk- und Gefühlsgewohnheiten der Menschen und ihre normative Orientierung ständig verfestigen und erneuern. In ihr nimmt auch die direkte, d. h. nicht über den ›Vater-Gatten‹ vermittelte, soziale Integration der verheirateten Frau ihren vorurteilsgetreuen und herrschaftskonformen Fortgang. Frauen-Zeitschriften, Frauen-Seiten und Wirtschaftswerbung bieten dem breiten Leserinnen-Kreis der Mittelschichten (und ›Kleinbürger‹) adaptative Muster für die Gestaltung aller nur irgendwie relevanten Bereiche fraulicher Lebenstätigkeit an: wiewohl formal eben nicht mehr über den Ehemann vermittelt, verpflichten diese Identifikations-Matrizen die Leserin (oder Hörerin) nach wie vor auf ihre abhängige Position. In der Regel dürften jedoch selbst wahrhaft emanzipatorische Impulse, wenn auch aus anderen Quellen, von außen auf Familien einwirken; nicht etwa sich aus ihnen entfalten. Die Rezeptivität der Betroffenen muß sich erhöht haben, gerade *weil* die mehrfach erörterte Normenschwäche der Familien[22] und die Gebrochenheit normativer Orientierungen die einzelnen ratlos freisetzen. Sie sind zur Informationsaufnahme gezwungen, weil anders sie ihre Interpretationsschemata nicht verfestigen könnten. Gewiß böten sich in dieser Situation prinzipiell Chancen zu einem experimentierenden Verhalten, das sich durch Innovationen gegen die Verfilzung von Ratlosigkeit, normativer Dissonanz und suggestiv dargebotenen Identifikationsmatrizen (in den Medien der Massenkommunikation) durchzusetzen vermöchte. Sie werden selten genug genutzt, weil in der Regel jede Anweisungsstruktur nach dem Prinzip der Konfliktminderung

22 Vgl. S. 98.

bzw. der Anpassung an Dritte (Ehemann, Nachbarn usw.) ausgewählt wird. Es ist fast so, als reagierten Menschen in intimen Gesellungen auf die wachsende Gewaltkomponente der sozialen und politischen Vorgänge der Gegenwart mit einer erneuten (und neu begründeten) Tabuisierung *jedes* Konflikts; zumindest solcher Konflikte, deren emanzipatorische Funktion eine Lockerung der Fixierung aneinander herbeiführen könnte. Die Antwort auf den Gewaltstil wäre demnach: Unterwerfung, hier: unter Identifikationsmatrizen, die den einzelnen kaum verübelt werden kann, wenn sich darin auch die Erosion der Widerstandskraft aller fortsetzt. Schon das Schwinden der Vater-Autorität in den Familien bedeutete, so positiv es auch in anderer Hinsicht bewertet werden muß, insgesamt einen Schwund ihrer historischen Kapazität, klassenspezifische und doch individualisierbare Normen gegen den Einfluß extrafamilialer Instanzen und Institutionen (Kirche, Adel, Staat ...) zu sichern. Mit ihr schwand die – wie immer gering anzusetzende, residuäre – antiautoritäre Komponente, die Merkmal der bürgerlichen Familie bis in unser Jahrhundert hinein geblieben ist und in den Ideen über ›antiautoritäre Erziehung‹ erst in jüngster Zeit wieder Öffentlichkeit gewinnt, nun freilich gegen den Zustand vieler Familien polemisch sich wendend.

Diese bürgerlich-antiautoritäre Komponente der Vergangenheit fehlt im seit jeher rigiden Erziehungsstil der unteren sozialen Schichten. Dort muß Gehorsam erzwungen werden, weil die Arbeitsverhältnisse des Lohnabhängigen ihn erzwingen – Strenge wäre primär ›Einübung‹.

So können wir H. Marcuses These zustimmen: in den fortgeschrittensten Sektoren der modernen Gesellschaft werde der Bürger nicht mehr ernstlich von Vater-Imagines heimgesucht.[23] Die zwiespältigen Konsequenzen für Identitätsfindung und Ich-Konstituierung der Heranwachsenden haben wir schon gestreift. Ob ihm auch darin zuzustimmen wäre, die Sozialisation der Kinder werde seither zu wachsenden Anteilen von extrafamilialen Einflußträgern direkt vorgenommen (Massenmedien, peer group, Banden ...), ist fraglich. Denn die Marcusesche These trifft nachweisbar aus den eben erörterten Gründen für die *Mütter* zu, deren Integration im Zustand der Normen-Unsicherheit und Dissonanz an extrafamiliale Informationsquel-

23 A. a. O., S. 92.

len gleichsam delegiert worden ist. Da aber auch die Väter und Männer längst über arbeitsplatz-spezifische Bedingungen (und zusätzlich über die Verteilungsmechanismen der warenerzeugenden Gesellschaft) ›vergesellschaftet‹ sind, die Familie seit der Erosion ihrer imperativen Position ihnen ein Entwicklungsfeld ebenso wenig bietet, kann die von Marcuse und anderen beobachtete ›direkte‹ und expandierende Vergesellschaftung der Neugeborenen durchaus *über die Eltern* laufen.
Die Emanzipation der *Frau,* um zu ihr zurückzukehren, setzte – nicht anders als eine wahre Sozialisation der Kinder: nämlich Einübung, Solidarisierung und Immunisierung – jedenfalls in breiten Mittelschichten der Bevölkerung eine neue, relative Exterritorialität der menschlichen Gesellschaftsformen gegenüber der Arbeits- und Öffentlichkeitssphäre voraus. Es lassen sich Bedingungen angeben, wie intime Gesellungen auszusehen hätten, die einen point de résistance böten. Die Leistung, gesellschaftlichen Zwängen auch widerstehen zu können, d. h. sich der fortschreitenden sozialen Integration zu erwehren, kann sich nicht mehr auf ein funktionierendes Über-Ich stützen oder ›Ich-Stärke‹ zum strategischen Fundament wählen, vielmehr wäre diese Leistung auf (brüderliche) *Solidarität* zu fundieren; das ist eine Bedingung. Die zweite: *Exterritorialität,* wird gegenwärtig im wesentlichen in anarchoiden, sektenartig abgeschiedenen Subkulturen angestrebt, die sich *entmischen.* (Außerdem sind exterritorial geblieben die drop-outs der Gesellschaft, die Ärmsten, Obdachlosen, das ›Lumpenproletariat‹.) Dort werden Hoffnungen auf Emanzipation in der wachsenden Autarkie gerade begraben. Autarkie, als Entmischungsform von Emanzipation und als reine Exterritorialität, wird mit purem, materiellem wie psychischem Elend identisch und scheitert darin. Eine durch brüderliche Solidarität gestiftete Gesellungsform hätte dagegen ihren Zusammenhalt über einen kritischen Austausch mit der umliegenden Sozietät zu vermitteln, also über den *politisierten Konflikt,* die dritte Bedingung von Emanzipation und Widerstand. Dieser wird eingeleitet durch normative Orientierungen, die aus der historischen Dimension bürgerlicher Gesellschaft gewonnen und *im* politischen Konflikt expliziert werden können – die skizzierten emanzipativen Gesellungsformen bedürften also, viertens, einer emanzipativen *Theorie,* die zugleich Maximen sozialen Handelns impliziert. Mir scheint, daß in dieser Situation die Bedeutung der sozia-

len Organisation ›Familie‹ zugunsten anderer, zellen- oder kommunenartiger Formen des Zusammenlebens schwindet. Ob damit nicht auch die Emanzipation jener Frauen, die nicht mehr in explizit proletarischen Verhältnissen leben, den Weg über *kontra*familiäre (nicht nur: extrafamiliäre) Gesellungsformen einzuschlagen hätte, wäre zu erwägen.
Aus der Dimension, die das Problem der Frauenemanzipation in unserer Sicht annimmt, wird die Angst erklärbar, die viele daran hindert, mit der Emanzipation Ernst zu machen; eine Angst, die auch linke Bewegungen nicht verschont (und mit klassentheoretischen Erwägungen rationalisiert wird). Schon der Versuch dazu rüttelt an Anpassungssystemen, ohne deren Stabilität weder der einzelne noch die Gesellschaft des organisierten Kapitalismus lange bleiben könnten, was sie heute sind.
Doch läßt sich andererseits das Thema Emanzipation der Frau nur höchst unvollständig verdrängen und verleugnen; es ist nicht vom Stundenplan der Geschichte abzusetzen. Deshalb sind gegenwärtig kaum Partner-Beziehungen denkbar, am wenigsten in den privatisierten und emotionalisierten Familien, die nicht unter dem verschleierten ›Kampf um Anerkennung‹ (der Subjektivität des ›Ich‹) der Beteiligten litten. »Das Ich haßt, verabscheut, verfolgt mit Zerstörungsabsichten alle Objekte, die ihm zur Quelle von Unlustempfindungen werden, gleichgültig ob sie ihm eine Versagung sexueller Befriedigung oder der Befriedigung von Erhaltungsbedürfnissen bedeuten. Ja, man kann behaupten, *daß die richtigen Vorbilder für die Haßrelation nicht aus dem Sexualleben, sondern aus dem Ringen des Ichs um seine Erhaltung und Behauptung stammen*« – diese Analyse S. Freuds[24] hält fest, was in den scheiternden und im allgemeinen Nebel fast unsichtbar werdenden intrafamiliären Kämpfen um Anerkennung an Feindseligkeit konserviert wird. Ein Moment der Gewalt entstellt daher alle Kommunikation oder Interaktion in der repressiven Gesellschaft. Diese bietet als Ersatz für Anerkennung der Subjektivität[25] extensive materielle Bedürfnisbefriedigung an, und hat damit zur Anpassungsbereitschaft und Integration der Individuen beigetragen. Die Basis des gesellschaftlichen Zusammenhalts: Feindseligkeit und

24 Ges. Werke, Bd. X, S. 230. – Hervorhebungen vom Verf.
25 Für ›die Befreiung jedes einzelnen Individuums‹ (Marx / Engels, Deutsche Ideologie).

Fügsamkeit, hat sie damit zugleich verteidigt. Wo aber die Konsumfunktion und was sie an Lockerungen klassischer, restriktiver Moralen erzwang, oder wo das geschichtliche Thema *Emanzipation* dieses inhumane Fundament der Gesellschaft schon einmal aufzubrechen drohen, stützt die Rückkehr zur Gewaltförmigkeit aufs neue die soziale Integration – und damit das Interesse der herrschenden Klasse und ihrer Filiaturen.

IV Gewaltförmigkeit in der Regelung zwischenmenschlicher Beziehungen (Integration)

VORBEMERKUNG Die Existenz einer Arbeiterklasse, als potentiell revolutionäre Teil-Population, deren Integrations- und Lebensbedingungen ihre Versöhnung mit dem Zustand unserer Klassen-Gesellschaft ausschließen, gehört zu den Konstitutions-Prinzipien *der* Form, die Herrschaft in parlamentarisch-demokratischen Staaten annimmt. Ohne eine Strategie, die Lohnabhängige integrieren, d. h. steuer- und lenkbar und überhaupt *verwertbar* machen will (aber so, daß ihr Emanzipationsanspruch abgewiesen, ja an seiner politischen Konstituierung gehindert wird), wäre die geschichtliche Herausbildung des sogenannten *sozialen Friedens* undenkbar, der bis zu den Rezessionsjahren 1966/67 die selten angefochtene Erscheinung einer fortschreitenden Verfestigung von Klassenherrschaft und staatsinterventionistischem Kapitalismus gewesen ist.
Die Verhältnisse namentlich in der Rekonstruktionsperiode des Kapitalismus nach dem 2. Weltkrieg brachten der bodenständigen lohnabhängigen Bevölkerung zwar ein materiell menschenwürdigeres Dasein (während sich die Konzentration der Vermögen in den Händen weniger beschleunigte), aber auch auf Kosten der imperialistischen Ausbeutung lateinamerikanischer, asiatischer, afrikanischer Staaten und durch die Einfuhr von Arbeitssklaven neuen Stils; die Gastarbeiter. Die im Zusammenhange mit der Steigerung der Arbeitsproduktivität anwachsende Belastung vieler inländischer Arbeiter fügt sich in das Bild wachsender Barbarei. Es läßt sich zudem zeigen, daß dieser ›soziale Friede‹ als Technik sozialer Integration – durch ein komplexes System wechselseitiger Absicherungen unter potentiellen Konfliktpartnern, aber auch in den Beziehungen zwischen Verbänden, Parteien und Regierungen staatlich geregelt, einen Kern von Gewaltförmigkeit konserviert, der sich fortwährend roh enthüllt: im *Haß*, der alle zwischenmenschlichen

Beziehungen in kapitalistischen Gesellschaften entstellt, aber auch in der Rückkehr unverstellter Gewaltförmigkeit in die Politik der herrschenden Klassen. Man bemerkt an und in diesem Haß wohl, daß die Rebarbarisierung die geografischen Grenzen kolonialisierter Länder, den Stacheldrahtzaun der Konzentrationslager und die Mauern der Polizeikasernen überschreitet. Die Institutionen, die sozialen Frieden in parlamentarischen Demokratien sichern sollten, sind selbst kolonialistisch: Zu ihrem gesellschaftlichen Fundament gehört das für koloniale Herrschaft typische Bündnis, das die Träger von Macht mit den Feudalherren, mit rückständigen Eliten eingehen; in den Vereinigten Staaten ist dies, angesichts der Verfilzung von Regierungsapparat, Verbänden, der *Cosa nostra*- und anderen Gangsterorganisationen feudaler Struktur und der Kameraderie zwischen politischen Institutionen und den großen Unternehmen des Landes, besonders deutlich. Auch in Italien ist die Verflechtung von organisiertem Verbrechertum, der ›Mafia‹ Siziliens, mit Regierungs-Mitgliedern, Institutionen, dem Justizapparat offenkundig. Der organisierte Kapitalismus in Staaten wie etwa der Bundesrepublik ist ohne ein vielschichtiges Bündnis von Regierungsgewalt, politischen Institutionen und rückständigem, heute entschieden konterrevolutionärem Industrie- und Finanzkapital ebensowenig denkbar. Noch konservative Kräfte in den *Kirchen* tragen zum kolonialistischen Charakter der Klassenherrschaft bei, da der ›Pluralismus‹ ihren Einfluß auf der Ebene der Verbände usw. in dem Maße rettet, in dem er, direkt, auf das Kirchenvolk schwindet.[1] Dieses Bündnis von Staatsmacht und Verwaltungsapparat mit dem Kapital und seinen feudalistischen Tendenzen, die sehr wirksame, wenngleich der Öffentlichkeit weitgehend entrückte Verfilzung von Interessenverbänden, Lobbies, Banken, Unternehmern und Ministerialbürokratie – alles gesellschaftlich konservative, ja reaktionäre Mächte –, produziert über verschiedene Vermittlungen auch in den imperialistischen Nationen (und ihren Bündnispartnern) selbst, d. h. unter den Populationen, zwischenmenschliche Feindseligkeit, die an deren koloniale Erscheinungsweisen erinnert: Neue Formen von ›Stammesfehden‹ längs horizontaler

1 Versucht wird's auch an der Basis. Der Spiegel (Nr. 23, 1971) berichtete von einem neuen ›Gewissensspiegel‹ aus Niederösterreich, der für die Beichtpraxis *der besser verdienenden Lohnabhängigen* anstelle des ›ich habe gestohlen ...‹ anbot: »Ich habe im Beruf die Arbeitszeit nicht ausgenützt«.

Disparitäten und Minderheiten-Konflikte; Zerstörung oder Gefährdung der Solidarität des kolonialisierten Volks durch Konkurrenz und gezielte Maßnahmen; assimilative Tendenzen (die sog. ›Verbürgerlichung‹ des Proletariats); Fetischisierung von Statussymbolen in halb-emanzipierten und privilegierten Schichten der Beherrschten (hier: in der Mittelschicht) und haßerfüllte Abgrenzung nach unten (hier: gegenüber dem ›Lumpenproletariat‹, den Gammlern und Obdachlosen); die Tendenz zur Kollaboration mit den Stärkeren; den Klassenverrat als fast einzige Form des sozialen Aufstiegs; schließlich Entmutigung und Apathie. Noch die Ausbreitung der Rauschmittel wie Marihuana, Heroin und der moderne Alkoholismus erinnern an den resignierten Eingeborenen, der, abhängig und ohne Zukunftsperspektive, seine Colablätter kaut. Der Güterwohlstand der Ausbeuterstaaten, die in Jahrhunderten anerzogene Arbeitsdisziplin und der vergleichsweise hohe Ausbildungsstand der kolonialisierten Bevölkerung, d. i. der Masse der Lohnabhängigen, verhüllt freilich diesen Kolonialismus als die sozialpsychologische Innenseite des sozialen Friedens und der parlamentarischen Demokratie.

(1) KOMPLICENSCHAFT DER LOHNABHÄNGIGEN

Der soziale Friede enthüllt sich als im Kern gewaltförmig, zwischenmenschliche Beziehungen gefährdend, in der Bereitschaft der ›halbkolonialisierten‹ Lohnabhängigen, nicht viel anders als die ›schweigenden Mehrheiten‹ des Kleinbürgertums auf Signale für politische und soziale Struktur-Veränderungen zunächst feindselig oder doch ablehnend zu reagieren. Wir werden im folgenden zunächst *Phänomene* referieren, die wahrzunehmen und analytisch festzuhalten Bestandteil einer sozialpsychologischen Analyse der zwischenmenschlichen Beziehungen im Kapitalismus sein muß; dann wird nach den Begründungszusammenhängen zu fragen sein, welche die Interpretation der Phänomene anzuleiten haben.

Studierende, Langhaarige, aufmüpfige Lehrlinge oder Bürgerrechtler wissen ein Lied von dem zu singen, was A. Mitscherlich unlängst in einem Vortrag die »konzentrierte Wut unbelehrbarer Massen« nannte. Wir könnten daran erinnern, daß die vom Bewußtsein der einzelnen weitgehend unabhängig gewordende Zweckrationalität sozialer und industrieller Steuerungen die

Roheit von Affekten und Aggressionen konserviert, weil sie dem ›sozialen Lernen‹ entzogen sind,[2] und zusätzlich erwähnen, daß Unsicherheit über die eigene Lage, Existenzangst[3], den sozialen Abruf von Roheit erleichtern. Die Beherrschten stimmen in Abständen der Regression sozialer Steuerungen auf nackte Gewaltförmigkeit zu: 1969 in Manhattan, im Winter 1970 in Madrid forderten Menschenmengen von den Inhabern der Regierungsgewalt die Hinrichtung aller politischen Gegner des Staats, Gewalt gegen ›Störer‹, Vernichtung aller Feinde, sogar Krieg. Sporadisch nennen bald Stahlarbeiter in Leningrad, bald Bauarbeiter in New York oder Westberlin alles Dreck, Filzlaus, Ungeziefer, was der bürgerlichen Reputation, der über alle verhängten Integration und der Arbeitsdisziplin noch immer nicht sich fügt.[4] Auch an den rechtsradikalen Unruhen in der Bundesrepublik sind Angehörige der Arbeiterklasse, jedenfalls Lohnabhängige beteiligt, so sehr in NPD, Aktion Widerstand, Deutscher Befreiungsbewegung usw. der Ton auch von der nationalistischen Bourgeoisie und von den Ressentiments der Kleinbürger gemacht wird. *Weil*, der Krankenpfleger, der in Westberlin auf einen sowjetrussischen Soldaten schoß, ist kein Einzelgänger mehr – kein Grenzfall zur Pathologie wie vielleicht noch der Dutschke-Attentäter im Jahre 1968.

Wenn motorisierte NPD-Mitglieder in Essen ihre Kraftwagen in die Reihen von Gegendemonstranten lenken, wenn sie Brandt ein ›Hängt den Verräter!‹ entgegenschreien und in Marburg bewaffnet an der Universität operieren, so drückt sich darin ein allgemeiner Tatbestand aus: die Rückkehr roher Gewaltförmigkeit in die Politik der herrschenden Klassen und ihrer Handlanger, die fortschreitende Rebarbarisierung einer Kultur, die von Kapitalisten und Kolonisatoren bestimmt wird. (vgl. Kap. V).

Auch an der Diskriminierung der Gastarbeiter, dieser Neger Europas, haben nicht nur herrschende Klasse und Bürgertum teil. Ernst Klee berichtete unlängst dazu:

»Die Diskriminierungen sind vielfältig. Am 2. Januar 1970 wußte die in Rüsselsheim erscheinende »Main-Spitze« von stolzen Tatsachen Bericht zu erstatten: »... erfreulicherweise ist nicht in allen Gaststätten

2 Vgl. S. 34.
3 Vgl. S. 136.
4 Ich erinnere namentlich an das Westberlin der Jahre 1967 und 1968.

Ausländern der Zutritt verwehrt«! Die Kasseler CDU-Stadtverordnete Else Görgl beschwert sich, daß die Ausländer in der Stadt Kassel zwischen Ausländeramt, Arbeitsamt und Steuerkartenstelle hin und her geschickt werden: »Es sind Fälle bekannt, in denen sich die Angestellten geradezu einen Spaß daraus machten und die Leute verspotteten: ›Mensch, Analphabet, können Sie nicht lesen? Anderes Zimmer!‹« Nachdem in diesem Fall die Ausländerin Anna Ferrari erneut Schlange gestanden hatte, wiederholte sich der Vorfall. »Anna entgegnete, sie sei gerade vom anderen Schalter weggeschickt worden, und wolle darum durch die Verbindungstür. Nix da! – Wieder Schlange stehen. Zum zweiten Mal am ersten Schalter: ›Na, kannst du wirklich lesen?‹« Den folgenden Tag hat Anna Ferrari alle Unterlagen zusammen. Formulare werden ausgefüllt. Doch nun wird das vor drei Monaten hinterlegte Gesundheitszeugnis nicht anerkannt. Der Beamte zerreißt das ausgefüllte Formular. Die Frau muß erneut zum Arzt, muß wieder zahlen, wieder Schlange stehen. Else Görgl: »Konnte der Mist nicht wenigstens liegen bleiben, bis das Attest nachkam? Warum sollte die Röntgenaufnahme nicht nach drei Monaten noch gelten? Selbst Lehrer brauchen nur alle zwei Jahre ...«

Eine nicht minder unerfreuliche Diskriminierung stellt die Alltagspraxis der Lohnsteuerkartenausgabe dar. Verliert ein deutscher Arbeitnehmer dieses Papier, so wird er in der Regel eine neue Karte der gleichen Steuerklasse erhalten, sofern nicht offenkundig Betrugsabsicht vorliegt. Der Beamte der ausstellenden Behörde ist dabei gehalten, die Glaubhaftigkeit des Kartenverlierers zu prüfen. Ist dieser nun ein die deutsche Sprache nur bruchstückhaft beherrschender Gastarbeiter, der noch dazu jenen spezifisch deutschen Respekt vor behördlichen Dokumenten nicht in ausreichendem Maß erkennen läßt, so ist der Beamte häufig genug versucht, strengste Maßstäbe anzulegen und »Denkzettel« zu verpassen. Ergebnis: Der Gastarbeiter bekommt eine neue Steuerkarte, aber die mit der allerungünstigsten Klasse VI.«

Daß extreme Ansichten »tiefer wurzeln, als man anzunehmen bereit ist, zeigt ein Interview mit einem Angestellten des Jugendsozialwerks: »Der Ausländer hat in seiner Jugend gelernt: Ein großer Mann wird der, der mit Ellbogen, Schnauze, mit List und Raffinesse handeln und schachern kann, der in der Lage ist, seine Umwelt auszutricksen, auszuspielen, sich Vorteile zu verschaffen, und so kommt er auch hierher. Und hier steht er nun verblüfft vor mir und muß erfahren: Er kann das werden, wenn er systematisch, ja manchmal mit einer gewissen Demut arbeiten muß, sich selber kasteien muß. Seine Bedürfnisse, als da sind: schnelles Geld, schnelle Freuden, große Frauen, blonde Frauen, evangelische Frauen, die nicht zu beichten brauchen, ja, das ist auch so eine Vorstellung in den katholischen Ländern. Und – das muß ich einfügen – die ihn dann wieder in Irrläufe hineinführen, wenn er eines Tages entdeckt: evangelische Frau, blonde Frau, deutsche Frau sehr schön, aber sehr schwierig.

Sie will nicht immerzu kochen, sie hat einen eigenen Willen, sie hat eine eigene Meinung, ich kann sie nicht so kommandieren wie in meiner Heimat. Alle diese Dinge, das sind doch Fakten, die ihn jeden Tag hier mit der Umwelt auch in Konflikt bringen können. So hoch-und so vieldifferenziert ist eigentlich das Bild des Ausländers.«[5]

In einer Kölner Gaststätte drängte ein Arbeiter einen Jugoslawen aus dem Raum, ihm zurufend: »Wir Deutschen haben Frauen, Ihr habt Weiber, merk' Dir das«; als in einer Hannoverschen Straßenbahn Platz für einen Schwerkriegsbeschädigten gefordert wurde, sahen sich werktätige Männer suchend um, bis sie einen sitzenden Italiener fanden – der hatte aufzustehen, obwohl durch einen Gipsverband am rechten Arm durchaus behindert. Der feindselige Zuruf: »Geh' doch rüber, wenn's Dir hier nicht paßt!«, etwa bei Diskussionen auf der Straße, trifft den, der ›links‹ argumentiert, durchaus nicht nur von Kleinbürgern und Bürgern her. Die Ermordung eines siebzehnjährigen Lehrlings in Konstanz: weil langhaarig, demonstriert, welche Lehre Arbeiter aus dem Gerede von ›langhaarigen Affen‹ ziehen können.
Gewaltförmig entlädt sich, dem Gefälle des Status innerhalb der ›sozialen Unterschicht‹ folgend und besonders unter den Heranwachsenden, die von der Konsumfunktion freigelassene Sexualität: Von 1950 bis 1960 ist die Zahl der bekanntgewordenen Vergewaltigungen um etwa 95% angestiegen, namentlich die Vergewaltigung oder wenigstens sexuelle Nötigung einer einzelnen durch ganze Tätergruppen nahm zu. Ich will diese Aufzählung nicht fortsetzen. Die, über deren Abhängigkeit und Ausbeutung wir informiert sind, haben ihrerseits an der Unterdrückung von ›Niggern‹, von Gastarbeitern, Frauen teil. Was den Konstanzer Vorfall angeht, und was – abgemildert, weniger tödlich – Studierende in Westberlin über Auseinandersetzungen mit Arbeitern berichten könnten, ist durchaus interpretierbar. Der Gedanke an *Glück*, an Lust, an Unabhängigkeit – mit dem Imago langhaariger Jugend, die sich dem Druck der Leistungszwänge nicht beugt und noch Konsumhaltungen negiert, neuerdings assoziativ verknüpft – wird dem unerträglich, der sich insgeheim als den immer ums Glück Betrogenen weiß. Der Haß auf alles, was einem selbst nicht gleicht, ist mit der Wut auf jedes verschwistert, das auf Veränderung abzielt; auf

5 In: Frankfurter Rundschau vom 16. 1. 1971.

Veränderung, die nach den Erfahrungen der Klasse immer aufs neue das Versprochene, das Erhoffte nicht einlöst. Kleine Leute erfahren sich als austauschbar, jederzeit ersetzbar: ›Auf den Einzelnen kommt es nicht an‹; dies ist der qualitative Gehalt der Disponibilität, die der Kapitalverwertungsprozeß ihnen abfordert. Seit der Produktionsfluß, d. h. die störungsfreie Verzahnung der verschiedenen Abteilungen, Werkhallen, Arbeitseinheiten unter extrem arbeitsteiliger Organisation, über Rentabilität und Profit entscheidet, muß die je individuelle Leistung der Arbeitenden weiter an Interesse für Unternehmer verlieren. Leistungszuschläge für einzelne und die dafür existierenden Bewertungs-Kriterien werden immer anachronistischer, jedenfalls was die Hauptsache: den ungestörten Ablauf des Arbeitsflusses in Unternehmen, angeht, ein Schein, dafür bestimmt, die Diskrepanz zwischen vergesellschafteter Produktion und den Bedingungen der Lohnarbeit (des ›freien Arbeiters‹) zu vergrößern und zu disziplinieren. Worauf es ankommt, ist die Organisierbarkeit der *Aggregate* (Gruppen, Unter-Einheiten, Abteilungen usw.), in denen die einzelnen *hands* zwangsläufig durch die Arbeitsbedingungen gebündelt werden, unter dem Prinzip der Harmonisierung und Homogenisierung aller Produktionsphasen bei hochentwickelter Arbeitsteilung.

Die Lohnabhängigen der unteren sozialen Schichten wissen auch, daß Güter und Lebenschance in der Gesellschaft, in der sie gegen Lohn arbeiten, ungleich verteilt sind, und daß *sie* von den lustgewährenden Vorrechten der reichen Leute ausgeschlossen sein sollen. Hier schlägt das Schicksal der Kolonialvölker, deren Ausbeutung die ›kleinen Leute‹ ihre günstigere materielle Lage letztlich mit verdanken, in die weiße Kultur, die Zivilisation der Imperialisten, zurück: ausgeschlossen sein vom Vorrecht der reichen Leute, von ›denen da oben‹ – es sei denn vereinzelt durch einen individuellen Aufstieg, der vom Klassenverrat kaum zu trennen ist. Der Lohnabhängige, der zum wohlhabenden Manne wird, ist *Kollaborateur.*[6] Die Erfahrung der eigenen Austauschbarkeit unter den Bedingungen bloß formaler (Rechts-) Gleichheit bei Fortdauer der Ausbeu-

6 Arbeiterkinder, die über den II. Bildungsweg zum Studium gelangt sind, vertreten Anlagetheoreme von Begabung und Lernfähigkeit oft ungewöhnlich hartnäckig.

tung mag dem Arbeiter mehr als anderes zur spontanen Feindseligkeit gegen alles reizen, was ihm als *nicht* austauschbar, als nicht verwertet oder verwertbar entgegentritt, oder den Anschein von Souveränität, von Autonomie erweckt. Auf wessen Kosten? Wenn Arbeiter glauben, sie hätten letzten Endes jede Zeche zu zahlen, wird man ihnen schwer widersprechen können. Als eine so verfestigte, wenn auch unartikulierte, zur seelischen Reaktionsbasis gewordene Erfahrung einer Klasse existierte Klassenbewußtsein auch schon vor den Rezessionen des Jahres 1966/67 in der Bundesrepublik. Solche ›Klassen-Erfahrungen‹ – ob nun überwiegend tradiert[7] oder situativ bedingt, gleichsam jeweils neu konstituiert bei homologer sozialer Lage – haben ihren empirisch nachwirkenden geschichtlichen Horizont. »Es war der Sinn der Menschenrechte, Glück auch dort zu versprechen, wo keine Macht ist. Weil die betrogenen Massen ahnen, daß dieses Versprechen ... Lüge bleibt, solange es Klassen gibt, erregt es ihre Wut; sie fühlen sich verhöhnt.«[8] Daß der ›Sinn der Menschenrechte‹ nicht nur durch Verbesserungen der wirtschaftlichen Lage des Arbeiters einzulösen, daß hier ein ›Recht auf Subjektivität‹ einzufordern war, um das wenigste zu sagen, verstand schon Rodbertus in den Jahren des Vormärz sehr wohl: Die humanen Ideen des 18. Jahrhunderts haben ihren Sieg gefeiert und die arbeitenden Klassen von persönlicher Unterordnung und der ihr entsprechenden Gewalt emanzipiert. Diese persönliche Freiheit sei, fährt Rodbertus fort, »die *Anweisung* auf alle Tugenden, welche die Moral schmücken und alle Schätze, welche die Natur und der Geist bringt. Aber sie ist damit auch eine *Berechtigung* dazu. Sie ist endlich eine *Verheißung* dazu geworden, insofern die arbeitenden Klassen in der Dienstbarkeit der anderen waren, und von diesen daraus entlassen wurden. Will man ihnen nun zum Vorwurf machen, daß sie die Natur der persönlichen Freiheit empfinden? Daß sie die Anweisung zu realisieren trachten? Daß die Berechtigung in ihrer Seele brennt? Daß sie vor die anderen Klassen treten und sprechen: Haltet jetzt, worauf ihr uns hingewiesen habt! Ihr habt uns bisher mit der persönlichen Freiheit nur die Sorgen derselben geschenkt, laßt uns jetzt auch an ihren Freuden teilnehmen! – Und in diesen Gefühlen ist insoweit kein Verbrechen, sondern Würde. Und die Würde eben des Freien«. »Solchem

7 Über Sozialisation, Organisation und Bildung.
8 Horkheimer / Adorno, Dialektik der Aufklärung, Amsterdam 1947, S. 203.

Andrange ... haben die Anderen nichts entgegenzusetzen, als Polizei und Kanonen« bzw. malthusianisches Gerede. Die ›Verheißung‹ implizierte doch wenigstens, daß Arbeit sich unter den ihrer menschlichen Natur würdigsten und adäquatesten Bedingungen vollziehen solle.

Der Typus sozialer Integration, der sich für die Arbeiterklasse herstellte, war jedoch weit von Rodbertus und von ›Würde‹ entfernt. Was Lukács als Kontemplation, Popitz u. a. als ›gefügeartige Kooperation‹ beschrieben, was der Arbeit ihren Tätigkeitscharakter nahm und den Arbeitenden dem Gang der maschinisierten Produktion unterwirft, fand seine Fortsetzung in der Verdinglichung vieler Lebensbeziehungen; konservierte, unter den im 1. Kapitel erörterten Bedingungen, Momente von sich intensivierender Ausbeutung, ja von kolonialistischer Unterwerfung. Dieses Schicksal des »Verkaufs in die Sklaverei«[9] kündigt sich im Sozialisations-Horizont der Unterklassen bereits zeitig an: Kindern teilt sich die Erwartung mit, daß einschneidende Verbesserungen der sozialen Lage nur dem *deus ex machina* zu verdanken wären, den die über Kino, ›grüne Presse‹, Bild-Zeitung, Lore-Roman und Wirtschaftswerbung vermittelte Illusion von Nestwärme und leichtem Leben fortwährend ankündigt und der dann doch nie kommt. Einschneidend für das zukünftige Leben ist jedoch mit Sicherheit der Übergang von der Volksschule in den Betrieb. Während die Jungen, die in Familie und Volksschule, wo sie nichts waren, von der Erwerbssphäre erhoffen, dort würden sie etwas sein – nur um zu lernen, daß sie dort erst recht nichts sind, ist die Lage der Mädchen noch inhumaner. Die doppelte Versuchung, die bei beiden Geschlechtern Illusionen anreizt: Kind ohne Anspruch auf Subjektivität gegenüber Erwachsenen, in denen die noch Unerfahrenen Chance und Lust von Autonomie vermuten; mittellos, aber auch wehrlos gegenüber der Suggestion, ›später‹ könnten sie sich alle Wünsche erfüllen, die unsere Ladenstraßen permanent evozieren, vertauschen sie mit dem Eintritt ins ›werktätige Leben‹ mit einer doppelten Enttäuschung. Während sie bald wie Erwachsene arbeiten und sich sozial mit den vorgefundenen Bedingungen passiv einrichten müssen, legt ihnen ihr Arbeitsverhältnis das Joch von Abhängigkeit und Unselbständigkeit auf. Während sie lernen, sich mit dem halbkolonialen Status des Arbei-

9 W. Jaide, Die junge Arbeiterin, München 1960, S. 94 f.

ters oder kleinen Angestellten einigermaßen abzufinden, findet ihr Anspruch auf Subjektivität und Autonomie in den engen, materiellen Grenzen ihrer Rechtsstellung nur sehr bedingt Anerkennung. Schließlich reicht das Geld nie weit genug. Männer können, mit dem Fortdauern ihrer betrieblichen Erfahrung, in relativ privilegierte Teilpopulationen aufsteigen, Frauen so gut wie nie. Die Lage der Majorität der lohnabhängigen Massen bleibt bestürzend; nicht einmal die Arbeiter-Aristokratie kann sich als mitbestimmende und mitentscheidende verstehen, kaum als Avantgarde ihrer *Klasse.* Bei den Frauen haben Untersuchungen von Jaide[10] und anderen belegt, wie sich Fügsamkeit und Illusion, Enttäuschung und Feindseligkeit miteinander verfilzen: Entmachtet, entmenschlicht, herabgesetzt, in ihrer Sexualität und Kontaktfähigkeit in der Art von Heiminsassen reprimitiviert, wehrlos gegenüber Güte oder Mängeln der Maschinen, des Materials, der Gunst oder Ungunst des Arbeitsplatzes und mit Ermüdung, Erschöpfung, Kopf-, Fuß-, Rückenschmerzen, Sehnenscheiden-Entzündungen, Übelkeit oder Schwindel auf die Bedingung ihrer Kolonisierung reagierend, nämlich auf: Arbeitstempo und Tagesarbeitsdauer, auf Bewegungsarmut, Stehen, Monotonie der Verrichtungen, Lärm, Hitze, Staub, mangelnde Lüftung, unübersehbare soziale Verhältnisse im Betrieb, entwickeln sie sich eher noch zu einem faschistischen Potential. Die asketischen Ideale der Kolonisatoren: Pflichterfüllung, Fleiß, Gehorsam, Kameradschaft, sind längst hinter jene Ideale zurückgetreten, in denen sich, was als besserer Lebensstil gilt, lockend und mit allem Flitter der Illusion präsentiert: hinter den Mauern eines eigenen Besitzes im Schwimmbassin mit ›ständigen Begleiterinnen‹ spielen, das Leben sexuell und konsumierend zu verbringen, ein einziger Genuß ohne Schweiß und Reue. Aber die Volkschülerin, die davon träumt, bald 15 Jahre alt zu sein und mit nackten Schenkeln in das Bett eines reichen Mannes zu kriechen, die Jungarbeiterin, die sich nach Filmschauspielern sehnt und halb an die Realisierbarkeit solcher Träume glaubt,[11] sie sichern, solange sie nur ihren Illusionen mit Haut und Haaren gehören, den Bestand von Herrschaft und Besitz nicht weniger als Bank- und Band-

10 W. Jaide, a. a. O., S. 72, 95, 67; vgl. auch die Wiederholungs-Untersuchung 1968/69 (im gleichen Verlag).
11 Vgl. wiederum die Protokolle bei W. Jaide, a. a. O.

nachbarinnen, die zeitig Arbeitsmoral entwickeln und auf einen eigenen Haushalt sparen.
Allgemeiner, für beide Geschlechter, gilt, daß ein geographischer Faktor: nämlich der gesellschaftlich zugelassene (motorische wie ideelle) Aktionsspielraum auf das Zugleich von Feindseligkeit und Fügsamkeit einwirkt, in dem nicht nur H. Marcuse ein sozialpsychologisches Merkmal der Industriegesellschaften sah. Arbeiter stoßen, wenn sie in Pausen ihre Halle verlassen und durchs Werkgelände schlendern, häufig auf Barrieren (tadelnde, negativ sanktionierende Fragen des Werkschutzes, der Aufseher, der Arbeiter anderer Orte). Prämiert wird ihre Treue zum Arbeitsplatz. Wie restriktiv es dabei zugehen kann, belegt, als ein Beispiel für viele, die Haus- und Betriebsordnung der Melitta-Werke, die G. Wallraff unlängst veröffentlicht hat:

»Wer jenes Territorium betritt, unterwirft sich einem Gesetz, das mit »Block und Blei« überschrieben ist. Der Verfasser dieses Gesetzes verkündet darin vorweg, daß es »nach eigenen, besonderen Grundsätzen aufgebaut« sei, um alles »noch straffer zu gestalten«. Er »verlangt«, daß »alle« jenes Gesetz »restlos beherrschen und immer danach handeln«.
»Ordnung und Disziplin« schreibt dieses Gesetz in der Einleitung vor, und später in den Ausführungsbestimmungen ist von »Erziehung« und »gründlichem Generalräumen« die Rede, von »Anmarsch« und »Anmarschwegen« und von einem »besonderen Appell«, den man den Neueinrückenden angedeihen läßt.
Verlangt wird: »Alles strikt befolgen, bis anders angewiesen«, und noch unmißverständlicher: »Jede Anweisung ist strikt zu befolgen! Niemand darf von sich aus Anweisungen ändern, selbst wenn sie ihm völlig sinnlos erscheinen.«
Das Gesetz gebietet: »Jeder soll immer auf seinem Platz sein«, und wenn das einmal nicht der Fall ist, fragt der Vorgesetzte Untergebene, »die er unterwegs, d. h. nicht an ihrem Platz, antrifft, nach ihrem Weg und Auftrag«.

Ansonsten sorgen Lautsprecher dafür, daß jeder jederzeit überall auffindbar ist: »Wir legen Lautsprecher in alle Arbeitsräume, in Gemeinschaftsräume, auf die Grünplätze, auf die Höfe«, um so alles »innen und außen besprechen zu können.«
Die »Führung« des Territoriums macht die ihr Unterstellten ausdrücklich darauf aufmerksam: »Wie alles, überwachen wir auch das Telefonieren. Es geschieht durch Mithörer, die an einigen Plätzen angebracht sind. Vorurteile hiergegen sind vollkommen unberechtigt.«
Das Gesetz ist zu allen Zusammenkünften mitzubringen: »Ohne Block

und Blei zu erscheinen, ist ein ebenso schweres Vergehen, wie eine Minute zu spät zu kommen«.
Mehrmals weist die »Leitung« die Untergebenen darauf hin, daß die Anordnungen des Gesetzes dazu da sind, die »Schlagfertigkeit« der Organisation zu »erhöhen«; in einer anderen Formulierung (Bentz): »eine außerordentliche Schlagkraft zu erreichen« und damit »wirtschaftlichen Erfolg«.
»Letztlich muß der Pförtner mit aufpassen, wenn wir unabgemeldet zu ›türmen‹ versuchen.«
Diese Anstaltsordnung, Ausgabe Mai 1970, ist gültig für die 8500 Beschäftigten des Melitta Konzerns, Minden. Verantwortlich: Konzernherr Horst Bentz, 66, Alleinherrscher der Unternehmensgruppe.«[12]

Restriktiv und fesselnd, daran sei noch einmal erinnert, wirkt die wirtschaftliche *Unsicherheit* auf das Bewußtsein und Verhalten der Arbeiter und verstärkt den Charakter latenter Sklaverei. Längere Krankheit, Kinderreichtum, Stellungsverlust, Stillegen von nicht mehr rentablen Betrieben, Produktions-Umstellungen, konjunkturelle Schwankungen werden zu ebenso vielen Quellen von Verunsicherung und Sorge – unentrinnbar. In diesem trüben Milieu der Unterwerfung vieler unter einen gesellschaftlichen Zustand, der ihre Expropriation menschlich verschärft, während er sie materiell verschleiert; der ihnen Autonomie versagt, während er sie füttert, und sie doch auf immer von den Privilegien der entwickelten Nation ausschließen will – in einem Milieu, in dem im breiten Stile Angsterweckung, Brutalität, soziale Kontrolle als Herrschaftsmittel im Schwange sind, erhält sich und produziert sich immer aufs neue eine archaisch anmutende Affektmatrix von Feindseligkeit, ja Haß unberührt unter dem Schleier von Wohlverhalten und Konformität, und kann reformistische Veränderungen der Situation überdauern. In diesem trüben Milieu bewegt sich ›bei denen da oben‹ wie bei ›denen da unten‹ die von Adorno skizzierte Duldsamkeit des Bürgers gegen je seinesgleichen, die vom Haß gegen den wirklichen Menschen, den homo absconditus, ebenso untrennbar ist wie der Haß gegen alle, die *nicht* meinesgleichen, Kastengenossen, sind. Die Wut der aneinander Enttäuschten, entweder Sklaven oder Herren, reproduziert sich und sucht nach Eigenschaften, an denen sie sich betätigen kann:[13]

12 In: Konkret, v. 30. 12. 1970, S. 16.
13 Horkheimer / Adorno, Dialektik der Aufklärung, a. a. O., S. 200 f.

aus ihr speist sich jene Extrapunitivität, die unsereiner zu fürchten gelernt hat.
Auch für die Unglücklichen gilt, daß man, wo man das Opfer der Refaschisierung des sozialen Lebens wurde, zugleich ihr Komplize war.[14]
Die Verwalter der Kulturdepots, allesamt Mitglieder der herrschenden Klassen, gehen mitsamt ihren Herrschaftsapparaten und Ideologen über diese Lage der Lohnabhängigen hinweg; rühmen sich noch, wenn sie wenigstens die physisch krankmachenden Faktoren der sozialen Verhältnisse im Betrieb ab- und anerkennen.[15] Wissenschaftler entwickeln *Measurement Time Methods* (MTM), mit denen alle nicht unmittelbar zum Produktionsfortschritt beitragenden Tätigkeiten der Lohnabhängigen eliminiert werden sollen.
Bei vielen Arbeitern und Arbeiterinnen ist der ganze Körper also eingezwängt in das Dutzend Grundfunktionen, das die Maschine der menschlichen Tätigkeit überläßt und anweist: Hinlangen, greifen, bringen, loslassen, fügen, trennen, drücken usf. Die Betroffenen passen sich im Laufe der Zeit kolonialistischer Unmenschlichkeit an: weil man seine Arbeitskraft verkaufen muß, um leben zu können; weil es bürgerlich zwanghaft geworden ist, daß man regelmäßig zur Arbeit geht, anderes wäre moralisch anrüchig, verwahrlost, unanständig; weil man sonst mit scharfen Sanktionen rechnen muß (Betriebsführung, Polizei, Nachbarn ...); weil die fixen Kosten für Miete, die Raten- oder Eigenheims-Verschuldung und das ganze, für die warentauschende Gesellschaft kennzeichnende System des Vorlaufs von Konsum vor geldbringender Tätigkeit zu regelmäßiger Arbeit zwingen. Die so Kolonialisierten fügen sich, wenn auch, wie die Rückkehr roher Gewaltförmigkeit in die Politik der herrschenden Klassen mitsamt der Zunahme wilder Streiks, wie der ›gefährliche Graben zwischen dem establishment der Arbeiterparteien und Gewerkschaften und ihrer Basis‹[16] zeigen, daß Anpassungssysteme sich lockern. Die *Herren* aber nehmen die Lebensverhältnisse ›derer da unten‹ nicht

14 A. Cesaire, a. a. O., S. 11.
15 Während sich in der reichen Schweiz nur 47% der Arbeiter richtige Ferien leisten können, um sich zu erholen, gehen nicht weniger als 73% der Führungskräfte in die Ferien; so eine Meldung in der NZZ – aber hier liegt das Problem der Lohnabhängigen und ihrer Herrn nicht.
16 Züricher Sonntags Journal 1/1971.

zur Kenntnis, erklären sie achselzuckend, vielleicht sogar »menschlich anteilnehmend«, für unvermeidbar und neigen dazu, in der sogenannten Primitivität der kleinen Leute oder in der Fähigkeit ungebildeter Menschen zur Gewohnheitsbildung, Ausreden für das Unrecht zu suchen, das ein Fundament der eigenen Privilegien abgibt. Nicht einmal ein doch schon von Condorcet gefordertes nationales System zureichender Volksbildung wurde institutionalisiert.[17] »The whole commerce between master and slave«, so Th. Jefferson, »is a perpetual exercise of the most boisterous passions, the most unremitting despotism on the one part and degrading submissions on the other.« Die Lage zerstört Herren wie Knechte: »The man must be a prodigy who can retain his manners and morals undepraved by such circumstances. And with what execration should the statesman be loaded who, permitting one half the citizens thus to trample on the rights of the other, transforms those into despots and these into enemies, destroys the morals of the one part and the *amor patriae* of the other! For if a slave can have a country in this world, it must be any other in preference to that in which he is born to live and labor for another.«[18]

Jefferson fährt fort: »And can the liberties of a nation be thought secure when we have removed their only firm basis, a conviction in the minds of the people that these liberties are of the gift of God – that they are not to be violated but with His wrath? Indeed I tremble for my country when I reflect that God is just; that His justice cannot sleep forever; that, considering numbers, nature, and natural means only, a revolution of the wheels of fortune, an exchange of situation is among possible events; that it may become probably by supernatural interference! *The Almighty has* no attribute which can take side with us in such a contest.«

Anderes wäre zu nennen: Die Vieldeutigkeit einer gesellschaftlichen Situation, in der sich auf verschiedenen Ebenen des sozia-

---

17 Noch einmal Rodbertus 1839: Anstelle von Zucht habe nun Bildung zu treten Zucht gründe auf Unterordnung, Bildung auf Unterricht und Erziehung. »Aber genügen die Schulen, in welchen heute die Kinder der arbeitenden Klassen unterwiesen werden? – *Genügt* das Wissen, was sie aus ihnen holen, um durch Bildung die Zucht zu ersetzen? – *Gibt* es Anstalten und Mittel für sie, nach dem der Schulbesuch vorüber? – Und gäbe es solche, würden sie Zeit haben, sie zu benutzen?«, a. a. O., S. 14.

18 Aus: »Notes on Virginia«, Query XVIII, zit. nach: The Political Writings of Thomas Jefferson, Forum Books, N. Y. 1955, S. 60 f.

len Prozesses fast undurchschaubar abspielt, was falsches Bewußtsein fortlaufend produziert; verbreitete Rationalisierungen, die sich an überdauernde Institutionen (Schulen, privatwirtschaftliche Unternehmen ...) heften und sie undurchdringlich machen; die manipulative Gewalt des Privateigentums an Produktionsmitteln; die Verteilung von Besitz, Lebenschance, Lustprämie und Sanktion; die Eigenart der *vermittelnden* Prozesse wie etwa die sprachbildenden in Schule und Elternhaus und damit die Abhängigkeit vieler Gefühls- und Denkmodelle von Sozialisationsfaktoren sind Bedingungen, welche im Verein mit der konkreten ökonomischen Lage nicht nur in den Unterschichten der lohnabhängigen Bevölkerung einen Zustand begünstigen, in dem Enttäuschung, Feindseligkeit, Beschränkung und tendenzielle Assimilation an sie die Errungenschaften der ›weißen‹ Kultur liquidieren. Breite Schichten der technischen Intelligenz, der Angestellten und Beamten sind in wenig besserer Situation.

Feindseligkeit zwischen den einzelnen erfüllt eine ordnungsgewährende, systemstabilisierende Funktion. Sie können sich im Vollzug ihrer eigenen Aggressionen gegenüber Mitmenschen an den halb versteckten Gewaltcharakter bürgerlicher Ordnung erinnern; dadurch werden sie fügsam, werden sogar zum Komplizen des Unrechts gemacht, das ihnen immerwährend geschieht. Zu viele Menschen erfahren unsere Gesellschaft als eine voller Ungerechtigkeit und Härte, ahnen kaum, wo sie selbst dazu beitragen – gerade durch Fügsamkeit, *nicht* revolutionäre Unruhe –, und müssen zugleich die Frage nach den wahren Ursachen des Zustandes vernachlässigen oder verdrängen. Die Einübung in diesen Zustand beginnt früh: in der *Schule*, auch hier also unter den sozialen Bedingungen von Macht und Ohnmacht. Dort lernen die Kinder Angst und die Bedeutung der Disziplin (als Bereitschaft zur angestrengten Ableistung sinnloser Tätigkeiten) kennen; man lehrt sie, was sie als Arbeitende und Verbrauchende an Fähigkeiten und Fertigkeiten benötigen. Die Fähigkeit der Vernunft, gegen Unterdrückung tätig zu sein, die erwerben sich Kinder hier nicht.

Erklärte man den einzelnen, welchen Kapitalinteressen zuliebe ihre Lebenserwartung, ihr Glück verkürzt, beeinträchtigt, ja geopfert wird, und organisierten sie sich so, daß sie diese Erklärung auch verstünden,[19] so würde Feindseligkeit aus den zwi-

19 Vgl. S. 36.

schenmenschlichen Beziehungen des Proletariats schwinden können: Aggressivität vermenschlicht sich im entschlossenen Widerstand gegen das Unrecht, d. h. im politischen Kampf um die Kommandozentralen dieser Gesellschaft.

Wo aber, in den Klassen und Schichtungen der Gesellschaft, die in dichter Verfilzung von passiver und aktiver Unterdrückung genährte Feindseligkeit aufzuhören droht, als ›private‹ zwischenmenschliche den gesellschaftlichen Zusammenhalt zu stabilisieren, sondern sich als offene Aggression gegen *Herrschaft* wendet; wo, infolge des Abbaus von Fügsamkeit intimer Haß zur öffentlichen Gegengewalt werden könnte, stehen Muster, Techniken, Strategien der Kanalisierung und Beschwichtigung bereit. Sei es die Kunst der betrieblichen Menschenbehandlung oder auch die des klärenden Gesprächs, die einzelne zu sich selbst zurückbetrügt und den Protest erneut in zwischenmenschliche Kälte und Konkurrenz transformiert, sei es die Fähigkeit des sozialen Systems, rechtzeitig Randgruppen als ›böse Objekte‹ zu präsentieren oder gar die konsumtive Integration des Protests – irgend etwas hilft in der Regel zu beschwichtigen, umzulenken oder abzuspeisen. Wo auch diese regulativen Mechanismen versagen, tritt, was den Horizont des Bewußtseins ständig umstellt: Gewalt, aus seiner Latenz nackt und reprimierend hervor.

Die Verwandlung von zwischenmenschlichem Haß in Auflehnung gegen die Herrschaft, in wilde Streiks, Proteste, Besetzungen von Fabriken – vom integrativen und repressiven System des Spätkapitalismus nur zu oft aufgesaugt oder unterdrückt, hat ihre faschistische Quasi-Parallele. Auch die Kanalisierung von Feindseligkeit gegen ›böse Objekte‹, Juden, Fremdarbeiter usw., Bestandteil des Arsenals jeder konterrevolutionären Agitation, führt ja – vorübergehend – zu einer Minderung zwischenmenschlicher Konflikte, die Mitglieder der Mehrheit rücken einander näher, die Vernichtung des freigegebenen Feindes suspendiert kurzfristig die Vernichtung des privaten, mitmenschlichen Friedens. Aber der Haß, der sich gegen Verhältnisse und gegen die diese Verhältnisse tragenden Eliten richtet, unter denen es inhuman zugeht, Klassenbewußtsein, die Sammlung unter der Fahne der emanzipierenden historischen Tendenz gestatten gerade jene Selbsteinsicht und Selbstveränderung, die unter dem Einfluß rechter Agitation, in der Treibjagd auf Sündenböcke, erlischt. Ausschließlich dem neutralistischen Blick der in den Dienst von Herrschaft genommenen ›wissenschaftlichen Objektivität‹ gelten – insofern interpretiert wird, was methodisch sich registrieren und objektivieren läßt, und die Ebene der Selbsterfahrung und ihrer Entwicklungschance suspendiert bleibt – beide Phänomene als identisch.[20] Freilich: am Anfang einer solchen Re-Konvertierung von drückender zwischenmenschlicher Feindseligkeit in den gerechten Haß der Revolution mögen die Beteiligten schwanken, mag es auf des Messers Schneide stehen, ob die erworbene Gefühlsgewohnheit, ob der erlernte Mechanismus der herrschaftskonformen Kanalisierung sich durchsetzt oder der Atem von Freiheit. Zu lernen wäre daraus, daß die Intentionen derer von Bedeutung sind, die sich an die Spitze solcher – möglicherweise spontanen – Bewegungen setzen und den Agierenden deuten, was mit und in ihnen geschieht; nicht wäre daraus zu entnehmen eine Identität von Freiheit und Unterdrückung.

(2) FEINDSELIGKEIT IN DEN ZWISCHENMENSCHLICHEN BEZIEHUNGEN Die Störung und Zerstörung aller zwischenmenschlichen Beziehungen durch institutionalisierte Feindseligkeit schritt in der Rekonstruktionsperiode des organisierten Kapitalismus in *allen* Schichtungen der Klassengesellschaft fort. Sehr im Gegensatz zu den vielen Bekundungen, die Bundesrepublik dürfte als ›Wohlstands‹-Gesellschaft, als ›Sozialstaat‹, als harmonisiert und integriert gelten, suchten schon vor 1966 die briefschreibenden Leser in den ›Frau Irene‹-Spalten unserer Massenblätter nicht nur Rat, sondern Hilfe gegen primäre Sozialerfahrungen wie: Grausamkeit, Gleichgültigkeit und Härte.[21] Das gilt unverändert noch heute. Zugleich werden Menschen, die selbst vergewaltigt sind, in der Situation eines viel besprochenen sozialpsychologischen Experiments, zum Folterer, wenn sie Prüfungskandidaten für Versagen und Ungehorsam mit Elektroschocks bestrafen.[22] Die Vergewaltigten antworten mit Gewalt.[23] Aus der Schweiz wurde unlängst berichtet, es habe sich im Zusammenhang mit dem Gast-

20 Hier liegt eine Wurzel für den Vorwurf des ›Linksfaschismus‹, der jede revolutionäre Tendenz erst einmal als das denunziert, wogegen sie sich richtet.
21 Vgl. P. Brückner: Freiheit – Gleichheit – Sicherheit, Frankfurt 1966.
22 Vgl. Die Zeit, Zeitmagazin Nr. 1 (1970).
23 Konkret vom 14. Dezember 1970.

arbeiter-Problem in der Population viel Rat- und Hilflosigkeit gegenüber dem ›als bedrohlich empfundenen industriellen Moloch‹ gezeigt, *unreflektierte Industriefeindlichkeit* gar, ja verbreitet ›Zukunfts- und damit Lebensangst.[24] Daß der Gastarbeiter zum ›Feind‹ wird, in der BRD, in der Schweiz, in Norditalien (dort gegenüber dem Zustrom aus Süditalien), ist ohne jene ohnmächtige Sorge und Angst nicht denkbar, die auf erfahrene, immer drohende Feindseligkeit antwortet. Allerorten werden zwischenmenschliche Beziehungen in wachsendem Ausmaße bestimmt durch eine jederzeit abrufbare, doch in der Latenz schon belastende Bereitschaft zur Feindseligkeit, zur Abwehr fremden Anspruchs, als gegenseitige Frustration, als Entzug menschlicher Nähe, als Tendenz zur Kontrolle übereinander, als Rivalität, Konkurrenz, *Haß*. Auch Kleinbürger, auch Individuen der Mittelschichten verhalten sich konform nicht nur, weil Sehnsucht nach Glück, nach Lust in Ersatzbedürfnisse transformiert wurde, die über den Markt befriedigt werden sollen, sondern weil die Kosten für Abweichungen von konformen Verhaltensmustern und Einstellungen sehr hoch geworden sind. Die Psychoanalytiker lernen aus den Resultaten dieser wachsenden Verstörung, daß ihr Thema nicht mehr sein darf, das zu registrieren und zu behandeln, was Menschen nicht mehr können: verarbeiten, ausgleichen . . ., sondern das, was ihnen angetan wird.[25]

In diesen und anderen Informationen läuft Unterdrückung, läuft Gewaltförmigkeit in der Regelung zwischenmenschlicher Beziehungen um, die es angeblich nicht mehr gibt. Für Bevölkerungsmehrheiten war der ›Wald von Cliquen und Institutionen, die von den obersten Kommandohöhen der Wirtschaft bis zu den letzten professionellen Rackets für die Fortdauer dieses Systems sorgen‹, längst undurchdringlich geworden,[26] was sie im Verbund mit der Affirmation an die tendenzielle Anomie spätkapitalistischer Gesellschaften und der psychischen Expropriation durch Massenmedien, Massenkultur wachsend verunsicherte und *Anpassung* als die geeignete Daseinstechnik empfahl; Anpassung, aber auf der Folie von Apathie, Resignation – keine heitere, die mit der Entfremdung spielt, keine, die der Individuierung des einzelnen vorangeht.

H. Marcuse hat beschrieben, wie sich die alte Kantsche Dia-

24 Sonntags Journal, Zürich, Nr. 1/1971.

25 Vgl. P. Brückner, Leithäuser, Kriesel, Psychoanalyse, Frankfurt 1969.

26 Horkheimer/Adorno, Dialektik der Aufklärung, a. a. O., S. 53.

gnose, Menschen könnten weder das friedliche Zusammenleben entbehren noch es vermeiden, einander beständig widerwärtig zu sein, in den entwickelten Industriestaaten konkret darstellt:[27] In der Gesellschaft wird Feindseligkeit akkumuliert, aber in dem Maße, in dem Feindseligkeit in die Struktur menschlicher Beziehungen eindringt, paßt sich das seelische Gefüge der Bürger diesem gesellschaftlichen Zustand in Richtung auf Konformität, auf soziale Integration zunehmend an. Menschen werden nicht nur aggressiver, jeder des anderen potentielles Opfer wie Täter, sondern *versöhnen* sich mit ihrer Lage – sie, in der sie einander leiden lassen und aneinander leiden, erscheint ihnen sogar als akzeptierbar, wenn nicht gar als Harmonie.

(3) POLARISIERUNG IN HENKER UND OPFER Daran, daß Individuen in wachsendem Ausmaße zugleich feindseliger *und* fügsamer, auch nachgiebiger geworden sind, besteht kaum ein Zweifel; ob aber die kalkulierten langfristigen Strategien ›gewaltloser‹ Ausbeutung mit Hilfe eines reichen Güterangebots und ob die Fähigkeit der Sozietät, die Triebansprüche der einzelnen zugleich zu befriedigen und zu verwalten, noch jene hohe Bedeutung haben, die ihnen gemeinhin zugesprochen wird, ist doch fraglich. Auch daß die Massenkultur die inwendigen Regungen ihrer Zwangskonsumenten in Beschlag nimmt und sich anstelle von Verinnerlichung überlieferter Werthaltungen jetzt die prompte, unmittelbare Identifikation mit stereotypen und standardisierten Wertskalen setzt,[28] trifft den gegenwärtigen Zustand nicht mehr genau, weil nur noch von eingeschränkter Geltung. Zu dem geschilderten gesellschaftlichen Zustand – Störung, ja Zerstörung zwischenmenschlicher Beziehungen durch Feindseligkeit – bedurfte es mehr: der Polarisierung in ›Henker‹ und ›Opfer‹, der Remilitarisierung auch des zivilen Lebens, wachsender Enttäuschungsraten, und schließlich der *Waffen* – als Ausdruck einer Entwicklungsgeschichte und Symbol.
In der Bundesrepublik wie anderswo nimmt die Anzahl der drop-outs, der Ausgeflippten, der Randgruppen zu – eine Folge der kruden Selektion nach Leistung und Konsumrate, die dazu

27 H. Marcuse in: Neue Rundschau 1 (1967) S. 7 ff.
28 Horkheimer/Adorno, Dialektik der Aufklärung, a. a. O., S. 239.

tendiert, der Nation Merkmale einer Kasten-Gesellschaft zu verleihen (Kap. I). Erst mit dem *Paria* wird sie vollständig, und dem ist der Aufstieg für immer unmöglich. Da der Widerstand gegen diesen Gang der Dinge, gegen die Fortdauer ungerecht-unzumutbarer Verhältnisse bleibt, höchstens seine Träger wechselt (wilde Streiks und Haus-Besetzungen lösen die Straßen-Demonstration von gestern ab; Lehrlinge bilden Aktions- und Protestzentren wie früher nur die Studenten) werden die potentiellen Opfer der Feindseligkeit, die kleinbürgerliche Reputation und Klassenherrschaft im Windschatten internationaler Konterrevolution entwickeln, insgesamt also mehr. Da auch der Besitz, und folglich der Gebrauch von Schußwaffen in der Bevölkerung zunimmt, befinden wir uns offensichtlich auf amerikanischem Kurs:

Süddeutsche Zeitung vom 16. 12. 70: »Wirt erschießt Gast«, Frankfurter Rundschau vom 14. 12. 70: »Apfelkrotzen und zwei Schüsse«; Süddeutsche Zeitung vom 6. 1. 71: »Leichtsinniger Schütze ermittelt« (Ein Angestellter feuert aus dem 11. Stock eines Wohnhauses wahllos mehrere scharfe Schüsse ab und verletzt einen siebenjährigen Jungen lebensgefährlich). Am 4. 1. 71 berichten mehrere Zeitungen, ein Hausbesitzer habe im Streit auf einen Möbelträger geschossen und ihn am Arm verletzt. Im Dezember 1970 fielen verschiedentlich Schüsse auf Wohnhäuser und Pkw's. Ein Unteroffizier fühlt sich von lärmenden Kindern gestört, schießt – verletzt ein Kind lebensgefährlich. Schon Mitte 1970 wurde gegen einen Studienrat in Kassel verhandelt, der auf Schüler und Studierende schoß, die vor seinem Fenster demonstrierten. Ein 62jähriger Rentner, der schon früher Kinder mit Schüssen von seinem Grundstück vertrieb, verletzte am 19. Nov. 1970 einen 12jährigen schwer. »Als der lebensgefährlich verletzte Junge . . . hervortorkelte, ging Th., ohne Hilfe zu leisten oder zu veranlassen, nach Hause« (H. A. Z. vom 2. Juli 1971). Im Laskawy-Prozeß in Frankfurt trug der RA Schmidt-Leichner nach eigenen Angaben eine scharf geladene Pistole bei sich; aus Sorge, angegriffen zu werden. Erinnert sei an die Entwaffnung von Fr. J. Strauss durch eine Stewardeß der Lufthansa. – Für die USA vgl. die ›Statistik der Gewalt‹ in: Die Zeit vom 25. 12. 1970.

Nicht nur der Griff des Bürgers oder Proletariers zur Waffe, wo es sich um die Dokumentation (oder Verteidigung) herrschaftskonformer Stimmungslagen handelt, auch die sich mehrenden Fälle organisierter Selbstjustiz wären unter dem Aspekt: Rückkehr roher Gewaltförmigkeit in die Praxis bürgerlicher Gesellschaft, zu gewichten. In Frankfurt trieben Taxifahrer unlängst einen

›Verkehrssünder‹ so in die Enge, daß dieser seinen Wagen in den Main steuerte – 3 Mitfahrer ertranken. Die FAZ schrieb:

»Dieses Drama von Rechthaberei und Gewalttätigkeit im Straßenverkehr, das mit der Mißachtung einer roten Ampel begann, zeigt eine dem Anlaß unangemessene Eskalation von Fahrer-Untugenden. Schon die schlechte Angewohnheit, Verkehrssünder zur Rede zu stellen und zu beschimpfen, schießt über das Ziel hinaus. Der geschnittene Taxifahrer hätte es dabei bewenden lassen sollen, die Nummer des Sünders zu notieren. Die im Gesetz mögliche »vorläufige Festnahme« war hier weder notwendig noch angebracht. Daß der Täter den Taxifahrer selbst niederschlug, macht die folgende fatale Selbstjustiz zwar verständlich, rechtfertigt sie aber nicht. Im Rechtsstaat obliegt die Strafverfolgung in der Regel der Polizei und der Staatsanwaltschaft. Hilfe für den bedrängten Kollegen? Ja. Feststellung des Kennzeichens? Ja. Autojagd mit Hilfe des Funks und der Kollegen? Nein.«

Man muß ergänzen: Auch für Bevölkerungsmehrheiten ist, wenngleich in verändertem Kontext, der Pkw längst zu einem gesellschaftlich akzeptierten Instrument der Realisierung homicidaler und suicidaler Tendenzen geworden. In den letzten 10 Jahren starben etwa 160 000 Menschen auf den Straßen der BRD. Godards Film ›Weekend‹ ließ noch in der Überzeichnung durchblicken, welches Maß an Destruktivität in der Tatsache sich verbirgt, daß »Anpassung« an den Straßenverkehr bei der überwiegenden Mehrzahl der Verkehrsteilnehmer nach dem Erwerb des Führerscheins im Sinne eines ›negativen Lernprozesses‹ verläuft, d. h. in Richtung eines mit der Fahrpraxis erheblich *zunehmenden* Risikos.[29]
Die Polarisierung in Henker und Opfer und damit die Cesairesche ›Verwilderung des Kontinents‹ hat viele Einbruchsstellen: Ich erinnere an die Mißhandlungen in Kölner und Hamburger Gefängnissen (›Glocke‹ und ›Klingelpütz‹), an die Verhältnisse in Tegel oder die Behandlung ausländischer Untersuchungs-Häftlinge; an die Frau, die ihre Hausangestellte hungern läßt, in Verschläge sperrt, sie brennt und prügelt. Sie drückt sich aus im Haß, der auf den intimen Lebenskreis zurückweist; es ist die Lust, Schwächere zu quälen, in ihr Lächeln zu schlagen, wofür man politisch oder moralisch Rationalisierungen sucht und findet. Da machen mit: Studienräte, Kaufleu-

---

29 Chr. Bunkowski, Negative Lernprozesse im Straßenverkehr, unveröffentl. Manuskript am Psychologischen Seminar der TU Hannover.

te, Bauern, Ärzte, Krankenschwestern und Arbeiter; unser Nachbar; der Kassenbote einer Bank oder der Vertrauenslehrer eines staatlichen Gymnasiums. Wenn die Verwilderung des Kontinents fortschreiten sollte, die Bewaffnung in der Bevölkerung zunähme, die Polarisierung in Henker und Opfer den *Klassenkampf* endgültig substituierte, würde die Angst vor der Wiederkehr des Nationalsozialismus oder vorm faschistischen Putsch mehr und mehr überflüssig: wäre die Brutalisierung des sozialen Lebens dann doch so allgemein geworden, daß jener ›soziale Friede‹, den der Kapitalismus meint, auch ohne faschistisches Regime gesichert bliebe.

Erst in diesem Zusammenhange kann richtig gewichtet werden, was die Notstandsgesetzgebung durch die Auflockerung rechtsstaatlicher Garantien zugunsten einer Militarisierung von Politik für die Lage in der Bundesrepublik und für die Entwicklung von Konflikt- und Herrschaftsstilen bedeutete.[30]

Waren die Massen in den Industrie-Gesellschaften immer nur deshalb durch angebotene Gütermengen und ›Massenkultur‹ lenkbar, weil sie zugleich politisch und ökonomisch ohnmächtig blieben, so ist es nach jüngsten Erfahrungen vorzüglich ihre Ohnmacht gegenüber der Drohung nackter Gewaltförmigkeit in ihren verschiedenen Formen, die sie zur Anpassung oder Vorsicht nötigt. Ich denke dabei nicht nur an die sich häufenden Drohungen, Vollbeschäftigung dürfe kein Fetisch sein, was, weil nur zu berechtigte Ängste aus Zeiten der Massenarbeitslosigkeit aktualisiert werden, selbst schon gewalttätig ist. Die Behandlung der Studenten, ›neuen Linken‹, Gammler, Hippies usw. in den Massenmedien, die Vielzahl der Zeitungsberichte über Folter und Sadismus,[31] die Pornografie des Todes in den *Western* und vergleichbare Inhalte des Kommunikationsnetzes sind Mit-Ursachen des gleichen Tatbestands, dessen Symptome sie sind: eben des Tatbestands, daß ein herrschaftskonformer sozialer Frieden sich über erneute Gewaltförmigkeit bürgerlicher Politik konstitutiert. Da sich, wie es schon in der ›Dialektik der Aufklärung‹ hieß, die gesellschaftlich verantwortliche Elite im Nebel der Verhältnisse von Eigentum, Besitz, Verfügung

30 Immerhin drei der acht Bundesrichter erklärten zum Verfahren über das sog. Abhör-Gesetz, der Bürger werde hier zum *Objekt staatlicher Gewalt* gemacht, die kurzerhand von Obrigkeits wegen über sein Recht verfüge. Die im Rahmen der Notstandsgesetzgebung getroffene Regelung sei verfassungswidrig. (FR vom 6. 1. 1971).

31 Vgl. auch R. Lettau, Der tägliche Faschismus, in: Kursbuch 22.

und Management der Bestimmung entzieht, erscheint freilich vielen auch unter den Gebildeten Feindseligkeit in der Art einer anthropologischen Konstante, als Ausfluß naturwüchsiger Merkmale des Menschengeschlechts, was Trends zur Anpassung und Versöhnung unterstützt. In der Tat bleibt Aggressivität ›anthropologische Konstante‹, solange sich der gesellschaftliche Zusammenhalt der Menschen noch auf zwischenmenschliche Feindseligkeit gründet.

Anpassung, Fügsamkeit, Konformitätszwang nehmen in den verschiedenen Klassen und Schichtungen der Gesellschaft verschiedene Formen an. Bekanntlich entscheidet in den mittleren Schichten das Vorzeigen der als ›richtig‹ markierten Bedürfnisse und das Demonstrieren des ›richtigen‹ Lebensstils nicht nur über den individuellen Aufstieg, sondern – einschneidender noch – darüber, ob einer *den* sozialen Status wird einnehmen können, der ihm nach Herkunft und Bildungsstand zukommt, oder ob irgendeine Form sozialer Ächtung über ihn ergehen wird. Die verinnerlichte Angst vor sozialer Isolation, eine verfeinerte Form des Ostrazismus wird allerorten spürbar. Feindseligkeit schlüpft in die Techniken der Konformierung: nimmt die Gestalt wechselseitiger Kontrolle, der ›diskutierenden‹ Verfügung über seelisches und soziales Material, der kaum mehr bewußten Sanktionierung abweichenden Verhaltens an; so zwar, daß sich soziale Kontrolle, die man über andere ausübt, in der Form von Schuldgefühl, Instanzenkonflikten, Selbstunterdrückung reproduziert. Jeder wird sich selbst verdächtig – es sei denn, er verdächtige alle anderen.[32] Innerhalb der Unterschichten, d. h. der Masse der lohnabhängigen Bevölkerung, regelt sich die Lebenslage des einzelnen über symbolische Interpretationen, die der Träger von Herrschaft dem Verhalten der Abhängigen gibt. Vielfach wurde bemerkt, daß Konformität und Loyalität beliebter machen als Leistung, und daß sie stärker als individuelle Leistungen die Höhe des Lohnes und anderer Anteile am gesellschaftlichen Produkt bestimmen. Das beginnt spätestens in den Volksschulen: Kinder der Mittelklasse erwerben sich Anerkennung durch das Vorzeigen von Leistungsmotivation und Neigung oder Leichtigkeit im Verbalisieren (›richtige‹ Bedürfnisse), korrektere Rechtschreibung und etwas legere Kleidung (›Stil‹), Kinder der Arbeiterklasse durch

32 Andere Aspekte des Anpassungssyndroms lassen sich Untersuchungen über das Gesellschaftsbild des Ingenieurs, des Lehrers usw. leicht entnehmen.

Bravheit, Sauberkeit, Gehorsam – symbolischer Ausdruck dafür, daß die unkultivierten, schmutzigen Kellerratten jeder Revolution disziplinierbar, *kolonialisierbar* sind; daß, infolge der Verteilung des Eigentums, der Sohn des Arbeiters nichts anderes werden soll als wieder ein Arbeiter; K. Bücher fügt hinzu: »und daß dies eine Folge sei seiner Armut«[33]. Übereinstimmend damit haben Mütter in der sozialen Unterschicht längst viele jener offen autoritären, auf die Herstellung von Sauberkeit, Ordnung, Disziplin abzielenden Sozialisations- und Erziehungstechniken übernommen, die im vorigen Jahrhundert im Bürgertum sich entfalteten.

Die Fügsamkeit der gegeneinander insgeheim Indifferenten, latent Feindseligen geht in den lohnabhängigen Massen einher mit der Übernahme gewisser kleinbürgerlicher Lebens- und Verhaltensformen. W. Reich hat dazu angemerkt, das kleinbürgerliche Schlafzimmer, das sich der Prolet anschaffe, die Unterdrückung der Frau, die anständige Kleidung am Sonntag und tausend andere Kleinigkeiten hätten bei chronischer Einwirkung unvergleichlich mehr konterrevolutionären Einfluß als Tausende von Versammlungsreden und Flugzetteln gutmachen könnten.[34] Kein Wunder, daß einer Sklavin der Industriegesellschaft, einer Akkord-Arbeiterin, beim Anblick des Unternehmer-Sohnes nicht mehr als ein Tadel seines legeren Habitus einfällt: »Wenn der da herumsteht, mit ungepflegten Haaren, nicht einmal eine Bügelfalte in der Hose ... Vom vielen Geld, das der verdient, könnte er sich doch wenigstens ordentlich anziehen.«[35] Fällt ihr mehr denn nicht ein? Nun ist aber die kleinbürgerliche Reputation für die Unterschicht viel. *Sie* ist schließlich das Symbol vollzogener Angleichung an den Lebensstil der herrschenden Klasse, genauer: an die ihnen zugänglichen Stile der unteren Ränder des *kolonisierenden Volksteils.* Der Kolonisierte, Unterworfene, Ausgebeutete ohne wirtschaftliche und politische Macht findet seine schmale Chance zumutbarer Lebensfristung primär durch die strikte Übernahme mancher Bräuche und äußeren Lebensformen des Kolonialherren. Nur den Herrensohn trifft's als schlichter, verwunderter Tadel; kleinbürgerliche Reputation dient innerhalb der Kolonialisierten zur

---

33 Arbeitsteilung und soziale Klassenbildung, 1893; zit. nach: Sozialökonomische Texte, (H. 6) C. Klostermann 1946.

34 »Massenpsychologie des Faschismus«, 1933, S. 106.

35 Kursbuch 21 (1969), S. 86.

eminent feindseligen Abgrenzung gegen die je ›Tieferstehenden‹. Da sich mit solchen Abgrenzungen, weil von partiellen Angleichungen ›nach oben‹ untrennbar, ein dichotomes Bewußtsein verfestigt, welches die Klassensituation nach wie vor mit dem ontologisierenden topos derer ›da oben‹ und ›unten‹ umschreibt, wird ›Reputation‹ und was aus ihr folgt auch als psychische Abwehrformation gegen ein Klassenbewußtsein wirksam, das sich unablässig, und sei es in noch so vager und flüchtiger Form, dem Bewußtsein des Arbeiters aufdrängen will; mitsamt eben den Handlungsanweisungen dieses Klassenbewußtseins, vor deren ungestörter Rekonstruktion er sich nicht ganz so ohne Grund fürchtet. – Insofern droht der Anblick des leger sich gebenden Herrensohnes in der Tat, Anpassungssysteme ins Wanken zu bringen. Wieder einmal sind ›die da unten‹ die Betrogenen. Der Herr selbst grenzt sich nun nach dem Kleinbürgertum hin durch den geschmackvollen, aus Boutiques teuer genährten legeren *look* ab, dabei neuerdings noch die Protesttracht der Gegengesellschaft modisch integrierend.
Auf der Seite der Unternehmer zeichnet sich diese soziale Welt, in der wir mit ihnen leben, freilich anders ab. Wer, ein Beispiel für allzuviele, in seiner Hauszeitschrift die Frage eines Unternehmers liest, ›wie traurig und leer es in solchen Menschen aussehen‹ müsse, ›die nichts anderes tun als mit Haß und Gemeinheit Unfrieden zu stiften und zu zerstören‹,[36] womit der Unternehmer Kritik an seiner Betriebsführung und politischen Haltung meint, dem werden sich Gegenfragen unabweisbar aufdrängen: Welche Konsequenz haben Täuschen, Verdrehen, Moralisieren, Lügen für den, der solches Verhalten nicht nur duldet, sondern es übernimmt? Täuscht am Ende der Lügner sich selbst? Nimmt er die Züge seines strategischen Projekts an? Was er irgendwann einmal noch als Verdrehen, Lügen, den Schein wahren usw. erlebt, als taktischen Kunstgriff im Kampf um seine Profite und Vormachten verwendet haben mag, restituiert sich später, auf einer neuen Ebene von Gewohnheit und Identifikation mit seiner »sozialen Rolle«, als *Wahrheit der Charaktermaske;* findet den Konsens der herrschenden Klasse, geht als Moment ihrer verborgenen Erniedrigung in die heteronome Sittlichkeit der Beherrschten ein, soweit sie Unternehmer

---

36 Hauszeitschrift »Rund um Melitta«, 21. 12. 1970.

anerkennen oder gar bewundern, zerstört in sich und anderen menschliche Substanz und geht am Ende in ausgewählten Exemplaren als »Persönlichkeit« in die Schullesebücher einer sich selbst verhöhnenden Kultur ein.[37] Kaum ist ein Aufstand gegen Herrschaft denkbar, der nicht einer gegen diese ganze ›Kultur‹ selbst wäre, seitdem sie ein Sediment von ›Sitte‹ und ›Wert‹ gewordener Unredlichkeit darstellt.

Das tief Unversöhnte, das sich dem aufmerksamen Betrachter als Kern des ›sozialen Friedens‹ enthüllt, und das von der Transformation der Klassen- und Emanzipationskämpfe in vorurteilsstrukturierte, ethnozentrische Freund-Feind-Konflikte innerhalb der Lohnabhängigen nicht getrennt werden kann, trifft, wo es sich losläßt, in großem Stile vorerst verpönte Minderheiten. Im Schutze öffentlicher Billigung (oder doch von Gleichgültigkeit) trifft Feindseligkeit paria-artige Subkulturen und erweist sich auch darin als unversöhnte. Wie jedermann seit einiger Zeit weiß, gibt es in Jugendstrafanstalten, Fürsorgeheimen nicht nur in der BRD, sondern auch in Österreich oder in der Schweiz offenes koloniales Elend.[38] Wir wissen, was auf straffällige Prostituierte und sogenannte ›Arbeitsscheue‹ wartet[39] und was das Leben in Obdachlosen-Lagern und -asylen bedeutet. Noch immer klagen namentlich jüngere Arbeiterinnen zu recht, sie seien in die Sklaverei verkauft.[40]

Beispiele dafür, daß ein entschlossener Protest – wenn er von Gruppen und Personen ausgeübt wird, die Öffentlichkeit finden – da und dort die Revision solcher ›Urteile‹, die Milderung eines Verdikts, die Korrektur von schreienden Mißständen erreichen kann, gibt es. In der Tat ist Gewaltförmigkeit, Feindseligkeit oder Repression nirgends vollständig. Sie können es gar nicht sein, weil die herrschenden Klassen die Teil-Populationen, die für sie Mehrarbeit leisten, nicht vernichten wollen; weil unsere Kultur in Jahrhunderten leistete, was in den kolonialisierten ›farbigen‹ Ländern in einigen Jahrzehnten nur zögernd versucht worden ist: die Heranbildung einer mittleren

37 Vgl. P. Brückner, Das Selbstbild eines Konzernbesitzers, in P. Brokmeier (Hrsg.), Kapitalismus und Pressefreiheit, Frankfurt 1969.

38 Für die Schweiz verweise ich auf die engagierte Zeitschrift *focus;* in Wien hat der VSStÖ (Verband der sozialistischen Studenten) Informationen zu diesem Thema gesammelt.

39 L. Gravenhorst, Soziale Kontrolle abweichenden Verhaltens, Fallstudien an weiblichen Insassen eines Arbeitshauses, Frankfurt 1970.

40 W. Jaide, a. a. O.

Führungsschicht und die (erzwungene) bessere Ausbildung auch der ›unteren Klassen‹. Gäbe es auf dieser Basis nicht die Chance für ein Mehr an Menschlichkeit und Emanzipation, gäbe es nicht immer wieder Entschlossene, die bereit sind, sich dieses ›Mehr‹ auch zu nehmen (oder es für Andere einzuklagen), so wäre auch die Konterrevolution – nicht so allseits sichtbar und offen auftretend wie der Protest der ›Entschlossenen‹ – weniger permanent. Im Jargon der verführten Öffentlichen Meinung: Der linke Protest erst refaschisiert die Bourgeosie und ihren Machtapparat. Verlangte niemand mehr, als diese Bourgeoisie zu geben bereit ist, und ließe man sie sich nehmen, was sie haben will, so könnte Frieden sein.

Auch muß, wer herrscht, ein gewisses Maß von Plastizität wahren; bleibt doch die Erhaltung dieses sozialen Friedens gegenwärtig ein heikles Geschäft. Die Widersprüche des organisierten Kapitalismus werden immer schwerer staatsinterventionistisch zähmbar; das ist ein Grund dafür. Was vor wenigen Jahren noch als ›wachsende Zufriedenheit‹ der Bevölkerungen angesichts der Erleichterung ihrer materiellen Lage verstanden wurde: die Tendenz zur Konformität, zum Desengagement, zur politischen Apathie und zum Wohlverhalten, erwies sich als in hohem Maße anfällig schon gegen Rezessionen beschränkten Ausmaßes. Auch lassen sich die einmal Halb-Emanzipierten nie wieder so leicht von Forderungen nach einem Mehr an politischer und ökonomischer Macht abbringen; das ist ein zweiter Grund.

Anderes wäre anzufügen. Sozial-integrative Organisationen, einstmals in der Überwindung roher Formen kolonialistischer Ausbeutung bewährt, sind heute vom Vertrauensschwund unter den Organisierten betroffen – die Gewerkschaften geraten unter den Druck von Doppel-Loyalitäten, Spannungen bis zum Zerreißen vertikaler und horizontaler Gefüge treten auf, auf ihre Stabilisierungsleistungen ist kein rechter Verlaß mehr. Nicht einmal die Kanalisierung aller revolutionären Tendenzen in emanzipationswidrige Feindseligkeit, in zusätzliche Unterdrückung des Bodensatzes, der Hefe des Proletariats, oder die Ablenkung solcher energetischen Wellen auf systemimmanente Aktivitäten funktioniert noch so wie vor einigen Jahren. Auch wird von Rebarbarisierung, die alle ergreift, dennoch nicht jeder ergriffen. Die Plastizität von Herrschaft ist deshalb selbst Herrschaftstechnik, nicht aufgeklärte Milde, zum Teil doch

schon aufgezwungen. Die Frage, welche Chance Versuche zur Militarisierung der Gesellschaft, zur Restriktion, zur Verunsicherung der Arbeiterklasse durch Verzicht auf den ›Fetisch Vollbeschäftigung‹ und der eventuelle Rückgriff auf außerökonomische Zwangsgewalt gegenüber emanzipatorischen Kräften haben – emanzipatorische Kräfte, die jene ›Plastizität‹ von Herrschaft ebensowohl freisetzen mußte wie sie auf die endemische Natur dieser Herrschaft reaktiv antwortet, ist noch offen.
»Vorwarnungen der künftigen Entladung grausamer und unversöhnlicher innergesellschaftlicher Kämpfe«, die A. Mitscherlich in den Ghetto-Aufständen amerikanischer Städte sieht, sind jedenfalls auch dort zu finden, wo niemand sie vermutet. Wer weiß, was uns noch ins Haus fliegt? Die vergangenen Jahrzehnte haben gezeigt, daß viele Menschen sich gegen Gedanken, Haltungen, Verhaltensweisen brutalisieren lassen, auch wenn nichts darin in Wahrheit *ihre* Interessen, *ihre* Integrität bedroht, und daß sie – zustimmend – auch gegen ihre wahren Interessen handeln können. Vom verworrenen Zustand der einzelnen zeugt die verbreitete Bereitschaft, sich auf nationalistischen Wellen militarisieren zu lassen. Wie ein Kind wimmert, das sich kochendes Wasser über den Fuß goß, wissen viele und sind bereit, es zu verhüten; einfühlbar bleibt noch immer die Fassungslosigkeit, mit der jemand nach einem Verkehrsunfall auf das gebrochene Genick seines Partners sieht; aber als Napalm, als Explosion, als Luftdruck im Kriege wird dies alles mit einem Male hingenommen und zugefügt. Viele würden die eigenen Kinder töten lassen oder selbst andere töten – nur wegen des Besitzes von Städten oder wegen Interessen, von denen sie in der Gesellschaft des organisierten Kapitalismus nichts haben. Wenn aber schon einmal der »Friede« so unerträglich wird, daß Unterdrückte sich bewaffnet auflehnen, soll dann die verbreitete Toleranz gegenüber den unterdrückenden oder räuberischen Kriegen mit einem Male nicht mehr gelten. Auf schlüpfrigem Blut wollen sie nur die Reiche der *Unterdrücker* gegründet sehen.[41] Weniges ist so widerwärtig und inhuman wie es der Anblick

41 Leserbrief im Spiegel vom 14. 12. 1970: »Meine oberschlesischen Landsleute setzen sich nach wie vor für die Interessen der Vertriebenen ein. An dieser heiligen Sendung halten sie streng fest. Grenzlandmenschen sind kämpferisch! Das Deutschtum muß stets neu unter Beweis gestellt werden. Oberschlesien ist blutgeweihter Boden! – Der heilige Berg Annaberg ist Mahnung, Verpflichtung und Wahrzeichen zugleich.«

französischer Nationalisten zur Zeit des Algerienkrieges war oder der begeisterten Deutschen, die einem demagogischen Vertriebenenfunktionär zuhören, es heute noch ist.[42]

Auf das *Über-Ich,* das, im Verein mit der Verdrängung von Aggressivität Bürger der Mittelschichten eher friedfertig machte, jedenfalls von roher Gewaltförmigkeit abhielt, ist, so scheint es, kein Verlaß mehr. Zu lange konvergierte das ›Gute‹, im Tun wie im Unterlassen, in allen Schichten der Bevölkerung in Apathie; zu lange meinten Mehrheiten, ›gut‹ und ›böse‹ schon kraft ihrer Mehrheit zu setzen; jetzt meinen sie gar, der Ordnung hülfe man am sichersten zum Sieg durch ein Verbrechen (H. Mann). Am Ende dieser Involution: durch die Widersprüche des organisierten Kapitalismus an den Wurzeln labilisiert und von verschiedenen Formen der Desorganisation und Dissozialität bedroht, könnten *Bürger* erneut zur blinden Exekutive jener Gewaltförmigkeit in der Politik herrschender Klassen werden, die auch von außen her langsam wieder auf sie zurückt.

---

42 J. Burckhardt an Fr. T. Vischer: »Dem Philister ist überall öd und bang, wenn er nicht zu einem enormen Staat gehört, der ihm außer Sicherheit auch noch durchgehende Nachtzüge u. a. Bequemlichkeiten verspricht. Freilich können ihm die Söhne perfect in Feldlazarethen sterben«.

V Gewaltförmigkeit in der Politik der herrschenden Klassen (Integration)

VORBEMERKUNG Daß es seit der großen Morgenröte der bürgerlichen Gesellschaft, der Französischen Revolution, nicht nur vorangegangen ist: *wo Licht ist, da ist eben auch Schatten*, die Dinge haben ihre Nachtseite nicht weniger als ihre lichte, ihren ›Tag‹, das wird nicht mehr bestritten. Wer heute daran erinnert wird, meint, man müsse sich damit abfinden. Nicht alle Blütenträume reifen; gut Ding braucht Weile; wer das Paradies fordert, hat die bessere Zukunft schon verspielt: bekannte Plattheiten der Gegenaufklärung. Ja, jedes Ding geht mit seinem Gegenteile schwanger, so K. Marx, und mir scheint, die Nachtseite, die es bei allem Fortschritt der bürgerlichen Gesellschaft immer gab, wurde zum Tag; unter allem, was im Umlauf bürgerlicher Kultur ins Dunkel verschwand, z. T. in den Untergrund, war viel Lichtes.

Was wird in Schulen und Universitäten gelernt? Die bürgerliche Gesellschaft habe die Gewaltförmigkeit der Politik zur Zeit des Absolutismus aufgehoben, die Regierungsgewalt an Prinzipien demokratischer Legitimität gebunden. Sie habe auf dem Wege zum Rechts- und Sozialstaat schließlich gewaltlose Formen von Gewalt zur Steuerung ganzer Bevölkerungsmassen entwickelt: etwa langfristig kalkulierte Strategien der Lenkung durch materielle Befriedigung von Bedürfnissen, oder technologisch ingeniöse Einrichtungen zur Planung sozialer Systeme. Sie müsse freilich noch lernen, auch außenpolitische Konflikte gewaltlos zu lösen. Dieser geschichtliche Prozeß der Vermenschlichung in Politik und Gesellschaft des Bürgertums fände seine Entsprechung im Wandel der Sozialisations-Agenturen der Sozietät: in Familien, Schulen und Unternehmen sei Roheit verpönt, der autoritäre Duktus des 19. Jahrhunderts in der Epoche gewährender Umgangsstile, der ›Betriebsgemeinschaften‹ selten und anstößig geworden. Wenn auch das Glück, das in den Emanzipations-Verfassungen der bürgerlichen Revolution *allen* Menschen angekündigt worden sei, auf sich warten lasse, und wenn auch, wie die Episode des Nationalsozialismus in Deutschland oder der disziplinierte Faschismus der griechischen Militärjunta zeige, Demokratien das Risiko von Regression auf überwundene Stufen sozialer Ordnung eingehen – die Nachtseite, die gewiß nicht bestritten werden solle –, so sei doch die fortschreitende Humanisierung menschlichen Zusammenlebens unbestreitbar. Nicht nur in der Sphäre von Politik und Partei, im gesellschaftlichen Leben: auf den verschiedenen Ebenen der Erziehung, Ausbildung, Wirtschaft, in Güterwohlstand und allgemeiner Zivilisation reflektiere sich vielfältig der geschichtliche Fortschritt der Industrienationen. Was der Bürger mehrheitlich vorfinde, sei Freiheit und Eigentum im verbesserungsfähigen Sozialstaat.

Dieses panoramatische *vie en rose* wäre bestenfalls die eine, die Lichtseite der ersten sechs Jahrzehnte des 20. Jahrhunderts; liest man sie unter dem Aspekt zweier Weltkriege, des europäischen Faschismus, der Wirtschaftskrisen, des Algerien- und Vietnamkonflikts oder des Spanischen Bürgerkriegs, so hat das ›bestenfalls‹ Untertöne von Hohn und Zynismus. Immer war es nur ein vie en rose der *Überlebenden.* Die Toten aber haben unter uns keine Stimme – daß sie wenigstens im Gedächtnis der Überlebenden sprechen, haben in früheren Jahrzehnten Gefallenen-Denkmale, Krieger-Vereine und Erinnerungsfeiern zu verhindern gewußt. Heute, in der Epoche der Verdrängung von Trauer, bedarf es solcher Zurüstungen kaum noch.

Über ›Freiheit und Eigentum‹, über Schule, Sozialisation und Ausbeutung habe ich mich bereits geäußert. Sind wir wenigstens unabhängiger von der Natur geworden, haben wir gelernt, sie zum Nutzen der Menschen zu beherrschen?

Während die Ausbeutung des Menschen durch den Menschen innerhalb der Industrienationen ihre Krallen ein wenig einzog, ohne ihn je aus ihrem Griff zu entlassen, schlug in der Ausbeutung der Natur die historisch errungene Herrschaft über die Natur in schleichende Vergiftung der Umwelt, in die Zerstörung materieller Ressourcen um und macht das Überleben des homo sapiens erneut von ihr abhängig. Doch die Form, in der westliche Industriegesellschaften politisch organisiert sind, verhindert, im Verein mit dem Fetischcharakter des Privateigentums: ›die Angel, um welche sich alles dreht‹ (Hegel), vorläufig jeden Lösungsversuch des ökologischen Problems. Daß

Kultur, wenn naturwüchsig fortschreitend, *Wüsten* hinter sich zurückläßt, diese Marxsche Diagnose droht sich erneut zu bestätigen. Die systemaffirmative These, die ich an den Anfang gestellt habe, enthüllt sich auch hier als trügerischer Schein: nicht nur, daß äußere Natur und menschliche Innenwelt bei weitem nicht so exakt und dinghaft voneinander zu trennen sind, wie Naturwissenschaft und naives Vorurteil meinen, so daß möglicherweise, wer *Natur* zerstört, zugleich *Subjektivität* beschädigt – die Beherrschung der Natur, das »Macht Euch die Erde untertan ...« bedeutete von Anfang an Ausbeutung von Menschen im Weltmaßstab. Die cartesianische Formel, maître et possesseur der Natur zu werden, löste sich nicht nur in die Entwicklung von Wohlstand und Rechtsstaatlichkeit auf, sondern in die Gefährdung natürlicher Ressourcen und in frühkapitalistisches und koloniales Elend. Letzteres ist noch heute eine Bedingung westlicher Güterschwemme.

Und wie steht es mit der Rechtsstaatlichkeit, auf die parlamentarische Demokratien so stolz sind? Sehen wir uns diese Rechtsstaatlichkeit unter einigen wichtigen Aspekten näher an. In einer Gesellschaft, in der jeder einen Anspruch auf ein ordentliches Verfahren vor unabhängigen, nur an das Gesetz gebundenen Richtern hat, falls gegen ihn der Verdacht besteht, strafbare Handlungen begangen zu haben, und in der die Rechte jedes Angeklagten durch Vorschriften geschützt sind, wäre zunächst zu fragen, wer denn dieser *›jeder‹* wirklich sei. Ich wiederhole nur längst bekannte Daten, wenn ich darauf antworte: im wesentlichen Angehörige der *unteren Klassen*, wie man das um die Jahrhundertwende gern nannte. Genauer: Personen, die aufgrund verschiedener Bedingungen, darunter vorzüglich der Last ihrer Lebensverhältnisse, die sie vorfanden, Normen und Moralen der bürgerlichen Gesellschaft nicht verinnerlichen konnten; denen es aufgrund ihres Bildungs- und Ausbildungsdefizits nicht möglich ist, Konflikte, Spannungen, Enttäuschungen sprachlich auszudrücken und die daher auf primitivere Formen motorischer Spannungsabfuhr angewiesen sind; die in ihrer Familie und unter Nachbarn nicht lernen konnten, die Befriedigung von Bedürfnissen aufzuschieben; Personen, deren Einkommen zu niedrig ist, als daß sie am Konsum der Gesellschaft teilnehmen könnten, obwohl Konsumtion, d. h. der Kauf von Waren, eine der wichtigen sozial-integrativen Funktionen der einzelnen geworden ist: ihre Konsumrate entscheidet darüber, ob sie zu unserer Gesellschaft gehören oder nicht. Dieser Personenkreis: die *unteren Klassen,* unterliegt trotz aller Rechtsstaatlichkeit im gesamten forensischen Verfahren zugleich einer einschneidenden moralischen Ächtung, die sich bis in die Presse-Berichterstattung über Prozesse und Strafsachen fortsetzt und die – im Falle des Freiheitsentzugs – nur geringfügig und erst in jüngster Zeit durch demokratische Resozialisierungstendenzen da und dort gemildert wird. Wie allein schon die Existenz des Worts ›vorbestraft‹ andeutet, macht die Strafverbüßung der Sanktionierung dieses Personenkreises nicht etwa ein Ende. Konsequent wird unter den skizzierten Gegebenheiten der Strafvollzug *selbst* zur wesentlichen Bedingung von Kriminalität: die Wahrscheinlichkeit des Rückfalls, hieße das in der Sprache der Statistik, nimmt mit jeder Strafverbüßung zu. ›Rechtsstaatlichkeit‹ bedeutet im Bereich des Strafrechts anscheinend eine Institution, zu einer in ihrer sozialen Zusammensetzung möglichst konstanten Quote von Rechtsbrechern zu gelangen.

Gewiß können gelegentlich auch Personen der Mittel- und Oberklasse in diesem Sinne straffällig werden. Ich erwähne nur kurz, daß selbst dann zu Buche schlagen wird, daß die Verfügung über (Rechts-)Mittel, die den Angeklagten schützen, vom Einkommen des Betroffenen mit abhängig ist, und ergänze, daß typische Formen von Kriminalität der *oberen Klassen* bekanntlich nur schwer zu ermitteln, zu beweisen und zu ahnden sind – das Problem der ›white collar‹-Kriminalität und der Wirtschaftsverbrechen. Daß im großen Ganzen die Verhältnisse in der Erwerbs- und Tauschsphäre so geregelt sind, daß die Eigentümer von Produktionsmitteln und die Anbieter von Waren und Dienstleistungen – die Ware Arbeitskraft streng ausgenommen – in der Art einer Spielbank letztlich immer gewinnen, ist gleichfalls bekannt. Geradezu absurd wird Rechtsstaatlichkeit dort, wo sie Vergehen *schützt:* so gestattet es die Rechtslage kaum, die ständigen schweren Verstöße von Presse-Organen gegen § 130 StGB, Volksverhetzung usw., zu kriminalisieren. Bei näherem Hinsehen zeigt sich freilich, daß eine Konzentration von Kapital in den Händen eines Mannes, wie Axel Springer, diesen fortwährend, über seine millionenfach verbreiteten Zeitungen und Zeitschriften, dazu nötigt, subsidiäre Regierungsfunktionen zu übernehmen: Kontrolle der Bürger im Interesse von Herrschaft – auch wenn er dies gar nicht wollte. In-

sofern der Rechtsstaat ein Instrument der Kontrolle des Staats über Individuen ist, endigt in diesem Falle die Kontrolle überhaupt.
Bei politischen Prozessen allerdings sieht die Lage auch für Angehörige der Mittel- und Oberklassen ungünstiger aus; nicht zuletzt deshalb, weil dann der Staat Verpflichtungen, die sich aus der Rechtsstaatlichkeit ergeben, wie lästige Steine vom Tisch fegt.[1] Was bedeutet also Rechtsstaatlichkeit? Im Bereich des Strafrechts: daß die Ächtung, die über bestimmte normwidrige Handlungen eines generell diskriminierten und unterprivilegierten Personenkreises verhängt wird, einen geregelten Gang nimmt und formelle Rechte des Diskriminierten geschützt sind; im Zivilrecht: daß das Eigentum an Produktionsmitteln gewahrt bleibt, daß die Prozesse der Kapitalverwertung, und des Warenabsatzes möglichst ungestört zu Gunsten der Nutznießer, d. h. der *Bourgeoise*, ablaufen. Kurz: Rechtsstaatlichkeit sichert unter gegebenen gesellschaftlichen Bedingungen, daß die klassenspezifische Verteilung von Kriminalität und entsprechenden Sanktionen sich institutionell geregelt vollzieht. Innerhalb der unteren Klassen haben wenige Menschen eine hohe Chance, ihr Leben lang immer wieder straffällig zu werden, innerhalb der Mittelklasse aber sehr viele Menschen die Chance, nie vor Gericht zu stehen. Jedoch hat das System des Rechts und der Rechtsstaatlichkeit dieses Schicksal der einzelnen von der Willkür, Skrupellosigkeit der individuellen Herrschaft weniger Personen mit absoluter Regierungsgewalt emanzipiert, und es einem bürgerlich-demokratischen, geregelten, kontrollierbaren und in Grenzen revidierbaren Verfahren unterstellt. Die konservative Natur dieser Rechtsstaatlichkeit drückt sich in der bekannten Konservativität vieler Richter und der Institution aus, der sie dienen. Die Chance, Sprüche eines ordentlichen Gerichts aufzuheben, kann manchmal skandalös gering sein. Ihr Klassencharakter wird durch die alltägliche Wirklichkeit der forensischen Praxis und des Strafvollzugs bestätigt und erfährt seine abstrakte Krönung darin, daß Kapitalkonzentrationen in *einer* Hand den Eigentümer fortwährend dazu nötigen, in die Sphäre des Staats einzugreifen, ohne der geringsten Kontrolle zu unterliegen und ohne daß das Unrecht,

1 Ich erinnere an den Prozeß gegen Rechtsanwalt Mahler und andere in Westberlin, an den sog. Pohle-Prozeß in München und an eine Vielzahl von ›Demonstranten‹-Prozessen der Jahre 1968 und 1969.

daß er begeht, geahndet wird, ja auch nur geahndet werden könnte – wirkt es doch systemstabilisierend.
Was erfährt der Staatsbürger in der Regel von diesem Wesen des Rechtsstaats? Immerhin teilt sich ihm mit, daß Isolieren, Diskriminieren, Aussondern und Sanktionieren *die* legalen Sozialtechniken der Stabilisierung des gesellschaftlichen Systems und der Korrektur alles Abweichenden darstellen; immerhin dämmert es ihm, daß uralte Begriffe der Rechtssphäre wie: Gnade, Begnadigung, Entschuldung rare Ereignisse ohne begründbaren Zusammenhang mit dem geschichtlichen Gang der Dinge bezeichnen – Interventionen hochstehender Funktionsträger. In der konkreten Alltäglichkeit lernt er, vor Formen abweichenden Verhaltens zu scheuen wie das Pferd der mittelalterlichen Sage vor dem Blutbann, der magisch über dem Ort einer längst vergangenen Bluttat liegt, wird aber durch die gerade skizzierten Sozialtechniken der Isolierung usw., und durch das Imago des Strafvollzugs: der Gefängnisse, Wärter usw. davor bewahrt, aus diesem Schauder mehr zu gewinnen als die Bekräftigung sozialer Vorurteile. Für seine psychische Situation, d. h. für die Weise, wie seine Welt sich ihm vergegenwärtigt und wie er in ihr sich motiviert fühlt, sind große Anteile der Rechtssphäre und sind die vom Recht Sanktionierten ebenso unwirklich wie die Millionen von Toten, die er überlebt. Die Toten haben keine Stimme; so haben auch die keine Stimme im Rechtsstaat, denen ihr Recht ward. Sie sitzen in Gefängnissen oder, als entlassene Vorbestrafte, im außerbürgerlichen Ghetto. Es sprechen die vom Rechtsstaat, die er noch nie fühlbar unter sich befaßt hat.

DIE RÜCKKEHR ROHER GEWALTFÖRMIGKEIT IN DIE POLITIK DER HERRSCHENDEN KLASSEN

Aimé Cesaire, um mit einem Sprecher der Kolonialisierten zu beginnen, hat der europäischen, abendländischen, ›weißen‹ Kultur bittere Prognosen gestellt[2]: Die Kolonisation – und, seinerzeit, die nackte Ausbeutung des Proletariats – arbeite daran, Besitzer und Herren »zu entzivilisieren, sie im wahrsten Sinne des Wortes zu verrohen, sie zu degradieren, verschüttete Instinkte, die Lüsternheit, die Gewalttätigkeit, den Rassenhaß, den moralischen Relativismus in ihnen wachzurufen«. *Daß* ›Rebarbari-

2 A. Cesaire, Über den Kolonialismus, Berlin 1968, S. 10.

sierung‹ stattfand, daß rohe Gewaltförmigkeit in die Politik der herrschenden Klassen, in die Regelung, Produktion und Zerstörung sozialer Systeme zurückkehrt, ist unbestreitbar; fast ist, wer sein Leben genießt, schon Komplize. Gewaltförmigkeit, die selbst dem Übelkeit bereitet, der von ihr nur liest, die ihn zu ohnmächtiger Verzweiflung zu treiben droht und viele Sensible in der Tat aus der Gesellschaft heraustreibt, in die Subkulturen des *underground,* Gewaltförmigkeit wurde erneut zur Daseinstechnik der Herren – fast im Weltmaßstabe. Ich meine hier mehr als nur die Tendenz, nationale und internationale Konflikte im klassischen Sinne machtpolitisch zu lösen, was letztlich eher konservativ ist als auf der Höhe der Zeit (und wofür die UdSSR in Ungarn, in der CSSR ein Beispiel gegeben hat) – nämlich die gar nicht mehr konservative Infiltration ganzer Kulturen durch jene Verhaltensweisen, die während des französischen Kolonialkriegs in Algerien breite moralische wie politische Proteste auslösten: Folter, Vergewaltigung, Zerstörung, Vernichtung von Ernten und Äckern, Roheit, genocide Tendenzen. Die Stärkeren – ihrer Identität, ihrem möglichen Glück nicht weniger entfremdet als die Schwächeren – erzeugen den Schrei, den sie selbst nicht mehr ausstoßen durften noch wollten, tausendfach in ihren Gegnern. Von den Kriegsverbrechen der amerikanischen Armee in Vietnam,[3] unvorstellbar in ihrer systematisierten Gemeinheit, vom Rassenkonflikt in den USA und von der Ermordung von Studierenden in Kent, den Folterungen in Brasilien, in Spanien, den Herrschafts-Usancen der Junta in Griechenland bis hin zur kaum noch gemäßigten Brutalität französischer Polizeitruppen im Mai 1968 und, in der BRD, im Angriff der Polizei auf Streikposten 1971, wird, als ein fast schon massenhaftes Phänomen, die Rückkehr zur rohen Gewaltförmigkeit in die abendländische Kultur bezeugt; bei breitester, verborgener Komplicenschaft Unbeteiligter. Gewalt bestätigt sich ihre Herrschaft in fremder Qual und Erniedrigung; diese anderen anzutun, macht einem alten Adornoschen Diktum nach immer dort die größte Freude, wo Erniedrigung schon getroffen hat. Wie recht A. Cesaire mit seiner düsteren Prognose behielt, man habe geglaubt, einfach Farbige zu erschlagen, in Wirklichkeit aber alle Schutzwälle niedergerissen, hinter denen europäische Zivilisation sich entfalten konnte,[4]

3 Vgl. Der Spiegel, »Drei Köpfe rollten auf mein Bett«, vom 7. 12. 1970.
4 A. a. O., S. 72.

belegt die Praxis der Compagnies Républicaines de Sécurité. In den Transportwagen der CRS beispielsweise hängen von der Decke Handschellen, an die je ein Arm der Transportierten gefesselt werden kann, so daß diesem gegen die üblichen Schläge ins Gesicht nicht einmal mehr der psychologische Schutz des Händevorhaltens bleibt.[5] Die Einrichtung wurde, nach der Erklärung der CRS, für Algerier geschaffen, die sich gegen ihre Abschiebung über Marseille zur Wehr setzten – französische Studenten und Arbeiter haben längst gelernt, daß sie für jedermann anwendbar sind, der in die Hände der Para-SS fällt.[6] Inhumanität ist unteilbar.

Nicht einmal mehr bleibt die Folter, wie im Mittelalter, an bestimmte Rechtsverhältnisse und geregelte Prozeduren gebunden (und damit in Grenzen kontrollierbar). Gewaltförmigkeit verzichtet allerorten auf ihren legalistischen Schein.

Der Schrecken eskaliert: Es kann nicht mehr nur die Rede davon sein, daß – schlimm genug – gewisse soziale Klimata und Stimmungslagen individuelle Sadismen freisetzen und die kollektive Entmenschlichung kleinerer Gruppen (etwa militärischer Sondereinheiten) begünstigen; vielmehr wird Roheit und die Technik der Erniederung zum Thema systematischen Trainings. Ob nun Vietnamesen, die sich der Amerikanisierung und dem Bruch internationaler Verträge widersetzen; ob Priester und Arbeiter in Spanien, deren Widerstand gegen Zentralisierung und Klassenherrschaft nicht erlischt; ob Professoren, Journalisten, Künstler in Griechenland, die die ›Lichtseiten‹ parlamentarischer Demokratie wider deren Antagonismus verteidigen; ob Studenten oder Angestellte, Liberale oder Kommunisten: die soziale Ordnung, die verteidigt wird, entlarvt sich im Leiden, das man ihnen zufügt, als permanente Konterrevolution, als *weißer* Terror, der um so vieles blutiger ist als es der ›rote‹ je war. Es sind die Wehrlosen, die Besiegten, diejenigen, die waffenlos in die Hände von Herren geraten, an denen die Konterrevolution sich entlädt und zugleich enthüllt. »Je weniger Gefahr für den da oben, desto ungestörter die Lust an der Qual, die ihm nun zu Diensten steht: erst an der ausweglosen Verzweiflung des Opfers wird Herrschaft zum Spaß«

5 Vgl. S. H. Schirmbeck, Die Gorilla-Garde der Fünften Republik, in: Monat, 265 (1970), S. 68 ff.
6 Bekanntlich hat auch die RG (Renseignements Géneraux) unmenschliche Züge, nicht nur die CRS.

(Th. W. Adorno). Diese erneute Lust an der Qual ist nicht weniger als technische all-round-Intelligenz ein Sozialisationsprodukt bürgerlicher Gesellschaften in ihrer Verfallszeit. Daß rohe Gewaltförmigkeit in die Politik der herrschenden Klassen auch parlamentarisch-demokratischer Staaten: USA, Frankreich, zurückgekehrt ist und ihre Ausübung in Spanien, Portugal, Griechenland, Brasilien usw. toleriert wird, wäre bereits Anlaß zu erschrecken, und doch kündigt sich darin ein Stück Untergang abendländischer Kulturen erst an; wie überhaupt das Grauen über die Formen, welche die Verteidigung reaktionärer Machtpositionen und ökonomischer Interessen in Algerien, Vietnam, Griechenland, Spanien usw. annahm, nicht davon abhalten durfte, destruktive Feindseligkeit, Haß, Erniedrigung bis in die üblichen, alltäglichen Verkehrsformen der bürgerlichen Gesellschaft, ja bis in ihre sublimsten Ausprägungen zu verfolgen und erst dort, in den scheinbar gewaltfreien Beziehungen, die Menschen ›privat‹ untereinander eingehen, den eigentlichen Nachweis für die These von der Rebarbarisierung der abendländischen Kultur zu führen.
Welchen Einfluß der skizzierte klimatische Wandel in der BRD beispielsweise auf öffentlich bedeutsame Entscheidungen gewinnt, demonstriert die Innen- und Gesellschaftspolitik der sozialliberalen Koalition. Sie weicht der Mitbestimmungs-Frage aus und verschleppt damit erneut, was vielleicht zur Emanzipation der Arbeiterklasse beitragen *könnte.* Sie weiß gegenüber der ›Rauschgift‹-Welle, selbst ein verlagertes Symptom der Selbstdestruktion einer Kultur durch ihre privilegierten Klassen, nicht anders sich zu helfen als durch Kriminalisierung auch der Konsumenten. Unter der Hand gerät das Gesetz schärfer, als es beabsichtigt gewesen sein mag – überschießende Gewaltförmigkeit, die öffentlich restriktive Stimmungen verstärkt und vermittelt neue Gewaltförmigkeit auslösen wird. In der Pornografie-Debatte läßt sich die Regierungskoalition durch fromme Dummköpfe und schweigende Mehrheiten fürs erste verunsichern. Die Eherechtsreform scheitert. Erhalten bleibt, was Feindseligkeit zwischen den Individuen begünstigt, aber deren revolutionäre Transformation erschwert. Doch ist dieser Tribut an die Rebarbarisierung bürgerlicher Gesellschaften noch milde. In anderen Ländern ist es offener sichtbar, daß die Folter nicht nur den Gefolterten zerstört. Sie treibt die Zerstörung der Folternden und ihrer Befehlshaber voran, vermittelt die Zerstö-

rung der Kultur, wo immer sie geduldet wird. Man kann sich ihr gegenüber nur um den Preis des eigenen Bewußtseins affirmativ verhalten; Zivilisation verfällt, wo rohe Gewaltförmigkeit zum Prinzip von Herrschaft wird. Im Lande der rohesten Folterknechte, den imperialistischen USA, gaben 1967 bei einer Umfrage zwei Drittel aller Befragten an, sie fänden es richtig, wenn Plünderer und Brandstifter noch auf der Straße niedergeschossen würden; 1968 stimmten 50% aller Amerikaner der Äußerung zu, daß das Rechtswesen im ›Wilden Westen‹ zwar grob und ungenau verfahren sei, daß die Dinge aber immerhin besser gelaufen seien als heutzutage bei dem ganzen juristischen Papierkrieg. *Rechtsstaatlichkeit*, auf die unser panoramatisches *vie en rose* so großen Wert legt, wird von der schweigenden Mehrheit wie ein lästiger Stein vom Brett gefegt. Jeder zehnte Amerikaner erklärte 1968, er würde bereit sein, mit körperlicher Gewalt oder mit Waffen gegen eine Gruppe von Personen vorzugehen, die absichtlich den Verkehr lahmlegt, um gegen den Krieg in Vietnam zu demonstrieren.[7] Aber schon hat annähernd *jedes* westliche Staatswesen seinen Anteil an der ›Verwilderung des Kontinents‹. Es besteht kein Zweifel, entschiedenes Handeln wäre fällig.

»Fällige Praxis wäre allein die Anstrengung, sich aus der Barbarei herauszuarbeiten.«[8] Die Existenz vieler, die sich gegen die Politik roher Gewaltförmigkeit empören, ist ein Faktum wie die äußerste Machtlosigkeit, die ihnen, noch immer Minorität, der Gang der Dinge bescheinigen will. Empörung, mit der Emanzipation beginnt, als das *sittliche Interesse* auch, das der Anstrengung um Einsicht vorangeht, weiß überdies kaum, wohin mit sich; die Konsequenz scheint wie abgeschnitten zu sein, zur Trauer gesellt sich der Verlust praktischer Dimension:

»Ich laufe im Zimmer auf und ab«, schrieb ein Leser nach dem Vietnam-Bericht des Spiegel an das Nachrichtenmagazin, »und überlege, was ich tun kann, was ich tun sollte. Ich muß etwas tun, sagen Sie mir, was ! Soll ich an Nixon schreiben, soll ich nach Genf schreiben, an den Außenminister . . . ? Gibt es jemand, der einflußreich genug wäre, hier einzuschreiten, dem ich irgendwie helfen kann? Soll ich an meiner Universität Unterschriften sammeln? Oder Ihren Artikel aushängen? Gibt es eine seriöse Organisation, die Einfluß hat und die vielleicht Geld

7 Vgl. Die Zeit vom 25. 12. 1970, ›Statistik der Gewalt‹.
8 Th. W. Adorno, Stichworte, Frankfurt 1969, S. 179.

braucht? Sagen Sie mir, was ich tun soll. Wenn es nur ein wenig Aussicht auf Erfolg hat, werde ich es tun.«[9]

Daß es keine Instanz mehr gibt, an die sich wenden könnte, wer es angesichts fortschreitender Brutalisierung imperialistischer Politik nicht mehr mit sich aushält, ja daß es nicht einmal mehr möglich ist, Empörung, Erschrecken, Verzweiflung zu *vermassen,* hat für die Kommunikations-Strategien der antiautoritären Revolte Bedeutung gehabt; an anderer Stelle wird darauf zurückzukommen sein. Hier beschäftigt uns ein anderer Umstand. Die Empörung nämlich, aus dem zitierten Leserbrief in jeder Wendung spürbar und von der Identifikation mit den Opfern der Gewalttätigkeit untrennbar, bildet eine mächtige Basis der studentischen Bewegung. Die ›Sensibilität für Unterdrückung‹[10] hat eben diesen menschlichen, in der reduzierten Sprache der Konservativen: ›moralisch-gefühlsmäßigen‹ Kern: Mit dem Schmerz, mit Empörung, Mitgefühl und Auflehnung beginnt's, danach erst organisiert sich das Bedürfnis, alle Zustände umzuwerfen, in denen der Mensch noch ein geknechtetes, erniedrigtes, ausgebeutetes Wesen ist. Th. W. Adorno, der mehr als viele andere Lehrer den Blick der linken Studenten für Barbarei geschärft und ihrer Sensibilität analytisches Werkzeug vermittelt hat, bestritt in einer seiner letzten Arbeiten, daß solches Mitgefühl (noch) möglich sei. »Im sicheren Amerika vermochte man als Emigrant die Nachrichten von Auschwitz zu ertragen; nicht leicht wird man irgendeinem glauben, Vietnam raube ihm den Schlaf... Wer sich einbildet, er sei als Produkt der Gesellschaft, von der bürgerlichen Kälte frei, hegt Illusionen wie über die Welt so über sich selbst; ohne jene Kälte könnte keiner mehr leben. Die Fähigkeit zur Identifikation mit fremdem Leiden ist, ausnahmslos in allen, gering.«[11] Es geht aus dem Kontext der zitierten Stelle deutlich hervor, daß Adorno die Fähigkeit zur Identifikation mit fremdem Leiden bestreiten muß, weil anders seine Politik gegen die studentische Linke nicht so ungebrochen daherschießen könnte. Indem er bürgerliche Kälte unentrinnbar macht, nimmt er ihren Gegnern, was sie legitimierte: Menschlichkeit; streicht er die studentische Opposition auf Geistfeindlichkeit, Privat-

9 Der Spiegel, Nr. 52 (1970).
10 Vgl. R. Reiche, in O. Negt (Hrsg.), Die Linke antwortet Habermas, Frankfurt 1968.
11 Th. W. Adorno, a. a. O., S. 187.

wahn, Theaterrevolution zusammen. Seiner Aufforderung, die ich weiter oben zitierte: fällige Praxis wäre die Anstrengung aus der Barbarei sich herauszuarbeiten, folgt ein resigniertes, gleichwohl nur zu wahres statement: Sie, die Barbarei, sei »so weit gediehen, daß sie alles ansteckt, was ihr widerstrebt«. Indessen ist Psychologie schon seit Dostojewski ein Stock mit *zwei* Enden: will Adorno auch darauf hinaus, die studentische Linke sei ›angesteckt‹, im Sinne seiner alten These, die Qualität des Überwundenen schlage im Überwinder noch roh durch, worüber sich reden ließe, so erweckt sein Passus über ›bürgerliche Kälte‹ im Kontext der späten Streitschrift den Verdacht, auch *er* könnte der Adjustierung menschlichen Denkens an gesellschaftliche Großwetterlagen erlegen sein. Ich möchte nicht weiter auf seine Alterspolemik eingehen, nur darauf hinweisen, daß er in einer erstmals 1968 (!) veröffentlichten Arbeit[12] über Erfahrungen in den USA schrieb:

»Drüben lernte ich ein Potential realer Humanität kennen, das im alten Europa so kaum vorfindlich ist. Die politische Form der Demokratie ist den Menschen unendlich viel näher. Dem amerikanischen Leben eignet ... ein Moment von Friedlichkeit, Gutartigkeit und Großzügigkeit (...).«

»Aber wahrscheinlich ist die Resistenzkraft gegen faschistische Strömungen in Amerika doch größer als in irgendeinem europäischen Land (...).«

Die wie immer auch versteckte, partielle oder aus privaten Lebenssituationen verstehbare Adjustierung an den *common sense*, die hastige Durchkreuzung eigener Analysen, wo es um die Abqualifizierung opponierender sozialistischer Gruppen geht, erschreckt, weil sich darin eine *Kapitulation* abzeichnet, die durch den Gegenstand der Kritik ausgelöst, aber nicht allein durch ihn verursacht sein kann. Es wäre zu fragen, inwiefern nicht überhaupt in der Kritischen Theorie ein Moment der Kapitulation vor der ›Verwilderung des Kontinents‹ sich verbirgt: indem sie im Medium von Reflexion jene Freiheit und Menschlichkeit beschwört, ins Wort bringt, die ringsum in der gesellschaftlichen Praxis schwindet, macht sie Humanität selbst dort zum praxislosen Genuß einer privilegierten Elite, wo sie eben diese Situation als *allgemeine* durchschaut und kritisiert. Die ›Kultur‹, die sie nach 1968 vor der Studentenrevolte zu schützen vorgab, hatte sie selbst längst der Komplicenschaft mit Barbarei

12 Wissenschaftliche Erfahrungen in Amerika, in: Stichworte, 1970, S. 145 f.

und Gemeinheit überführt. Was sie wirklich schützen wollte, war ein Teil dieser ›Kultur‹: das Privileg einer intellektuellen Elite.
Die Politik der Anpassung an gegebene Machtverhältnisse, stumme Restriktion und intellektuelle Unterwerfung bleiben nicht auf Parteien, Gelehrte, Presse-Organe beschränkt. Sie wäre auch an ihren unscheinbaren Zeichen abzulesen: etwa an der wachsenden Bedeutung, die Polizei oder Gerichte für die Regelung sozialer und politischer Konflikte gewinnen. In der expliziten Verschmelzung zweier einst voneinander relativ unabhängiger Institutionen: ›Ausnahmezustand‹ und ›politische Strafjustiz‹, zeigt diese Anpassung an gegebene Machtverhältnisse deutlich genug ihre Identität mit dem reaktionären Trend der Rückkehr zur Gewaltförmigkeit – schon in einer demokratisch sich verstehenden ›Politik im Frieden‹. Daß auch der ideelle ›Nicht-Konformismus‹ unter Strafe gestellt wird, steht vor der Tür. C. Schmitt erweist sich als der Hellsichtige: Daß der Staat sich als politische Einheit durch den inneren Feind bestimme, daß in der Formel von ›absoluter Einheit‹ und ›absolutem Gegensatz‹ Ordnung und sozialer Friede auf innerstaatlicher Feinderklärung, also auf intendierter Unterdrückung in Gewaltform beruhen, bezeichnet weit über den Nationalsozialismus hinaus die geschichtliche Tendenz in der Politik herrschender Klassen.
Die Hegelsche Dialektik von Herr und Knecht, die politische Umwälzung an die Emanzipation gesellschaftlicher Klassen bindet, rückte Gewalt noch in den Zusammenhang der *Humanisierung* der gesellschaftlichen Prozesse. Die von C. Schmitt nur artikulierten ›Freund-Feind‹-Schemata begründen dagegen jene konterrevolutionäre Gewalt, in der die befreiende Dialektik von Herr und Knecht blutig ersticken soll. Das ist mehr als eine theoretische Setzung. Denn seit der Klassengegensatz, objektiv wirksam und wirklich wie eh und je, hinter Disparitäten, Polarisierungen und Schichtungen für viele unsichtbar wurde und Feindseligkeit sich herrschaftskonform verteilt, seitdem beschreibt das Schmittsche Denken in ›Freund/Feind‹ die als kompakte Realität sich formierende, gleichwohl ideologische Verschleierung der fundamentalen Konflikte des Klassenstaats: den sozialen Frieden. Um es noch einmal am empirischen Datum festzumachen: Wenn ein hessischer Polizeichef Langhaarige verbal anrempelt und später erklärt, zwischen langen Haaren und Kriminalität sei oft kein weiter Weg,[13] verifi-

13 Vgl. H. Robinson, Mosaik der Gewalt, in: Vorgänge 1/1971, S. 1.

ziert er den Trend der Rückkehr zu roher Gewaltförmigkeit und verschleiert er die *Klassen*aspekte unserer Situation nicht weniger, wenn auch vorerst unblutig, als der Arbeiter, der in Konstanz einen langhaarigen Lehrling erschoß. Jene Bürger, die einem Anwalt, nachdem dieser Strafantrag gegen den Freiherrn von Guttenberg gestellt hatte,[14] in Briefen als ›rote Sau‹, als ›sozialistisches Schwein‹ beschimpften und mit Mord bedrohten, wissen nicht, daß sie selbst Opfer jener Interessenten sind, deren unheilvollen Einfluß sie, die briefschreibenden Bürger, in ihrer Funktion als Täter verleugnen.
Immer bedient sich die Konterrevolution des Hexeneinmaleins: Einer der bezahlten Vertriebenensprecher der Bundesrepublik, W. Becher, bezeichnete unlängst die Vertriebenen als die Parias unserer Sozietät, denen wenig anderes übrigbliebe, als sich zu radikalisieren. Ob nun die Politik der CSU in Deutschland, die Burgos-Demonstrationen in Frankreich, ob die Verfilzung der Prozesse gegen Manson, Angela Davis und die Beteiligten am Massaker von My Lay in den USA, ob neue kriegerische Wendungen der USA in Indochina, ob die U-Boot-Lieferungen unseres Landes an Griechenland und der Waffenhandel Großbritanniens mit Südafrika – die Konterrevolution, die auf allen Ebenen des politischen und sozialen Geschehens versucht, emanzipatorische Kräfte zurückzudrängen, bedient sich roher Gewaltform, der Angsterweckung, der innerstaatlichen Feinderklärung, der kolonialistischen Komplicenschaft mit den reaktionärsten Kräften und ist darin erfolgreich, das Drängen des Knechts nach Freiheit und die Ausbeutungspraxis des ›Herren‹ hinter ihren Freund-Feind-Schemata unkenntlich zu machen. Daß sie in hochindustrialisierten Ländern wie Frankreich oder in der BRD in einer Art von Vorlauf Institutionen der Unterdrückung schafft, denen der ›Feind‹, der in ihnen geschlagen werden soll, noch fehlt,[15] ist kein Anlaß zur Mäßigung des Urteils: Diese Politik ist nicht mehr die Ursache kontinentaler Verwilderung, sie ist schon ihr *Ausdruck.* »Die Wahrheit ist, daß diese Politik den Untergang Europas bereits in sich trägt, und daß Europa, wenn es sich nicht sehr verändert, an der Leere sterben wird, die es um sich herum geschaffen hat.«[16]

---

14 Wegen Geheimnisverrats.
15 In der BRD die Notstandsgesetzgebung.
16 A. Cesaire, a. a. O., S. 71.

VI Öffentliche Kapitulation vor unterdrückender Gewalt

»Es gibt ein Gesetz fortschreitender Entmenschlichung«, so Aimé Cesaire, »demzufolge auf der Tagesordnung der Bourgeoisie jetzt nur mehr die Gewalt, die Korruption und die Barbarei stehen können.«[1] Cesaire weiß, daß es sich hierbei weder um ein Naturgesetz noch um eine schlicht wie naturwüchsig verlaufende Entwicklung handelt: Fortschreitende Entmenschlichung hat ihre *Handlanger:* »... die Paternalisten, die Schöntuer, die Korrumpierer, die Schulterklopfer (...), die Einschläferer, die Mystifikatoren, die Geiferer, die Reinleger und ganz allgemein jene, die, indem sie ihre Rolle spielen in der schmutzigen Arbeitsteilung zur Verteidigung der westlichen und bürgerlichen Gesellschaft, auf diverse Art und durch infame Diversion versuchen, die Kräfte des Fortschritts zu zersetzen, auf die Gefahr hin, die Möglichkeit des Fortschritts überhaupt zu leugnen; allesamt Helfershelfer des Kapitalismus, (...), allesamt Miturheber der kommenden revolutionären Aggressivität«. Worauf in diesem Zusammenhang heute aufmerksam zu machen wäre, ist nicht mehr nur die Existenz solcher Einschläferer und Einschärfer in den westlichen Industrienationen, die es immer gab. Was die Nachtseite zum *Tag* der Gesellschaft macht, ist ohne die fortschreitende Destruktion jener Köpfe und Kreise nicht denkbar, die einst oder noch vor kurzem mit wechselnder Zähigkeit und mit Ernst auf der Humanisierung dieser Gesellschaft bestanden; ist die Rebarbarisierung auch der *Kritik*. Th. W. Adorno gab ein bitteres Beispiel dafür (S. 164). Die Aktivität der Reaktion, der Totengräber von Menschlichkeit, signalisiert zwar die Rückkehr von roher Gewaltförmigkeit und Unterdrückung in die Politik der herrschenden Klassen: »Die Leute zu Hause«, rief Spiro Agnew, US-Vizepräsident, den ameri-

1 A. a. O., S. 60.

kanischen Soldaten in Vietnam zu, »sind verdammt stolz auf das, was Ihr hier macht!« Besiegelt aber wird sie erst von der Kapitulation solcher Gruppen, Individuen und Institutionen, die sich einst als konservative oder liberale Hüter der humanistischen Tradition des Bürgertums begreifen durften. Ich werde diesen Verfall der Kritik unter die Gewaltförmigkeit der Politik herrschender Klassen an zwei Beispielen darstellen, und zwar an zwei *Schweizer* Presse-Organen.

Was konservativem Denken zustößt, was es zum Vermittler der Gewalt, zum ›Schöntuer‹, ›Schulterklopfer‹, Handlanger macht, lehren Schweizer Zeitungen besonders deutlich; sie sind wohl dank der immer prekären, doch selten wirklich bedrohten Lage dieses sowohl hochkapitalistischen wie bereichsweise rückständigen Landes feine Barometer. Lorenz Stucki schrieb im Dezember 1970 in der angesehenen Neuen Zürcher Zeitung (NZZ), was seines Symptomwerts wegen ausführlich mitgeteilt und erörtert sei:

»Es war in Rio de Janeiro, am Tag nach der Entführung des deutschen Botschafters von Holleben durch die brasilianischen Stadtguerilleros. Ein katholischer Pater erzählte mir von seinem Gespräch mit einem *führenden General des Militärregimes,* bei dem er sich kurz zuvor über die Folterungen politischer Häftlinge beschwert hatte.

»Ich bin ganz mit Ihnen einverstanden, Padre«, sagte der General. »Folter ist etwas Scheußliches, Gewalt überhaupt, besonders gegen Wehrlose. Aber nun sagen Sie mir, was Sie täten. Sie haben, weil Sie es nach bestem Wissen und Gewissen für notwendig hielten, die Verantwortung für die Politik des Landes übernommen. Sie wissen, daß es eine kleine Minderheit gibt, die versucht, den Erfolg dieser Politik zu verhindern, die Ordnung zu zerstören, den Bürgerkrieg anzuzetteln, der Mehrheit des Volkes ein Regime nach ihrer Vorstellung aufzuzwingen. Sie wissen, daß für diese Leute der ideologische Zweck jedes, auch das kriminellste Mittel heiligt und daß sie sich bewußt und offen zu den Methoden des Terrors, des Raubes und des Mordes auch an politisch Unbeteiligten und Unschuldigen bekennen, um ihre Ziele zu erreichen. Doch Sie kennen diesen Feind nicht. Er tarnt sich und schlägt aus dem Hinterhalt zu. Solange Sie nicht wissen, wer von den Millionen Mitbürgern, die Ihnen in der Straße begegnen und harmlos mit Ihnen im Fußballstadion sitzen, gestern einen Diplomaten entführte, einen Polizisten ermordete, eine Bank ausraubte oder dergleichen für morgen plant – solange sind Sie gegen diesen Feind wehrlos und unfähig, seine potentiellen Opfer zu schützen. Doch nun, Padre, haben wir einen von denen erwischt und wissen, daß er über die Information oder zumindest einen Teil der Information verfügt, von deren Besitz jede Möglichkeit unserer Gegenwehr

abhängt. Wenn wir ihn mit allen Mitteln, notfalls auch mit Foltermethoden, zwingen, sein Wissen preiszugeben, sind wir grausam, und die ganze Welt verurteilt uns. Und wenn wir es nicht tun und unsern Todfeinden erlauben, Brasilien in den Bürgerkrieg hineinzuführen, den sie anstreben: nehmen wir dann nicht noch schwerere Verantwortung auf uns? Würde uns die Welt nicht mit mehr Recht verurteilen? Wie würden Sie entscheiden, Padre?«
Der Priester erzählte mir die Rede des Generals mit einer gewissen *Verzweiflung.* Nach wie vor verurteilte er die Folterungen und glaubte, die Regierung als die weitaus stärkere Partei im Kampf müßte aus dem Teufelskreis von Gewalt und Grausamkeit irgendwie einen Ausweg finden. Aber er war ehrlich genug, seine Hilflosigkeit, eine überzeugende Antwort auf die Kernfrage des Generals zu finden, offen zuzugeben. Die meisten machen es sich leichter.«

Gegen Schluß seines mehrspaltigen Artikels äußert sich Stucki noch einmal explizit zur Frage der Folterungen:

»Schließlich das internationale Hauptthema, die *Folterungen.* Es ist schwer, die eingangs zitierten Argumente des Regimevertreters ganz von der Hand zu weisen, auch wenn man sie wie mein priesterlicher Gesprächspartner gefühlsmäßig moralisch zurückweist. Doch da die sonst so harte Regierung gegenüber den erpresserischen *Diplomaten-Entführern sehr nachgiebig* ist und es hinnimmt, durch die befreiten Feinde in der ganzen Welt unwidersprochen angeklagt zu werden, droht der Schaden größer zu werden als der Nutzen. Auch ist Brasilien trotz allem noch immer ein viel zu freies Land, als daß man dort nicht unter der Hand – und oft aufgebauscht – erführe, was nicht in der Zeitung stehen darf. So gibt die internationale Kampagne gegen die brasilianische Regierung, wie sie von Algier, Genf und andern Orten aus systematisch betrieben wird, den Guerilleros eine moralische Unterstützung und eine Aufwertung zu »demokratischen Freiheitskämpfern«, die vielleicht schwerer wiegt als die Erfolge im polizeilichen Abwehrkampf, die den Resultaten von Folterungen zu verdanken sind.
Das zumindest wäre dem General zu entgegnen, wenn man sich schon des moralischen Urteils – weil es leicht selbstgerecht wird – enthalten will. Denn jene Kampagne ist, ungeachtet ihrer Einseitigkeit und Verlogenheit, zu einem *politischen Faktor* geworden, und sie tut bei einem Publikum, das von den wirklichen Verhältnissen und sehr komplexen Problemen Brasiliens keine Ahnung hat, ihre Wirkung.«

Eine Analyse konservativer Verwilderung, des Weges zum Cesaire'schen Schulterklopfer, Schöntuer und Speichellecker, stößt in den ersten Sätzen des Generalissimus schon auf eine

rhetorische Figur, in der wohlbedacht der Tatbestand, um den es geht: Folterung, entschärft und Antikritik aufgebaut wird: »Folter ist etwas Scheußliches, Gewalt überhaupt, besonders gegen Wehrlose«. Zumindest bei flüchtigem Lesen könnte hier der Eindruck entstehen, es werde ein Fakt, ein Isoliertes (Folter) in das übergreifende Ganze eingeordnet, in dem es systematisch seinen Platz findet (Gewalt überhaupt ...); das erweckt eine Anmutung von Sorgfalt, von *Denken.* Der Padre und die NZZ machen den Leser nicht darauf aufmerksam, daß ›Gewalt überhaupt‹, auch ›Gewalt gegen Wehrlose‹, den Bezugsrahmen für Folterungen nicht abgeben kann; es sei denn, man wollte gerade das unterschlagen, was das Spezifische des Folterns ist: die vorsätzliche, sadistische und sorgfältig prolongierte Zerstückelung und Zerquetschung eines Menschen, der sich in der infamen Gewalt des Folterers befindet; seine abgrundtiefe, hoffnungslose Verlassenheit, die sich der Sprache verweigert; daß er bewußt, und zur Lust seiner Schergen, in ein schreiendes, stöhnendes, schließlich wimmerndes Opfer verwandelt wird. Was Padre und konservative Verrottung gleichfalls sehr wohl bemerken sollten, ist die zusätzliche List des Generals, der mit der Erwähnung von ›Gewalt ... besonders gegen Wehrlose‹ anspielend bereits das in seine Mitteilung einholt, was man seinen ›Gegnern‹ vorwirft: Begehen nicht *sie* Gewalt gegen Wehrlose, wenn sie ausländische Diplomaten entführen? Was immer über Gewalt, Gegengewalt, Repression, Entführungen usw. erst auszumachen und dann zu diskutieren wäre, wird hier in einer preiswerten rhetorischen Figur vom Tisch gewischt.
Vom Tisch gebracht noch ehe sie überhaupt hätte zum Thema werden können, wird die Frage nach der Wahrheit, Richtigkeit, Verläßlichkeit dessen, was einer unter der Folter gesteht. Man zwingt ihn, ›sein Wissen preiszugeben‹, man verdankt den ›Resultaten‹ von Folterungen spätere polizeiliche Erfolge im ›Abwehrkampf‹. Ich will die Frage offen lassen, ob erkenntniskritische Bedenken nur gegen das Geständnis der im Mittelalter gefolterten Hexe, nicht auch gegen die Aussage des heutigen Opfers angebracht sind – er könnte endlich zugeben, was man ihm vorsagt, um die Folter abzukürzen, aber er könnte auch mit dem Rest seiner Identität Unvollständiges oder Falsches äußern. Genug, General, Padre, und Züricher Konservative nehmen das Ergebnis der Folter für wahr. – Sie können es leider, und

zwar aus zwei Gründen, die wiederum nur zwischen den Zeilen stehen oder die bittere Konsequenz des Mitgeteilten sind. Die Frage, ob das preisgegebene Wissen, der unter Qualen herausgestöhnte Name, der Treffpunkt, stimmen, »polizeiliche Erfolge im Abwehrkampf« ermöglichen, wird nach der Festnahme der Genannten (oder der am Treffpunkt Angetroffenen) ja durch *erneute* Folterungen verifiziert. Da im Zuge dieser Falsifikation oder Verifikation polizeilicher Vermutungen und Kenntnisse auch neue Namen und Daten erpreßt werden, bringt sie eine dritte Generation von Personen in die Hände des Henkers, der mit ihnen nach Üblichkeit verfährt, usw. Dieser erste Grund: unter dessen Einfluß sich das Wahrheitsproblem der unter der Folter gewonnenen Aussagen Gefangener in *Kontinuität der Folter,* in *Sukzession von Vernichtung* auflöst, darf den zweiten Grund nicht verdecken, der Konservative, Padres und Generäle von Wahrheitsprüfungen entlastet: Die Folter muß, wenn sie überhaupt etwas erbringt, Wahrheit erbringen, denn es gibt keine *Unschuldigen.* Wer gefoltert wird, geriet vorher in die Gewalt der herrschenden Klasse; wer aber als Beschuldigter in ihre Hände gerät, *ist* schuldig – jedenfalls schuldig genug, um die Verifizierung des Verdachts via Folterung zu rechtfertigen.

Der Priester, von dem in der NZZ die Rede ist, war ›ehrlich genug, seine Hilflosigkeit offen zuzugeben‹; ein ehrlicher Priester, der macht es sich gewiß nicht so leicht mit der Verurteilung der Folter ›wie die meisten‹. Bei so viel suggerierter bourgeoiser Moral (ehrlich, offen, offen zugeben, es sich nicht leicht zu machen ...) wird der Leser kaum auf den Gedanken kommen, die priesterliche Hilflosigkeit auf ihren Begriff zu bringen: platter Verrat des Evangeliums. Aber der Glaube an den wiedererstandenen Christus ist längst wenig mehr als ein Gruppenmerkmal, ein – abgewertetes – Statussymbol.

›Gefühlsmäßig-moralisch‹ weisen Padre und NZZ Folterungen zurück; die NZZ nicht ohne anzumerken, die Gefahr des moralischen Urteils sei, daß es leicht selbstgerecht werde. Wir sollten wohl aufmerken, daß hier von *menschlich* nicht die Rede ist, sondern von *gefühlsmäßig-moralisch.* Wo, was andere sehr wohl menschlich empfinden und auch so benennen dürfen, auf Gefühlsmäßiges-Moralisches zusammenschnurrt, verselbständigt sich *Rationalität* und vermag, als die ›vernünftige Überlegung‹ der NZZ und des Padres, das über sie, was früher nur

Sklaverei, lakaienhafte Botmäßigkeit bezahlter Speichellecker über sie vermocht hätten. Rational in ihnen ist, was sie dazu bringt, der Gewalt in den Händen der herrschenden Klasse zuzustimmen. Aber dazu treibt sie auch *Irrationales* – die Differenz von ›vernünftig‹ und ›affektiv – unbewußt – widervernünftig‹ ebnet sich ein. Was immer geschichtlich betrachtet an ökonomischem Verhängnis über dieser Zerlegung des Menschlichen in ›Gefühlsmäßig-Moralisches‹ einerseits, herrschaftskonforme ›Ratio‹ andererseits hängen mag, und wie unentrinnbar im großen Ganzen der Verfall bürgerlicher Vernunft – sollte hier nicht an Subjektivem *Feigheit* mit im Spiele sein –, hier wird – im Sinne Th. W. Adorno's – ein Mann gegenüber dem bewaffneten Mann »zum Weib, das auf die Herrschaft blickt?«[2]
Und was soll im Zusammenhange der konservativen Schmähschrift ›Selbstgerechtigkeit‹ bedeuten – bei einem Stil, der von Selbstgerechtigkeit an keiner wesentlichen Stelle frei ist? Sollen Ordnung und Sicherheit, für wen, von wem und mit welchen Mitteln auch immer gestiftet, gegen die Einwände, die man selbst zulassen muß, doch gleich wieder abgesichert sein? Macht Lorenz Stucki in der Kritik an den moralischen Kritikern der Folter pflichtschuldig, paternalistisch seine Verbeugung vor dem Generalissimus? Oder meint der Zeitungsschreiber, er, etwelche Kritiker der Folterungen, der Padre seien nicht davor sicher, ob *sie* – in der Lage des von Gewissensnot bedrängten Generals, bei dem gleichwohl Staatsraison überwiegt – nicht ebenso handeln, richtiger: handeln lassen, würden wie er? In der Tat war der Bourgeoisie selten eine Gemeinheit zu groß, als daß sie zum Schutze bestehender Verhältnisse nicht zu guter letzt, mit vielen Skrupeln, von ihr Gebrauch gemacht hätte. Was die NZZ angeht, so vermöchte ich dieser implizierten Selbstanklage gar nicht mehr zu widersprechen. Wer angesichts der Regression auf brutale Gewaltförmigkeit und der Qual ihrer Opfer, wer angesichts einer Politik, die alle Gewalt, auf der sie beruht, nicht einmal legalistisch verhüllt, dem brasilianischen General zustimmt, der hat dank dieser Affirmation die Chance, in ausdenkbarer Roheit sich einst selbst zu vollenden.
Aber äußert die NZZ nicht Einwände gegen die brasilianische Praxis der herrschenden Klasse? Bourgeoise Vorbehalte läßt sie sich nicht nehmen: die einer händlerischen Zweck-Mittel-Kal-

2 Horkheimer/Adorno, Dialektik der Aufklärung, a. a. O., S. 303.

kulation; man nennt sie wohl auch *common sense.* Folterungen schaffen, weil, wegen der ›großzügigen Freilassung‹ von Häftlingen bei Erpressungen, doch nicht zu verheimlichen, Ansätze für Gegenpropaganda der Staatsfeinde; eine Propaganda, die vor allem auf ein Publikum wirke, das von den komplexen Problemen Brasiliens keine Ahnung habe. Die Schmähung nach der Seite derer, die gegen Folter sich auflehnen, wird nicht vergessen, aber etwas *wird* vergessen: Den Leser der NZZ darauf hinzuweisen, daß die Henker eines Volkes gar kein Interesse daran haben, ihre sadistischen Prozeduren zu verheimlichen. Sie setzen auf einen generalpräventiven Effekt, der ja bei dem Schreiber der NZZ prompt wirksam wird. Unterwerfung ist von der Interessenlage, aber auch von der Angst vor dem Zugriff des Henkers nicht zu trennen.

Wie, so fragt Aimé Cesaire, wird westlich-abendländische, ›weiße‹ Kultur zerstört, entzivilisiert, verroht, degradiert? Man müßte zeigen, »daß jedesmal, wenn in Vietnam ein Kopf abgeschlagen und ein Auge ausgestochen wird und in Frankreich nimmt man das hin, ein Kind vergewaltigt wird und in Frankreich nimmt man das hin, ein Madegasse hingerichtet wird und in Frankreich nimmt man das hin, daß damit die Zivilisation eine Erfahrung macht, die wiegt, daß eine universale Regression stattfindet, ein Krebsgeschwür sich einnistet, ein Infektionsherd sich ausbreitet, und daß am Ende all dieser Vertragsbrüche, all dieser Lügenpropaganda, all dieser geduldeten Strafexpeditionen, all dieser gefesselten und ›verhörten‹ Gefangenen, all dieser gefolterten Patrioten, daß am Ende dieses angefachten Rassenhochmuts, dieser zur Schau gestellten Prahlerei das Gift in die Adern Europas infiltriert ist und die langsame, doch sichere Verwilderung des Kontinents ihren Lauf nimmt«[3]. So wenig sich konservatives Denken der Infiltration durch Gewaltförmigkeit zu erwehren weiß, ja bereits korrupt genug ist, sich und seine Leser zu betrügen, zu belügen, zu täuschen und damit die Zerstörung unserer Kultur zu befördern, so wenig kann sich Liberalität der Subsumtion unter die rohe Gewaltform der herrschenden Klassen entziehen; auch in ihm und über es vermittelt nimmt die Verwilderung des Kontinents ihren Lauf. Die Schweizer Weltwoche, Nr. 52/53 vom 24. 12. 1970, demonstriert, wie *liberale* Haltung sich mit der Folter einzurichten weiß:

3 A. Cesaire, a. a. O., S. 10 f.

»Die Entführer von Rio tun so, als ob sie ihre 70 Häftlinge direkt aus den Folterinstrumenten der Polizei retten müßten. Dabei sind die Verhöre, bei denen sich solche Unmenschlichkeiten zu ereignen pflegen, für die meisten von ihnen längst zu Ende, und selbst wenn wir allen Grund haben, an der Gerechtigkeit der Urteile zu zweifeln, so steht doch die Drohung, das Leben eines Unbeteiligten auszulöschen, in keinem Verhältnis zu der Summe der Leiden, die den Gefangenen noch zugemutet würden.«

Auch die ›Weltwoche‹ bezieht sich auf die Entführung des Schweizer Diplomaten Bucher. (Warum spricht niemand von jenem jungen schweizer Studierenden, der sich unter den Gefolterten befindet?) Sie richtet sich mit Schergen und Henkern, uralten Symbolen der Gegenaufklärung, häuslich ein, indem sie die sadistische Prozedur der Folter zu einer (›gewiß unmenschlichen‹) *Durchgangsphase* eines langfristigen Lebensprogramms macht, die für die Verhafteten bald Vergangenheit geworden, die ›für die meisten von ihnen längst zu Ende‹ ist. Wenn man sie einmal hinter sich gebracht hat, kann es nur besser werden, und wird ja auch besser; Folterung, das ist eine Episode, die der Überlebende überlebt. Die Weltwoche verschweigt, was nicht zu wissen schon die krude Affirmation an Unmenschliches wäre: daß Folterungen in ihren *physischen* Folgen überdauern; daß brasilianische Gefolterte nach ihrer Befreiung in Algier an Krücken aus dem Flugzeug stiegen; daß Verletzungen der Wirbelsäule, schlecht verheilte Brüche, Defekte des Urogenitalsystems zurückbleiben; daß abgeschnittene Fingerspitzen nicht nachwachsen; daß die physischen Konsequenzen der Folterung unter den Bedingungen der späteren Haft nur die Quelle immer neuer, kaum erträglicher Folgeleiden werden; daß schließlich die *psychischen* Folgen zu oft nie wieder überwunden werden können. Wenn ein Säugling vor den Augen seiner Mutter gefoltert wird, wie in Brasilien, die Mutter vor den Augen der Kinder, wie in Algerien; ist das eine ›Durchgangsphase‹, die beruhigenderweise bald Vergangenheit geworden ist, bald zu Ende geht?
Weltwoche, NZZ, Padres und Generale, alle diese leichtfertigen oder verbrecherischen Vermittler kultureller Zerstörung, werden hier einwenden, ich griffe in ideologieverdächtiger Parteilichkeit Einzelfälle heraus. Sie werden vielleicht einräumen, daß dort, wo Folter zur ultima ratio der herrschenden Klasse geworden ist, die zu Tage getretene Nachtseite der abendländischen Zivilisa-

tion, neben dem gerade noch akzeptierbar Unmenschlichen (›nur eine Durchgangsphase ...‹) auch das Nicht-Akzeptierbare vorfällt. Gut, reden wir von den Methoden der Wahrheitsfindung der *Guardia Civil* in Spanien, vom Normalfall, vom Alltag in einem europäischen Land alter Kultur:

»Die Säge. Das Verfahren ist eine Spezialität der 551. Kompanie der Guardia Civil in San Sebastian. Im Erdgeschoß des Komissariats befindet sich eine kleine Schreinerei. In der Schreinerei steht eine Kreissäge mit einem Sägeblatt von ungefähr 50 Zentimetern Durchmesser. Kopf und Hals der Gefangenen werden dicht an die angeschaltete Säge gehalten. Die Tortur ruft Panik, Todesangst hervor und wird mitunter bis zum Wahnsinn betrieben.
Der Operationstisch. Der Gefangene wird auf einen Tisch gelegt. Männer werden festgebunden, Frauen meist von mehreren Polizisten festgehalten. Zwischen Schlägen und Mißhandlungen wird ihnen in Mund und Nase schmutziges Wasser oder eine andere Flüssigkeit eingeführt. Durch die Verstopfung der Atmungswege scheinen die Lungen zu verbrennen.
Der Bleistift und das Öffnen der Finger. Durch die fest zusammengebundenen Finger wird ein Bleistift gesteckt und gleichmäßig gedreht. Die Prozedur dauert so lange, bis die Finger völlig wund sind und die Haut am Bleistift kleben bleibt. Die Finger werden dann dadurch »geöffnet«, daß man einen Stock von 30 Millimeter Durchmesser zwischen die zusammengebundenen Finger drückt. Dabei spreizt sich der Handknochen bis zur Verrenkung. Die Sehnen sind so überdehnt, daß der Schmerz tagelang anhält.«[4]

Und wenn die Leiden der Wahrheitsfindung zu Ende, ›Vergangenheit geworden‹ sind? Ein weiterer Bericht aus Spanien:

»In der Zelle war das Leiden genauso schrecklich. Ich hatte keine Decke, mein ganzer Körper war zerschlagen. Wie ich mich auch legte, ich litt unsägliche Schmerzen. Mich auf den Beton auszustrecken, war eine langwierige und äußerst schmerzhafte Anstrengung; das Aufstehen war noch schlimmer.«[5]

Es wäre ein leichtes gewesen, aus deutschen Tageszeitungen, namentlich des Springer-Konzerns, ähnliche, ja schlimmere Beispiele für die Kapitulation vor solcher Gewalt zu finden. Aber von Springer-Zeitungen erwartet der Vernünftige nicht, was einige schweizer Organe immerhin zu leisten bestrebt waren.

---

4 Frankfurter Rundschau vom 16. 12. 1970.
5 Der Spiegel vom 14. 12. 1970.

Für eine vergleichsweise ganz milde anmutende Problematik: nicht Folter und Kolonialismus, sondern nur die Erziehung der Heranwachsenden, möchte ich dagegen abschließend eine deutsche Zeitschrift, ›Eltern‹, bemühen. Nicht erst der entfesselte Sadismus oder der *easy-rider*-Mord, nicht erst der flagrante Ausbruch gegenrevolutionärer Destruktion – jede Vermittlung belehrt uns über den rüden Gang des Ganzen. So ist nicht erst die Zunahme von Kinder-Mißhandlungen und Kindestötung, über die ich berichtet habe, oder das Sich-Einrichten mit der Folter bezeichnend für die Wandlung gesellschaftlicher Stimmungen, in denen Roheit und Repression allerorten begünstigt werden, sondern schon der stillere Umstand, daß in der BRD neuerdings namhafte Psychologen und Pädagogen den erzieherischen Wert von Ohrfeigen, Schlägen, Prügel wieder entdecken und dafür breite Öffentlichkeit gewinnen – ja von *ihr* erst eigentlich zu jener Wieder-Entdeckung gebracht worden sind; vermittelt sehr charakteristischer Weise über ein *Profitinteresse* des Kapitals.

O. Köhler berichtete unlängst über die Professoren Undeutsch und Zielinski, Mitglieder des ›Wissenschaftlichen Beirats‹ der Zeitschrift Eltern: »Aber der Wissenschaftliche Beirat erkannte jetzt nicht nur den erzieherischen Wert der als Klaps umschriebenen Ohrfeige. Er kann sich neuerdings auch für ›eine ordentliche Tracht Schläge‹ auf das Hinterteil erwärmen ... So kann »Grausamkeit einem Tier gegenüber ein Grund für Schläge sein«. Professer Undeutsch bestätigt: »Die körperliche Züchtigung ist nötig, wenn ein Kind einem Menschen oder einem Tier gegenüber ein ausgesprochenes Roheitsdelikt begeht.« Und Professor Zielinski bekennt sich ohne Umschweife dazu, daß er bei Tierquälereien selbst zuschlägt. »Aber früher«, so fährt O. Köhler fort, »galt es genau umgekehrt. Da billigten auch diese beiden Professoren ..., daß Tierquälerei die Folge von ›häufiger Demütigung‹ der Kinder durch Ohrfeigen sein kann.«[6] O. Köhler sieht, gewiß mit Recht, diesen Zug zur *Rattenpädagogik* im Zusammenhang mit ökonomischen Interessenlagen; die Auflage von ›Eltern‹ sinkt. Da sich erst nur eine Minderheit unseres Volkes zur gewaltlosen Erziehung (noch) bekennt: nach ›Eltern‹-Informationen nur 16%, empfiehlt sich eine Anpassung an die *schweigende Mehrheit.*

6 Der Spiegel vom 14. 12. 1970.

Qui bono? Daß es möglich ist, gerade in unserem Lande erneut die Ansicht zu vertreten, es sei manchmal gut, sein Kind zu schlagen – einfach weil solche Ansichten akquisitorisches Potential besitzen, weil sie Geld bringen, obschon die Verbreitung der Prügelpädagogik die Mißhandlungsrate steigen läßt (Kap. II) und dadurch, aber auch über Erniedrigung, Angst jenseits der strafbaren Mißhandlung, beschädigte Erwachsene produziert, ist *ein* Indiz dafür, daß und auf welche Weise sich die Rebarbarisierung unserer Kultur fortpflanzt. Nun ist dergleichen Borniertheit gewiß in vielen Ländern endemisch. Erst daß sie öffentliches Interessen findet, ihr Profit-Aspekt, *daß sie sich äußern darf, weil sie wieder gefragt wird,* lehrt uns den Zusammenhang mit dem Duktus geschichtlicher Gewaltförmigkeit.
»Daß Staaten an einer kühnen Umformung, wie die Zeit sie fordert, zu Grunde gegangen wären«, schrieb Th. Fontane im Jahre 1897 an G. Friedländer, »dieser Fall ist sehr selten. Ich wüßte keinen zu nennen. Aber das Umgekehrte zeigt sich hundertfältig.« »Wir brauchen einen ganz neuen Unterbau. Vor diesem erschrickt man; aber wer nicht wagt, der nicht gewinnt.« Anstelle des *ganz neuen Unterbaus* begegnet uns heute jedoch ein anderes weltgeschichtliches Ereignis mit dem Auftrag, die Gewichte zwischen Umformungswagnis und Untergang zugunsten der je etablierten Mächte anders zu setzen: in dem am weitesten fortgeschrittenen kapitalistischen Staat, den USA, und in den noch rückständigen Randstaaten der industrialisierten Welt (wie Spanien, Portugal, Griechenland, auch Brasilien oder Persien) die Figur des *Henkers,* die Rückkehr roher Gewaltförmigkeit in die Technik der Konstruktion und Destruktion sozialer Systeme, um jene staatliche Ordnung und Stabilität zu erhalten, die an den inneren Widersprüchen des organisierten Kapitalismus und unter dem Druck der Befreiungskämpfe in der nicht-industriellen Welt zu wanken, zu scheitern droht. Doch auch in den Kernländern abendländischer Zivilisation: Frankreich, Bundesrepublik, Schweiz machen sich die Antagonismen des organisierten Kapitalismus allerorten in Rissen, Dysfunktionen, Partialkrisen bemerkbar – da kein Krisenmanagement mehr dem unkontrollierbar gewordenen Verwertungsprozeß des Kapitals gewachsen ist, selbst technokratische Orientierungs- und Steuerungsmodelle wie ein Anhängsel vom Verwertungsprozeß mitgerissen werden, das Kapital seine Propheten gleichsam hinter sich herschleift, beginnt auch hier die

›Versöhnung‹ mit dem einzigen Wege, der sich zur Stabilisierung der Lage anpreist: dem der Gewalt, der Militarisierung der Gesellschaft in entscheidenden Sektoren.

Friede: der Stand eines Unterschiedenen ohne Herrschaft, in dem das Unterschiedene teilhat aneinander,[7] Versöhnung, kennzeichnete einen gesellschaftlichen Zustand, in dem Glück, in dem ein befreiteres Dasein für alle denkbar wäre. Die Zeit des großen Aufatmens wäre angebrochen. Die Gesellschaft des organisierten Kapitalismus hat sich von diesem Zustand – nie mehr als ein Horizont von Hoffnungen – weit entfernt. Die Geschichte und Organisation seines einzigen ernsthaften Gegners: der Arbeiterklasse, schärfen mehr als anderes den Blick für die Divergenz zwischen der geschichtslogischen Präzision revolutionärer Theorie und dem faktischen Verlauf des geschichtlichen Prozesses. Der wälzt sich langsamer um, scheint stillzustehen und blickt sehr lange, ein beim Bild genommener Benjamin'scher Engel der Geschichte, auf Trümmer zurück. Doch zeigt sich heute in einigen Ländern, darunter der Bundesrepublik, daß die Loyalität und politische Apathie der Bürger des Staats zunehmend von dem Umstand betroffen werden, daß der Staat, Regierungsgewalt, Bürokratie bestimmte berechtigte Bedürfnisse und Wünsche der Populationen nicht mehr befriedigen können (Wohnungsbau, Straßenverkehr, öffentliche Dienste, Gesundheitswesen, Bildung ...) und innerhalb der Arbeiterklasse[8] die Bereitschaft zum (auch politischen) Streik anwächst. Die *Studentenbewegung* hat hier eine avantgardistische Funktion gehabt. Ausschließlich in der künftigen Organisierung des wachsenden Konflikt- und Protestpotentials als Gegenmacht, *contropotere,* werden wir uns der von so vielen Seiten her drohenden Rebarbarisierung und der gewaltförmigen Zerstörung menschlichen Zusammenlebens erwehren können. Die Kapitulation der Kritik vor dem Ungeist roher Gewaltförmigkeit und vor Kapitalinteressen, die anhand einiger Zeitungen analysiert wurde, ist zugleich ein Zeichen der Schwäche von Herrschaft; offensichtlich bedarf es wirklich globaler Anstrengung, sie noch zu stabilisieren; und so enthalten annähernd alle Signale der Barbarei, über die ich berichtet habe, im Kern immer auch ein Signal der *Niederlage* der Gesellschaftsordnungen, in deren Zeichen sie gegeben werden.

7 Th. W. Adorno, Stichworte, Frankfurt 1969, S. 153.
8 Und anderer lohnabhängiger Teil-Populationen.